萧 红 传

[日] 平石淑子 著

崔 莉 梁艳萍 译

中国人民大学出版社

·北京·

　　萧红（1911—1942），出生于中国黑龙江省哈尔滨市近郊的古城呼兰县，是一位在鲁迅的支持下走上文学道路的女性作家。在不足十年的创作生涯中，萧红以其敏锐的观察力和独特细腻的描写而创作的作品至今仍为众多读者所钟爱。但是，一直以来，人们喜欢她的原因不仅仅缘于写作。

　　萧红的一生是充满苦难的一生。

　　抗日战争期间日本在东北（关外）扶持的伪满洲国触发了萧红的民族意识，促使她走上文学创作的道路。然而，为了继续创作活动，萧红被迫离开故乡东北，流浪在抗日炮火纷飞的中国内地（关内）。为了反抗传统封建家长制的束缚，萧红曾离家出走，这使她成为当时少有的独立女性的典范。萧红这种先锋的性格，使她终生未能从苦难与考验中解脱出来。萧红在大约十年间先后与三位男士同居，与其中两位男士感情破裂，据说与最后那位男士的生活也未必幸福，这足以表明她所面临的困难和考验是多么严峻。可是，这种深刻的苦难也磨炼出她敏锐的观察力，成就了她独特的写作风格。此外，萧红苦难生活的背景，即抗日的历史实存与中国旧体制（封建家长制）社会根源的存在，使得她的作品能够超越时间和空间，获得普遍的共鸣。因此，全世界的女性研究者如今将目光重新转向了萧红。然而，也正是这种普遍的共鸣，使得笔者难以赞同迄今为止世人对萧红的评价。

呼兰的萧红家老宅被改建成为萧红纪念馆，在这座纪念馆前，矗立着一尊萧红的汉白玉雕像。雕像中的萧红凝视远方，仿佛正在深思。这座雕像是何时，经由怎样的原委，由谁来创作的，都不得而知。它的出现，正是对萧红研究状况的真实写照。雕像中萧红的姿势是在现存照片中从未出现过的，面孔在笔者看来也宛若旁人，这是长期以来人们在头脑中塑造出的一个名为萧红的女性形象，它被打上了深刻的历史与社会的印记。毋庸置疑，由于笔者与制作这座雕像和认可这座雕像的人们生活在不同的历史与社会背景中，对其感到难以接受也是无可厚非的。然而问题是，这座雕像可能会被视为迄今为止关于萧红研究的某种定论。让笔者担心的是，在今后的日子里，它也可能会左右人们对萧红作品的理解。换句话说，这座雕像会将萧红的形象绝对化，导致人们对萧红的创作态度、思想和生活方式的理解一元化。这样一来，雕像将不仅是一座单纯的纪念

○ 萧红纪念馆（老宅）前的萧红坐像。

碑，而且将成为一个神圣的偶像凌驾于读者之上。

萧红雕像的出现，印证了人们对萧红的喜爱，而这喜爱很大程度上是因为萧红是一名女性。这也是令笔者感到难以认同的很重要的一部分内容。当然，笔者无意否定萧红的苦难与其女性性别关系密切。对于唯其是一名女性，才必须经历的众多苦难，作为后辈的我们必须给予足够的分析与理解，才能进行更深入的研究。但是，人们将萧红理解为打倒封建家长制的工具，是否有些矫枉过正呢？换言之，一直以来，为了强调封建家长制的罪不可赦，夸大了萧红作为被害者的一面。而且，这其中也隐含了不论男女，人们对女性持有的各种态度，以及在旧有观念的影响下人们对女性形象的认知与期许。这更进一步说明封建家长制这一社会历史权力是如何强大与根深蒂固。但是，为了达到这一目的是否可以将萧红这一活生生的女性幽闭于白色的雕像之中？笔者眼中的萧红是一个与我们普通人一样，有血有肉，既有善行，也会犯错的人物。或许正是因为笔者与中国人生活在不同的历史和社会背景下，才会有这样的理解。建立在汉语这一外语阅读基础上的我的见解究竟是萧红的本意，还是误读？笔者对此也颇感担心。不过，正是因为尊重萧红的作家经历，希望她能够更为广泛长久地被人们阅读，所以才会有对萧红的各种各样的理解吧。

对于拥有不同历史与社会背景的海外读者而言，要掌握理解作家及其作品最有力的工具，历史的、社会的背景自不必说，还要具体追寻作家自身的人生轨迹。目前为止。由海外研究者完成的完整的萧红论只有葛浩文（H.Goldblatt，1939—　）的《萧红传》（*Hsiao Hung*，1976）一部作品。这部萧红传记以精心搜集的资料与作品论为主干写就，被誉为此后在中国盛行的萧红研究的先驱之作，获得高度评价。

然而，这部作品完成距今已有近三十年①的岁月，在这期间又有诸多新资料与新研究问世。笔者试图对其进行收集整理，希望通过对这些材料和作品的分析，尽可能客观地了解现实中萧红的经历。

序章"对萧红评价的变迁"通过整理关于萧红的前期研究资料，试图厘清萧红在人们心中是一个怎样的形象，这些形象是如何产生的，以及其中还存在哪些问题。第一章之后将萧红的文学活动分为初期、中期和后期三个部分，对照事实，对其各个时期的重要作品进行分析，进而弄清萧红的精神足迹。终章"萧红的作品世界——注视'远离抵抗的现实'的目光"将对萧红十年来的整体创作活动进行总结。附章追述了关于萧红的死和死后的迁葬问题。

在本书执笔过程中使用的与萧红有直接关系的材料收录于笔者所编的《萧红作品及相关材料目录》(『蕭紅作品及び関係資料目録』，汲古书院，2003年1月)②中，如果能够一并参看会更佳。

_____

① 距中文译本出版超过三十年。——编注

② 对于《萧红作品及相关材料目录》中收录的文献，发表时间、出版社等数据原则上不予记录。但是，在论述有需要时不在此限。此时，文献的发表时间一般指执笔时间，执笔时间不明时指发表时间。

目 录

contents

对萧红评价的变迁

对于萧红评价的历史，结合中国国内相关的历史、政治背景，可以分为以下四个时期。

第一，确立期（1935年—1942年）。

从成名作《生死场》（1935年12月）在上海发表至萧红去世。

第二，追忆期及从文学史角度评价的开始期（1942年—1976年）。

萧红死后至"文化大革命"结束。

第三，实证及第一展开期（1976年—20世纪80年代中期）。

"文化大革命"结束后，实证研究盛行的时期。

第四，第二展开期（20世纪80年代中期以后）

实证研究告一段落，展开作品论的时期。

（一）确立期

这一时期主要的代表人物是鲁迅（1881—1936）与胡风（1904—1985）。这两人都深度介入了《生死场》的出版，并分别为其撰写了序与后记。如果说他们对该作品的感想和评价，至今依然是评判萧红的坚实基础，则并不为过。

这自然还不过是略图，叙事和写景，胜于人物的描写，然而北方人民的对于生的坚强，对于死的挣扎，却往往已经力透纸背；女性作者的细致的观察和越轨的笔致，又增加了不少明丽和新鲜。精神是健全的，就是深恶文艺和功利有关的人，如果看起来，他不幸得很，他也难免不能毫无所得。

（中略）

现在是一九三五年十一月十四的夜里，我在灯下再看完了《生死场》。周围像死一般寂静，听惯的邻人的谈话声没有了，食物的叫卖声也没有了，不过偶有远远的几声犬吠。想起来，英法租界当不是这情形，哈尔滨也不是这情形；我和那里的居人，彼此都怀着不同的心情，住在不同的世界。然而我的心现在却好像古井中水，不生微波，麻木的写了以上那些字。这正是奴隶的心！——但是，如果还是搅乱了读者的心呢？那么，我们还决不是奴才。

不过与其听我还在安坐中的牢骚话，不如快看下面的《生死场》，她才会给你们以坚强和挣扎的力气。

（鲁迅《萧红作〈生死场〉序》1935年12月）

她所写的农民们底对于家畜（羊，马，牛）的爱着，真实而又质朴，在我们已有的农民文学里面似乎还没有见过这样动人的诗篇。

不用说，这里的农民底运命是不能够和走向地上乐园的苏联的农民相比的：蚁子似的生活着，糊糊涂涂地生殖，乱七八糟地死亡，用自己底血汗自己底生命肥沃了大地，种出食粮，养出畜类，勤勤苦苦地蠕动在自然的暴君和两只脚的暴君底威力下面。

但这样混混沌沌的生活是也并不能长久继续的。（中略）日本人为什么抢了去的？中国的统治阶级为什么让他们抢了去的？

（中略）

使人兴奋的是，这本不但写出了愚夫愚妇底悲欢苦恼，而且写出了蓝空下的血迹模糊的大地和流在那模糊的血土上的铁一样重的战斗意志的书，却是出自一个青年女性底手笔。在这里，我们看到了女性的纤细的感觉，也看到了非女性的雄迈的胸境。

（中略）

然而，我并不是说作者没有她底短处或弱点。第一，对于题材的组织力不够，全篇显得是一些散漫的素描，感不到向着中心的发展，不能使读者得到应该能够得到的紧张的迫力。第二，在人物底描写里面，综合的想象的加工非常不够。个别地看来，她底人物都是活的，但每个人物底性格都不凸出，不大普遍，不能够明确地跳跃在读者底前面。第三，语法句法太特别了，有的是由于作者所要表现的新鲜的意境，有的是由于被采用的方言，但多数却只是因为对于修辞的锤炼不够。我想，如果没有这几个弱点，这一篇不是以精致见长的史诗就会使读者感到更大的亲密，受到更强的感动罢。

（胡风《〈生死场〉后记》1935年11月22日）

两人冷静地指出了萧红作品在艺术表现上的不足之处，同时对作品中描述的北方农民生活的"不同的世界"和生命的顽强直率地表达了他们的感动。可以说，这代表了当时上海大部分读者的心声。所谓"不同的世界"，并非仅仅因为那是一个自己从未踏入过的世界，更是因为那是一片处于侵略之下的自己国家的国土。他们认为，作品虽然存在不足之处，却在某种程度上细致地描绘了人们的日常生活在日本侵略这一背景下发生了怎样的变化，以及人们不向现实屈服的顽强的生命能量。这正是促使他们发出深刻感慨的原因所在，也唤醒了他们身上的民族使命感，使其必须对该作品做出某种正面评价。萧红的丈夫萧军（1907—1988）几乎在同一时期出版了一部描写抗日游击队的作品《八月的乡村》，鲁迅在为其作序时指出，此书"显示着中国的一份和全部，现在和未来，死路与活路"（《田军作〈八月的乡村〉序》

1935年3月28日[①])。这一评价也同样适用于《生死场》。

此外，两人都注意到了作品中"女性作者的视角"，尤其对其自然描写中所使用的丰富的表达倍加赞赏。同时，对于这部出自一位年轻的无名女作者之手、描写默默无闻的农民在大地上掀起的强有力的反抗的故事，他们毫不掩饰自己的惊讶之情。究其原因，萧红独特的笔致自不用说，更是由于这部作品在题材方面极大地超越了之前的作家尤其是女性作家。

与此同时，由于二人在当时上海文坛影响巨大，他们的评价不但代表了众多读者的心声，也必将左右人们对这部作品的社会评价。可以说，他们的评价为刚刚诞生的作家萧红指明了前进的道路。

（二）追忆期

萧红的去世（1942年1月22日）给许多亲朋好友带来了强烈的冲击。人们一方面为萧红作为作家的才华甚感惋惜，另一方面也对其生活在战火纷飞的年代，在爱情方面与稳定的幸福相去甚远的一生寄予深深的同情。萧红为何会在远离故乡和朋友的香港孤独地结束自己的一生？人们对此推测揣度，口口相传，萧红作为社会和历史的尊贵的牺牲品再次赢得了大众的关注。不过，关于萧红的追悼活动，据说内情有些复杂。

萧红青年时代的友人，在上海时曾与萧红苦乐与共的梅林（1908—1986）这样写道：

对于这位女作家的死，在后方除看到几篇悼念她的文字而外，只有在某处开过追悼会。据来自桂林的友人谈，桂林作家本打算为萧红开个纪念会，但后来有人收到一张近似"走江湖式"的"萧红纪念委

---

① 鲁迅《且介亭杂文二集》所收。

员会"的草稿，大有招摇嫌疑。大家传观一番后灰心下来。

（《忆萧红》1942年）

那个时候，由于香港沦陷，很多文化人从香港来到桂林，其中有不少人与萧红有过深交。比如，胡风于1942年3月7日来到桂林。通过鲁迅与萧红相识，之后曾写《〈呼兰河传〉序》的茅盾（1896—1981）于9日来到桂林。另外，4月5日田汉（1898—1968）四十四岁生日宴会到场者的名单中，还有杨刚（1905—1957）的名字，她在做香港《大公报》副刊主编时与萧红曾有过交流。包括为萧红送终的骆宾基（1917—1994）和丈夫端木蕻良（1912—1996）在内，桂林有这么多与萧红有过深交的人，却没有举办任何活动。

梅林说所的"某处"恐怕指的是延安。延安文艺座谈会开会前夕的5月1日下午二时，萧红追悼会在延安的文抗作家俱乐部举行。大约五十名延安的作家和文艺工作者参加了追悼会。会场挂着萧红的画像，主持人丁玲（1904—1986）致开幕词之后，萧红曾经的丈夫萧军介绍了萧红的一生与著作，接下来又有一些人做了发言。萧红自哈尔滨时代就相识的老朋友舒群（1913—1989）倾诉了对于萧红逝世的悲伤之情，他说："萧红今年只有三十二岁，正当年少力壮，发展事业的时期。然而她却离开我们长逝了。"周文（1907—1952）意味深长地说："人在生时，常多隔阂，及至死后，大家才说好。这种生前与死后的不同的看待，应该首先从文艺界加以清除。"[①]

丁玲在追悼会举行之前，写了追悼文。

生在现在的这世界上，活着固然能给整个事业添一分力量，然而死对于自己也是莫大的损失。因为这世界上有的是戮尸的遗法，从此

---

① 艾克恩《延安文艺运动纪盛》（文化艺术出版社，1987年1月）。

你的话语和文学将更被歪曲，被侮辱，听说连未死的胡风都有人证明他是汉奸，那末对于已死的人，当然更不必买赊这种无耻的人证了。鲁迅先生的阿Q已经在被那批御用的文人歪曲地诠释，那末《生死场》的命运也难于决定就会幸免于这种灾难的。在活着的时候，你不能不被逼走到香港，死去，却还有各种不能逐击的污蔑在等着，然而你还不会知道。那些与你一起的脱险回国的朋友们还将有被监视或被处分的前途。我完全不懂得到底要把这批人逼到什么地步才算够？猫在吃老鼠之前，必先玩弄它以娱乐自己的得意，这种残酷是比一切屠戮都更毒恶，更须要毁灭的。

（《风雨中忆萧红》1942年4月25日）

从丁玲文章的基调可以推知，之所以没有在桂林举行追悼会，并非全都因为"走江湖式"的"萧红纪念委员会"。正如上文所述，有人反对与萧红熟识的胡风的解放区文艺理论，或许也是其中的原因之一。

追悼会之后，《文艺月报》第十五期（1942年6月15日）作为"纪念萧红逝世特辑"，刊登了萧红的短篇小说《手》及部分友人的文章。《文艺月报》是由丁玲、萧军、舒群等联名发起的文艺团体文艺月会①的会报。其中有一篇是萧红的老友白朗（1912—1994）写的文章。白朗指出，萧红在来到上海之后虽然名声大振，但是其忧郁的程度也越来越深。战火固然是促使她早逝的原因，却不是主要的原因。白朗说，是"因为，她的病，我要说是忧郁的累积"。

我和（萧——引者注）红的相识是在她和（萧——引者注）军结缡未久还是初恋的时候。每当我走进那不见阳光的小屋，就会感到一

---

① 文艺月会于1940年10月19日成立，每月至少集会一次。1941年元旦创办会刊《文艺月报》，由萧军、丁玲、舒群、刘雪苇轮流主编。——译注

种幸福的和谐，只能看到他们啃嚼着干了的面包，却从未看到过那因过分的贫困的迫压而显露的愁眉苦脸。（中略）慢慢地，我才得到了结论：他们的幸福、快乐是建筑在共同的事业和真挚的情爱上，绝不是贫困的手所可左右的。

（中略）

一年之后，我们侥幸地又在沪滨相逢，而且有机会生活在一起。一切仿佛都没有变样。（中略）

这时的红呢，面色是苍白的、病态的，精神也不似以往那样愉快，仿佛有一株忧郁之苗在她的心上发芽了。两个月的共同生活中，我只感觉到红那只注满的幸福之杯仿佛已在开始倾泻了。

（中略）

预料的不幸终于发生，幸福之杯粉碎了，红和军决然地分开，据传说，红竟爱上了一个她并不喜欢的人。

（《遥祭——纪念知友萧红》1942年4月10日）

所谓"并不喜欢的人"指的是之后成为萧红丈夫的端木蕻良。白朗还回忆起在萧红与萧军分手（1938年）之后，发现自己怀孕了，为了将孩子生下，曾经在她重庆的家里住过一段时间。她说，这段时间里，萧红心事重重，而且变得暴躁易怒。

有一次，她竟这样对我说：

"贫穷的生活我厌倦了，我将尽量地去追求享乐。"

这一切，在我看来都是反常的。我奇怪，为什么她对一切都像是怀着报复的心理呢？也许，她的新生活并不美满吧？那么，无疑地，她和军的分开该是她无可医治的创痛了。

她不愿意讲，我也不忍去触她的隐痛，直到我们最后握别时，她才凄然地对我说：

"莉（白朗的本名——引者注），我愿你永久幸福。"

"我也愿你永久幸福。"

"我吗？"她惊问着，接着是一声苦笑，"我会幸福吗？莉，未来的远景已经摆在我的面前了，我将孤寂忧悒以终生！"

这句话到现在还幽凄地响在我的耳边，它留给我以悲哀的记忆。如今，红已安息在地下了，当她与生诀别时，是否如她的预言一样呢？我无由得知，更欲问无从了！

（《遥祭——纪念知友萧红》）

白朗十分了解萧红，她认为萧红早逝的原因，除了抗日战争带来的苦难的流浪生活之外，还有其不幸的婚姻生活。这一看法无疑会影响到人们对萧红的一生及其作品的印象与理解。

绿川英子（長谷川テル，1912—1947）也曾经和萧红一起在重庆生活过，她比白朗更明确地指出，萧红忧郁的原因在于"男性至上的封建遗产"。

她和萧军的结婚，在初期，仿佛是引导和鼓励她走上创作之路的契机。原来，各有其事业的男女结合，不单是一加一等于二，要向着一加一等于三或四的方向发展才是理想。可是在他们的结合，一加一却渐渐降到二以下来了。而这个负数，其负方是常常落在萧红这一面的。自然，这也许是由于两人的性格上所酝酿的矛盾与相克，但是火上加油的仍然是男性至上的封建遗产。

（《忆萧红》1942年7月6日）

与此同时，与萧红有过交流的男作家罗荪（孔罗荪，1912—1996）和骆宾基也分别撰文回忆萧红。罗荪回忆起萧红在武昌大轰炸的第二天，与冯乃超夫人一起到他家避难的情景。当时萧红手里拿着烟，兴奋地谈着将来的计划和梦想。但是罗荪却发现，那份兴奋中隐藏着些许疲惫。

不久，她和T君（端木——引者注）一同去了香港。

太平洋战争爆发后，萧红病死香港，她的才能没有能充分地发挥，她的理想更没有得到实现；一颗诗人的灵魂，一颗崇高而纯洁的心，由于离乱的时代和艰苦的环境，被埋没了。

（《忆萧红》1942年）

骆宾基强调了萧红一生的孤独和寂寞，同时又肯定了她为文学界做出的巨大贡献。

在孤独地生活着，却给中国的文学，带来了春天的一道阳光，青草发芽，树荫遮道，大地充满了生命之爱，欣欣然，仿佛向日葵得到朝阳的温暖，从满天乌云之间展开的一条晴空缝隙下。

（中略）

而萧红本身，就又仿佛山腰当中一道泉水的溪流，清澈见底，倒映着两岸的初春绿草，也有一两片云影、蓝天，闪着滴滴阳光；大部溪流又埋在树荫下，寂寞地流着，流着……却又听不到一点声音。实际上，除去水面微风吹起的波纹，又是什么也没有。

萧红就这样任凭生命之流，寂寞地流着；而给予人们，却是温暖与热情，像溪流给予人类的优美。

（《萧红逝世四月感》1942年5月）

与上述两位女作家撰写的追悼文章不同，同一时期由这两位男性作家撰写的文章中没有"男性至上的封建遗产"的观点，而且骆宾基在这一阶段还没有出现对"T君"（端木蕻良）激烈的责难态度。

过了一段时间，萧红上海时期的朋友，曾经在重庆与端木共同执教于复旦大学，而且宿舍也是相邻的靳以（章靳以，1909—1959）就萧红的两次婚姻生活写下了下面的话。

可是就我所知道的她的生活就一直也没有好过。（中略）

有一个时节她和那个叫做D的人（端木蕻良——引者注）同住在一间小房子里，窗口都用纸糊住了，那个叫做D的人，全是艺术家的风度，拖着长头发，入晚便睡，早晨十二点钟起床，吃过饭，还要睡一大觉。在炎阳下跑东跑西的是她，在那不平的山城中走上走下拜访朋友的也是她，烧饭做衣裳是她，早晨因为他没有起来，拖着饿肚子等候的也是她。还有一次，他把一个四川泼刺的女佣人打了一拳，惹出是非来，去调解接洽的也是她。[①]

（中略）

当她和D同居的时候，在人生的路上，怕已经走得很疲乏了，她需要休息，需要一点安宁的生活，没有想到她会遇见这样一个自私的人。（中略）他看不起她，他好像更把女子看成男子的附庸。她怎么能安宁呢，怎么能使疾病脱离她的身体呢？而从前那个叫做S的人（萧军——引者注），是不断地给她身体上的折磨，像那些没有知识的人一样，要捶打妻子的。

有一次我记得，大家都看到萧红眼睛的青肿，她就掩饰地说：

"我自己不加小心，昨天跌伤了！"

"什么跌伤的，别不要脸了！"这时坐在她一旁的S（萧军——引者注）就得意地说："我昨天喝了酒，借点酒气我就打她一拳，就把她的眼睛打青了！"

他说着还挥着他那紧握的拳头做势，我们都不说话，觉得这耻辱

---

① 对此曹革成持有异议，参见本书317页注释①。

10

该由我们男子分担的。（中略）

（中略）

在我所知道的她的生涯中，就这样填满了苦痛。如今她把苦痛留在人间，自己悄悄地走了，应该把这苦痛更多地留在那两个男人的身上。可是他们，谁能为她而真心而哭呢？

（《悼萧红和满红》1944年4月15日）

从这个时期开始，人们逐渐开始认为，萧红不幸和早逝的一个很重要的原因在于她的婚姻生活。

萧红去世四年后，1946年1月22日，在国民党统治区域（国统区）的中心重庆，举行了一次隆重的萧红追悼会。主办方为东北文化协会。据骆宾基后来回忆，这是当时在国统区唯一举行过的规模盛大的纪念活动。参加者有郭沫若（1892—1978）、茅盾、冯雪峰（1903—1976）、胡风等八十到九十人（张小欣所著《骆宾基年表》中认为参加人数为五十名左右）[1]。周鲸文指出，"萧红的一生是反抗黑暗势力的一生。她先从封建的家庭里跑出来，以后又在她的作品中反对日本帝国主义侵略中国"。郭沫若说，"对旧社会不妥协的萧红女士是人民的作家"；茅盾进而指出，"萧红女士的死与其说是死于疾病，不如说是死于所有在现社会的作家共同遭遇到的困难和不自由"[2]。

以此为契机，朋友们又开始撰文回忆萧红。其中，聂绀弩（1903—1986）的《在西安》（1946年1月20日）尤为引人注目。这篇文章记录了萧军与萧红离别的经过，佐证了萧红的不幸，故而经常为后人所引用。"飞吧，萧红！你要像一只大鹏金翅鸟，飞得高，飞得远，在天空翱翔"。对于聂绀弩的这段话，文中提到萧红是这样回答的：

---

[1] 《骆宾基》（香港三联书店，1994年12月）。张小欣为骆宾基长女。

[2] 文天行《国统区抗战文艺运动大事记》（四川省社会科学院出版社，1985年6月）。

"女性的天空是低的，羽翼是稀薄的，而身边的累赘又是笨重的！（中略）我要飞，但同时觉得……我会掉下来。"

对于确认萧红的不幸，此时骆宾基是很有影响力的一个人。骆宾基将萧红出于对地主出身的厌恶离家出走的行为视为"对封建势力的反抗"，认为她最终赢得了这场斗争的"胜利"。将其与萧军的相遇视为"向顽强的旧社会作战的战斗力的结合"，"他们的战斗性能，立刻融为一体"，形成了"辉煌的共同战斗的基础"。不久，两人"被迫撤离"哈尔滨，来到了"作为祖国革命的（中略）大本营的上海"，并与鲁迅相遇，这是"孤立的战斗力和主力的汇合，而且必须汇合"。然而，过了不久，这两个本应与主力汇合的战斗力却面临着破裂。

就在这时候，作家萧红感受另一种社会力的威胁，那就是社会的男人中心力。这是早已存在的，所以在这时候才显著，（中略）她感到自己是这种社会力的附属力，在这点上，作家萧红大胆地抗拒了，不只是想到，她是向历史挑战，她将孤立，因为如那些机械的等待主义者们所说："得等到社会解放了，再来谈妇女的解放呀！"而萧红先生是不能忍从、等待。她在行动上大无畏地开始抵拒。

（中略）

然而在这一战役上，作家萧红是失败了。因为弱者正因为弱，在面对着和顽强（反动）的社会势力作战的时候，他（萧军——引者注）同样是弱者。而反之，在历史对他有利而且和封建社会站在一起，弱者面对着一个孤立的妇女，又是以强者姿态自居的。

就这样，作家萧红回忆到过去，她所来自的路上了。她在《回忆鲁迅先生》之后，又写下了《呼兰河传》，这是思想突击力转折的时期。

（《萧红小论——纪念萧红逝世四周年》1946年1月22日）

骆宾基一改之前抽象叙述萧红的为人秉性和人生经历的做法，将萧红的不幸归于对封建制度大胆反抗的结果。可以看出，这一观点与萧红的女性朋友曾经说的"男性至上的封建遗产"相似。

对萧红不幸的强调，影响到人们对其后期作品的评价。胡风在"萧红逝世四周年纪念会"上说："萧红后来走向了脱离人民脱离生活的道路，这是毁灭自己创作的道路，我们应该把这当作沉痛的教训。"他还记下了1941年与萧红在香港再会时的情景。

无论她的生活情况还是精神状态，都给了我一种了无生气的苍白印象。只在谈到将来到桂林或别的什么地方租个大房子，把萧军也接出来住在一起，共同办一个大刊物时，她的脸上才露出了一丝生气。我不得不在心里叹息，某种陈腐势力的代表者把写出过"北方人民的对于生的坚强，对于死的挣扎"，"会给你们以坚强和挣扎的力气"的这个作者毁坏到了这个地步，使她精神气质的"健全"——"明丽和新鲜"都暗淡了和发霉了。

（《胡风回忆录》1993年11月）

上述胡风的批判对象是萧红后期所著的长篇小说《呼兰河传》（1940年）。茅盾为这部作品写了序。茅盾是熟知萧红晚年生活（香港时期）的人物之一，他将"寂寞"作为关键词来评价这部作品。

对于生活曾经寄以美好的希望但又屡次"幻灭"了的人，是寂寞的；对于自己的能力有自信，对于自己工作也有远大的计划，但是生活的苦酒却又使她颇为悒悒不能振作，而又因此感到苦闷焦躁的人，当然会加倍的寂寞；这样精神上寂寞的人一旦发觉了自己的生命之灯快将熄灭，因而一切都无从"补救"的时候，那她的寂寞的悲哀恐怕不是语言可以形容的。而这样的寂寞的死，也成为我的感情上的一种沉重的负担，我愿意忘却，而又不能且不忍轻易忘却，因此我想去浅水湾^①看看而终于违反本心地屡次规避掉了。

萧红的坟墓寂寞地孤立在香港的浅水湾。

在游泳的季节，年年的浅水湾该不少红男绿女罢，然而躺在那里的萧红是寂寞的。

在一九四〇年十二月——那正是萧红逝世的前年，那是她的健康还不怎样成问题的时候，她写成了她的最后著作——小说《呼兰河传》，然而即使在那时，萧红的心境已经是寂寞的了。

（《〈呼兰河传〉序》1946年8月^②）

茅盾在文中这样结尾：

萧红写《呼兰河传》的时候，心境是寂寞的。

她那时在香港几乎可以说是"蛰居"的生活。在一九四〇年前后这样的大时代中，像萧红这样对于人生有理想，对于黑暗势力作过斗争的人，而会悄然"蛰居"多少有点不可解。她的一位女友曾经分析她的"消极"和苦闷的根因，以为"感情"上的一再受伤，使得这位感情富于理智的女诗人，被自己的狭小的私生活的圈子所束缚（而这圈子尽管是她诅咒的，却又拘于惰性，不能毅然决然自拔），和广阔的进行着生死搏斗的大天地完全隔绝了，这结果是，一方面陈义太高，不满于她这阶层的知识分子们的各种活动，觉得那全是扯淡，是无聊，另一方面却又不能投身到农工劳苦大众的群中，把生活彻底改变一下。这又如何能不感到苦闷而寂寞？而这一心情投射在《呼兰河传》上的

---

① 遵守其遗言，萧红的遗骨被"埋在大海边"，由丈夫端木蕻良埋在浅水湾和去世地圣士提反女校两处。

② 在上海写成，并发表在《文艺报》副刊。之后，被多个版本的《呼兰河传》收录为序。有时会附上题名《论萧红的〈呼兰河传〉》，当初应该写的是对《呼兰河传》的评论。

暗影不但见之于全书的情调，也见之于思想部分，这是可以惋惜的，正像我们对于萧红的早死深致其惋惜一样。

茅盾所谓的"无从补救的一切"究竟指的是什么呢？茅盾在当时具有很大的社会影响力，他认为纠结了萧红一生的"寂寞"由她的"消极性"产生，而这种"消极性"又是基于萧红在与男性共同生活过程中在"感情"层面所受到的创伤，这给萧红的一生带来了各种不幸。

骆宾基在之后不久后发表了《萧红小传》（1947年）。[①]由于骆宾基与萧红关系亲密，这部作品影响更大。骆宾基将《呼兰河传》视为萧红的自传，他以这部作品为依据再现了萧红的童年时代。他指出萧红在童年时期缺乏家庭的关爱，这使得她对爱有着强烈的挫败感，这种感觉让她深受折磨，以此强调她的孤独。

这好意的怜悯，敌意的轻蔑，在她都是作为属于她所敌对的那一个阵营里的表现。这是她真正孤独地面对着社会了。和社会接触了，她感到那敌对的阵营是广大的，所有那些奇怪地注视她的眼光、所有那些轻蔑与怜悯都同样地损伤她，都同样证实她的孤立。

她依恃什么来和这些敌对性的眼光相抗呢？怎样保护自己不受那怜悯口吻的损伤呢？那就是矜持。这矜持的根源就建立在这孤立处敌的根基上。她不吐露自己内心的凄苦，一点资敌的真实情况都不泄露。

---

① 《萧红小传》在《文萃》（1946年11月14日—1947年1月1日）上发表之后，出版了单行本。书中提到，本书"大部分是根据萧红本人与作者（骆宾基——引者注）在炮火威胁之下，在生死未卜之际所作的为了摆脱那种'炮火威胁'之忧的'自述'"（《〈萧红小传〉修订版自序》1980年6月4日）。而且骆还提到，这本传记在《文萃》上连载之后，由西南联合大学的一部分学生集资出版，并依靠翻印获得各自北上的路费。有学生到处奔走，几经周折将翻印传记获得的余利送到国民党监狱中的作者手里（《〈萧红小传〉修订版自序》）。

她卫护着自己的骄傲和尊严，用矜持作武器。

（《萧红小传》）

骆宾基进一步写道：

当一个人在战斗的时候，也就正是我们称作强者的时候，也就正是他和战斗主力密切结合的时候，或者被看作战斗力的一部分的时候，或者肯定自己是战斗力的一部分，注意战斗主力挥戈所指的方向而前进的时候。那么，自然这是很明白的。当他软弱的时候，也就正是退出战斗，或者落在战斗背后，或者不被战斗主力所注意，自己也不去注意战斗主力挥戈所指的方向的时候。

因之，我们又可以这样说：强者注意的是前面，并不是遥远的未来，而弱者就眷恋着甜蜜的过去，或像（托尔斯泰《战争与和平》的——引者注）安德莱郡王那样躺在地上，浏览着静静地在天空飘移的白云，而感到空虚。

（中略）

在萧红就是以强者的姿态生长，壮大的途中又软弱下来的，原因就是由于落在了战斗主力的背后，受了重伤，这是从她的作品里感觉得到的。

（《〈萧红小传〉自序》1949年12月14日）

上述茅盾、骆宾基等友人的文章及《呼兰河传》将萧红塑造成为一个在"寂寞"的重压之下仍然竭尽全力与之对抗的勇敢又薄命的女性形象。而且，封建制的家庭环境和男女之间的权力关系是造成她的悲剧与不幸的背景，背景中也有外国侵略者的影子。因此，不但她的作品，而且她的生涯也获得了一种普遍性。

友人们写下了一番回忆文章之后，与萧红相关的言论暂时沉寂了一段时间。其中的主要原因可能是20世纪50年代在中国开展了一系列思想斗争，胡风、萧军等许多与萧红亲近的人都受到激烈的批判，不得不保持沉默。其中，王瑶在共和国最初的新文学史《中国新文学史稿》（1952年5月28日）中专项列出"东北作家群"，肯定了他们的作用。值得注意的是，其中涉及了《生死场》和《呼兰河传》①，但是他的论述仍然是基于先前鲁迅、胡风、茅盾的评论。

50年代后半期，以香港的文艺工作者为中心，发起了对萧红遗骨迁葬问题的讨论。由于建设游览区的需要，香港浅水湾的墓园将被拆除。后来，在香港与内地的合作下促成了萧红遗骨的迁葬，但是萧红的遗骨没有被葬在故乡呼兰，或是哈尔滨、上海、北京，而是被葬在了与萧红毫无关系的广州（迁葬的原委和经过将在附章中详细论述）。这恐怕也反映了当时与萧红相关的人们的立场。在香港，迁葬问题又掀起了一阵萧红热。但是，大部分言论并没有超出骆宾基《萧红小传》的范畴。或许是由于墓地改葬加深了人们对萧红孤独而死和其悲剧性的印象，关于萧红的社会新闻大多是一些出处不明的八卦内容。

其中，同为东北出身，比萧红他们早一步来到关内开始文学创作的李辉英（1911—1991）的发言尤为引人注目。从这时起，萧红的名字开始频繁在文学史中出现。李辉英在他的著作中，特别设立"东北作家群"一项，做了如下论述。

东北作家群的出现，那大约是由于一九三一年的"九一八"事变的发生促发起来的。一夜之间，（东北——引者注）三省变色，三千万人民被扣上了奴隶的枷锁，那些失去了国土的青年们，跋涉在流亡的道路上，唱起了流亡三部曲，缅怀着何年何月才能重回那可爱的家乡以及重见可爱的爹娘的歌词时，心情的沉痛是可想而知的。他们既不

---

① 但是后来人们批判王瑶，认为编写《中国新文学史稿》是"追求名利思想的一种表现"（蕴如《无题》，见《王瑶先生纪念集》，天津人民出版社，1990年）。

甘为亡国奴，便就此凭借一支笔，作为武器，来反抗日本敌人的入侵，而写出些不同形式的作品了，目的既在于反日，也在于促起国人的注意。在这方面说，东北作家们是做到的了。

（中略）

等到萧军萧红等的出现，东北作家的说法，才渐为世人所熟悉。《光明半月刊》在一九三五年特别附出了一个《东北作家集》小册子，大约是包括了萧军、萧红、罗烽、李辉英、舒群、端木蕻良、杜宇（剧作家）、骆宾基、孙陵、杨朔等人的作品的。

（《中国现代文学史》，东亚书局，1970年7月）

而且指出，他们的作品"一般来说，缺点是内容粗糙，这是因为受到文学修养的制约。但是，他们把握现实题材，并将其描写出来，这是值得肯定的。它摇动着人们的心，在团结御敌这一点上确实发挥了重要作用。"（李辉英《中国小说史》，东亚书局，1970年7月）[①]

人们认为，萧红等被称作东北作家的人们以反日为目的，为了引起关内人们对东北局势的关注，描写东北的现实。这一评价一直持续到70年代后半期。比如周锦也在《中国新文学史》（香港长歌出版社，1976年4月）中专项列出"东北作家群"指出，"东北作家群，并不是一个社团，更不是一个有形的团体，而且作家更不应该有地域的划分。不过这一些人有他们的特殊性，更有他们特出的成就，也表现了中国文学在这一个时期的特色"，而且提到"'九一八'事变之后，东北很快沦陷，关内的影响还不很大，上海的文人虽然写抗日文章，总是喊喊口号而已。这时期只有东北作家，他们曾经身历其境地看到过侵略者的嘴脸，受到过沦陷后的迫害，他们甚至参加过民众的反抗运动，这些鲜活的题材，正是当时中国文坛所需要而又缺少着的"，肯定了他

---

① 原文未见，根据日语内容翻译而成。——译注

们存在的意义。

但是，如果将萧红视为"凭借一支笔，作为武器，来反抗日本敌人的入侵"，将反日作为主要目的的东北作家的一员来考虑的话，就无法评价《小城三月》《呼兰河传》等后期作品中出现的转向。而且，这些作品恰恰是些意味深长、引人入胜的作品。于是，很多人便引用茅盾、骆宾基的观点，将转向的原因归结于寂寞这一萧红的个人心态。

　　是不是，因为健康太坏，而感到来日无多了呢？或者遭受了太多男人的凉薄，使她感到，唯有在乡土的回忆中，才能得到温暖呢？（中略）

　　当然，以一个流亡万里的东北人，写怀乡的小说，也自然会有抗敌的作用，不过检读全书，发现写的全是日本侵占东北以前的风光，丁点抗日气味也没有。

　　（中略）这是萧红临近死亡前一年，摈弃教条，回归现实，找到了自己，舒心惬意的一部作品。

（司马长风《萧红梦还呼兰河》1977年3月24日）

20世纪70年代，内地正经历着"文化大革命"的狂风暴雨，相较而言，香港人对萧红的讨论更为热烈。这是香港人确认身份的反思行为。美国研究者葛浩文（Howard Goldblatt）在发现萧红于香港发表的未完成的绝笔之作《马伯乐》第二部的过程中发挥了重要作用，不过也可将这部作品的发现视为香港人活动的成果之一。另外，香港人也更早肯定了萧红的丈夫端木蕻良作品中的文学性，当时内地对他的关注度还不高。

总之，时代越是希求《生死场》中的"反日"作用，就越难以解释萧红后期作品中出现的风格转型。换句话说，《生死场》在当时的中国，是一部反观中国自身，主张历史正当性的重要作品。人们过于强调萧红作品中的"反日"意义，将风格迥异的后期作品解释为是受在爱情方面个人的不幸遭遇的影响，认为萧红是一个在侵略者暴力和男性权力的双重压迫下的悲剧主角，对她寄予了深深的同情。而且，相应地，与萧红相关的男性无一例外地被贬低。

（三）实证及第一展开期

"文革"结束后，许多文艺工作者和作家打破沉默，开始讲述自己的历史，发表了众多回忆录。据此我们可以了解到许多新的事实。

东北文艺界也开展了几个大的活动。比如《东北现代文学史料》等创刊，举办"萧红诞辰七十周年纪念会"，以及对萧红作品进行重编与再版等。[①]与萧红生前毫无关联的新生代研究者们开展了新的研究活动。其中，多数研究是在实证调查的基础上进行的，这或许是他们在试图挽回由"文化大革命"破坏的关于过去的记忆。正因为他们并不直接认识萧红，才更努力去了解历史真相。他们获取的许多新材料和证言对于萧红研究而言是巨大的收获。

这些实证调查和研究逐渐修正了前期被人们夸大的萧红的悲剧故事。同时，文学史中对萧红的叙述也发生了若干变化。比如唐弢沿用了"东北作家群"的说法，一方面认为他们作品中反映现实的题材对关内的文学产生了健康有力的影响，另一方面也强调他们的文学活动是在左翼文艺运动的影响下展开的。

---

① 《东北现代文学史料》于1980年3月出版第一辑，到1984年6月第九辑为止，由辽宁省及黑龙江省社会科学院文学研究所发行。1984年8月之后作为《东北文学研究丛刊》发行，1986年9月之后作为《东北文学研究史料》发行，至1987年12月为止，共发行六期。"萧红诞辰七十周年纪念会"于1981年6月在哈尔滨举行。此外，哈尔滨出版社于1991年5月（全二卷）和1998年10月（全三卷）出版了《萧红全集》。这两个版本除了附录和资料不同之外，作品的排列和分类也不尽相同。另外还再版了萧红和萧军早期合著的短篇集《跋涉》（1980年），由于新发现了《马伯乐》第二部，便将之与第一部共同出版（1981年9月）等。

"九一八"事变以后，陆续有一批文艺青年从日本帝国主义占领下的东北流亡到关内。其中有些人已经有过一段创作经历，有些人在左翼文艺运动的推动下开始文学活动。他们怀着对于敌伪的仇恨，对于乡亲的眷恋，以及早日光复国土的愿望，创作了不少反映东北人民斗争生活的作品，比较著名的有萧军、萧红、端木蕻良、舒群、白朗等，被人称为"东北作家群"。他们的作品中影响最大的是《八月的乡村》和《生死场》。

（中略）

作品（《生死场》——引者注）没有一条贯串全局的故事线索，它只是许多生活画面的连续。因为作者观察的深入和笔致的细腻，在明丽的画幅中含蕴着感人的力量。在民族矛盾迅速上升为主要矛盾的历史条件下，没有因此忽视阶级矛盾，从而真实地写出了东北人民在帝国主义、封建主义双重压迫下的深重灾难。这是小说的可贵之处，也是它胜过同一时期不少同类作品之所在。

（中略）但总的说来，从叶紫到"东北作家群"诸作家的作品，无论题材的开阔、思想的健康和表现技巧的熟练，较之早期的无产阶级革命文学有了显著的进步。特别是在正面地、大规模地描绘阶级斗争和民族斗争，写出人民群众的觉醒和力量，揭示革命的胜利前景等方面，都在创作实践中取得了可喜的成就。

（唐弢《中国现代文学史》，人民文学出版社，1984年）

在对《生死场》进行评价时，他一方面继承了鲁迅及胡风的观点，另一方面认为这部作品的价值在于意识到了东北人民的疾苦来自民族矛盾和阶级矛盾的双重压迫。值得人们注意的是，这一看法早于后来出现的"反封建"评价和"女权主义"批评。

中国人民大学编写的《中国现代文学史》（中国人民大学出版社，1980年5月）中写道，抗日战争前夜以东北作家为首的大量新人的涌现是"左联取得的重大成就之一"。

这些作家（叶紫、张天翼、丁玲、沙汀、艾芜、吴组缃、萧军、萧红等——引者注）从不同的角度反映二十、三十年代黑暗中国的社会生活和阶级斗争。由于农村革命的深入，不少作家对于农民的苦难和开始走上反抗斗争的道路，关心和描写得比较多；工农劳动者成了文学作品中的主要人物。以知识分子和各类小资产阶级人物的生活为题材的作品，虽然还占有相当的数量，但其中一些比较优秀的作品，已经开始摆脱当时存在着的"革命加恋爱"的公式，写出他们在新的革命形势的推动下的思想转变和走向革命的过程。（中略）总之，题材比起"五四"时期来，更加新颖、开阔，从东北人民的反帝斗争，到西南边境的特殊风光和殖民地人民的困难与斗争，以及其他一些过去罕见的社会生活，都在小说创作中得到反映，因而引起读者的重视。

（中略）

《生死场》歌颂人民的抗争，对于侵略者和统治者则提出愤怒的控诉，它在一九三五年的中国文坛上，发出了清新、粗健的声音，在题材上同萧军等东北作家的作品一起，开拓了一个新鲜的领域。

书中认为，这些新作家最大的贡献在于提供了新题材。该评价与唐弢基本相同，但是书中明确指出，这些题材"反映二十、三十年代黑暗中国的社会生活和阶级斗争"，这就完全排除了描写20世纪初期东北某家族与黎民百姓平凡生活的《呼兰河传》。书中认为该作品"减弱了原有的新鲜的朝气和斗争的精神，在《呼兰河传》里，个人的寂寞和苦闷成了影响全书的情调。这是和她后来个人遭遇的不幸有关系的"。这从侧面支持了茅盾对《呼兰河传》的评价。

另一方面，上述中国人民大学编写的《中国现代文学史》对萧红的语言特征和文体持否定评价，认为"比较欧化、晦涩，妨碍它为广大的读者群众所接受"。但是，林非在《中国现代散文史稿》（中国社会科学出版社，1981年4月）中指出"在三十年代之后，以'左联'为标志的革命和进步作家们，继承了反帝反封建的'五四'传统，在奋勇地前进着。他们虽然处于国民党反动派文化'围剿'的高压底下，却依旧取得了辉煌的成绩"，并将萧红作为重要作家列出，认为她的散文"纯朴、清新、明朗，而且还洋溢着一种很容易触动读者心弦的抒情诗似的情调"，还高度评价她独特的写作小说的方法，认为她的小说颇像散文，"是现代文学史上很有自己风格的作品"。

除此之外，同时期还出版了两部分别由美国人葛浩文和中国女性研究者萧凤写成的萧红传。①尽管两部传记作品中都表现出了对萧红苦难生涯的同情，但两者都是自骆宾基之后首次尝试通过萧红的作品来重新构建她的人生，对后来的萧红研究影响巨大。从这个意义上来看，值得我们在此特别指出来。

以此为契机，之后又出版了好几部萧红的传记。这些传记作品大部分由女性书写，可以说是后来出现的萧红作品"女权主义"批评的前奏。②这些女性传记作者们以女性特有的视角来考量萧红的一生，各

---

① 葛浩文《萧红传》（Twaine Publishers，1976）之中文版1976年由香港文艺书屋出版。萧凤《萧红传》（百花文艺出版社，1980年12月）。

② 关于萧红的评传，除了注释①提到的两部之外，还有以下作品（◎标志为女性）。

尾坂德司《萧红传——一位中国女性作家的挫折》（『蕭紅伝——**ある**中国女性作家**の**挫折』，燎原书店，1983年1月）。

◎刘慧心、松鹰《落红萧萧》（四川人民出版社，1983年6月）。

庐湘《萧军萧红外传》（北方妇女儿童出版社，1986年11月）。

铁峰《萧红文学之道》（哈尔滨出版社，1991年5月）。

◎丁言昭《爱路跋涉——萧红传》（业强出版社，1991年7月）。

铁峰《萧红传》（北方文艺出版社，1993年8月）。

◎丁言昭《萧红传》（江苏文艺出版社，1993年9月）。

◎萧凤《萧红萧军》（1995年1月）。

◎丁言昭《萧萧落红情依依——萧红的情与爱》（四川人民出版社，1995年3月）。

◎王小妮《人鸟低飞——萧红流离的一生》（长春出版社，1995年5月）。

秋石《萧红与萧军》（学林出版社，1999年12月）。

◎季红真《萧红传》（北京十月文艺出版社，2000年9月）。

自勾勒出了不同的萧红物语。因此,文中尤其强调了在以男性为中心的社会中,女性即使拥有才华也无法施展。过去,萧红的作品和她的人生在反侵略斗争中获得了普遍性。这次,通过这些女性传记作家的发言,其女性的立场又一次获得了普遍性。

(四)第二展开期

实证研究告一段落,接着是对其作品的研究时期。但其间的分界线并不明显。

思想文艺界的改革开放给中国当代文学带来了新的活力和诸多新作品,同时,也带来了新的萧红评价。在文学史上,对于东北沦陷时期文学,人们开始将一个新的概念"东北沦陷区文学"与"东北作家群"并列使用。

1984年出版的由孙中田等编写的《中国现代文学史》(辽宁人民出版社,1984年5月)中特别列出"东北沦陷区的文艺"一项,没有采用之前以上海为中心的视点,而是从沦陷区的角度来评价东北作家群。这与1980年前后开始的各种调查活动使得沦陷期东北的状况逐渐明朗开来,不无关联。

流亡内地的东北作家,形成"东北作家群",以其在沦陷区创深痛剧的生活经历和感受,创作了许多优秀的现实主义作品。这些作品(中略)也陆续传入东北,有的在报刊上曾有专文介绍。内地作家和"东北作家群"的作品对于揭露帝国主义及其傀儡政权的罪恶,唤醒东北人民的民族反抗意识,以及影响处于封建法西斯文化专制之下的沦陷区进步作家,正视并反映严酷的现实社会的现实主义创作原则,反对"瞒和骗"的文学,都产生了不容低估的作用。

与此同时,黄修己在《中国现代文学简史》(中国青年出版社,

1984年6月）中将中国现代文学分为发生期（1917—1920）、第一发展期（1921—1927）、第二发展期（1928—1937）和第三发展期（抗战期）（1937—1949）四个时期。他将"描写处在民族危难之中的东北地区的生活"的"东北作家群"置于第二发展期来评价他们的作品。颇具特色的是，文中以"国防"的概念代替了"抗日文学"，认为萧红"为反抗包办婚姻逃出封建家庭，生平坎坷；因此她常用沉郁的笔调描写人民的苦难"。可以说，比起"抗日"，他更关心的是"反封建"的方面。

另一方面，在"东北作家群""沦陷区"的概念提出之后，沈卫威提出了"东北流亡文学"的概念。

"十四年东北流亡文学"是指1931年9月18日日本帝国主义发动"沈阳事变"并武装占领东三省，到1945年9月3日日本侵略者退出东北这十四年流亡关内的东北籍作家，或非东北籍，但长期生活在东北的"准东北籍"作家所写的反映东北生活的文学。由于时间跨度大和文学本身的性质，它既不同于关内"左翼文学"和"抗战文艺"，更迥别于关外日伪统治下的"殖民地文学"（习惯称"沦陷区文学"，笔者认为称"殖民地文学"更切合实际。因为这样可以把它和后来关内其他"沦陷区文学"相区别），具有自己相对独立的结构形态和价值体系。

（《中国现代文学史上的"东北流亡文学"》1988年4月）

沈卫威指出"东北流亡文学在左翼文学的旗帜下生辉，左翼文学因有东北流亡文学而起色"。

进入90年代以后，人们试图用"乡土文学"的概念来评价东北作家。《中国新文学发展史》（人民文学出版社，1991年8月）中认为，叶紫、萧军、端木等的文学是真正的乡土文学，与居住在城市中怀念故乡农村的"狭义的乡土文学"不同，这是在苏联和左翼文学的影响下深入描写农村现实的文学。在这种观点下，以前被人们视为萧红"寂寞"和消极性的佐证的《呼兰河传》与王统照的《山雨》、沈从文的《边城》，一并被认为"把二十年代乡土文学的三种审美趋向，发展为三种成熟的风格"。文中高度评价了萧红，认为她的一生尽管苦难，却是"东北作家群中最富于诗人气质的才女"，继"鲁迅和二十年代抒情型乡土作家之后，把这一文学型范推向了新的高峰"。"乡土文学"并非一个新概念，然而，这是在文学史上首次给予《呼兰河传》肯定评价。但是，由于《马伯乐》与东北生活毫无关系，所以不适用于这一评价。

值得一提的是，苏光文、胡国强主编的《20世纪中国文学发展史》（西南师范大学出版社，1996年8月）不但对《呼兰河传》做出肯定，而且试图正面评价以前无人提及的萧红香港时期的作品，同时专门列出"萧红·萧军·端木蕻良"一节，对萧红做出如下叙述：

> 萧红在她不及10年的文学生涯中，创作了30余篇（部）小说和为数不多的散文、诗歌。她的生命和创作如惊鸿一瞥，而散发的光芒却耀眼夺目，十分独特。她一波三折的身世和经历，她的充满灵性的作品，给后人留下了谜一样的"萧红现象"。萧红的意义在于，一方面，她从自身的经历和对生命的独特体验出发，用那支天然之笔，表达了对遥远故土上生息不止的生灵及其古老文化、风俗的审视与思考，这种审视和思考带有强烈的母性色彩；另一方面，她发展了20世纪中国小说的散文化倾向，将散文的抒情、白描与小说细腻的心理刻画巧妙结合起来，使作品显出复杂的意蕴和别样的格调。

上述评价既包含了"乡土文学"的观点，也提到了萧红的文体和风格。可以说，《中国新文学发展史》成功地进一步对萧红做出了综合评价，然而，仍然没有提及《马伯乐》。

这里不得不提到20世纪80年代后半期在中国兴起的"女权主义"。

孟悦、戴锦华的《浮出历史地表》（河南人民出版社，1989年7月）是最早站在女权主义立场上对萧红进行评价的作品。书中将萧红与同时代的女作家丁玲、白薇（1893—1987）并列，专门列出章节，通过分析萧红的一生，指出亲情的缺失造成她游离在想象与真实的双重世界中，萧红唯有在想象的世界中才是自由、快乐和纯粹的。抗日战争爆发不久，她便意识到"自己陷身于民族、爱情、女性的三重危机，并且必须在主导文化阵营与女性自我之间作出紧迫抉择"。选择前者是最合常理、最为安全和平稳的活法，但必须屈从于自己女性的角色。选择后者就意味着冒险和孤军奋战。然而，萧红却勇于选择后者。书中指出，"如今她已不仅是一个进步阵营中的作家，还是一个未被阵营承认的女人，一个未被时代和历史承认的性别的代表"，同为女性的笔者对此深表赞同。

不被阵营所认可，也成就了萧红进行创作活动最大的优势。"尽管萧军一再申明他不要求萧红有多少妻性，但萧红仍是作为妻子出现在他与朋友的关系中"，她是"在某种意义上曾由萧军养活的女人"，这阻断了她与社会的直接接触，使得萧红处于"中国30年代意识形态边缘"，同时也使她的创造力免于受到当时在马克思理论主导下的知识界共通的叙事模式的限制，因此她的作品更加真实和原初。此外，书中指出，由于"作为男人从属物的屈辱的女性的处境"，对于中国的过去、现在和未来，她不像男性那样乐观，甚至可以说，她更多关注的是抗日激流之下缓慢流动的股股暗流。书中的这一评价，与笔者对萧红的认识是一致的。可以说，基于这一看法，萧红从《生死场》到《呼兰河传》的一系列创作活动才有可能被理解成为一种有意识的创作行为。

然而，对于萧红的幼年时代，著者试图根据萧红在《呼兰河传》和骆宾基在《萧红小传》中的描述佐证萧红身上亲情的缺失，这在资料方面存在着一些问题。关于萧红的家族关系，将在本书第一章中详细说明。著者在论述萧红的幼年期时说道，"想象世界，萧红怡然自处，任意驰骋，而在冰冷的，充满敌意的现实中，她又显得那样隐忍被动，任人囚禁，任人虐待"，这很有可能会促使萧红再次被偶像化。对于周蕾的*Primitive Passions*（1995年）[①]，笔者也有同样的感受。

周一方面积极评价了萧红丰富的感性和作品中充满个性的描写，另一方面试图以"原初的激情"（primitive passions）作为关键词来评价萧红毫无文法修辞训练痕迹的独特表现手法。周指出，"萧红作品中的突兀文句和浓缩描述"实际上"是简略、剪辑和焦点化等技术，内部具有电影视觉性的痕迹"，这种"主观的视觉"吸引着读者的兴趣，"新的叙述技法是管理和让人维持这种趣味所必需的"，具体论述如下：

> 在所有无力量的形象中，孩童处在中心位置。在此我们不仅需要包括关于孩童的故事，无论他们出身于贫穷或上层阶级，而且需要考察那些自传性的叙述，其中中国作家们将回溯童年作为其文学生产的源泉（这方面的作家名单很长：鲁迅、巴金、冰心、丁玲、叶圣陶、郭沫若、萧红、沈从文、凌叔华、罗淑、朱自清、许地山以及其他很多作家）。似乎关于中国和中国民族的成年思考总是取道记忆之路，其中写作的自我通过"他者化"——可能尚未被文化化的孩童形象——的特殊形式与文化大氛围相联结。

在对女性行为进行说明时，"原初"是一个颇具魅力的词语。它是一个几乎无法进行解释说明（或许应该说是以现存语言无法诠释），又

---

① Ray Chow "PRIMITIVE PASSIONS—Visuality, Sexuality, Ethnography, and Contemporary Chinese Cinema"（1995、Columbia University Press）邦訳『プリミティヴへの情熱——中国・女性・映画』（本橋哲也・吉原ゆかり訳、1999年7月青土社）（台湾译为《原初的激情》，译者是孙绍谊，由远流出版社2001年出版——译注）。

强硬得不容人们对其存有怀疑的词语。从某方面来看，它确实说中了我们女性无意识中进行的一种无法言语的精神行为（也可以说是由强烈的生存意志证明的直觉）的一个方面。但是，唯其如此，这一词语是危险的。将萧红的创作动机和过程幽闭在"原初"这一词语中会使人们过分放大其无意识部分而看轻她作为作家有意进行创作活动的部分，进而降低对作家萧红的评价。

可以肯定的是，对之前大多研究者无法解释的从《生死场》到《呼兰河传》的转变，女权主义理论的确从一个女性作家创作的历史、精神发展的历史的视角给予了一个恰当的解释。但是，《马伯乐》仍然是个例外，这也就是说，这一方法并不是理解萧红作品的决定性方法。本书写作的目的，就是试图将从《生死场》到《马伯乐》的全部作品作为一个作家一系列有意识的创作活动来进行评价。

第一章

萧红的童年时代

一

幼年时代

根据萧红父亲张庭举（也作张廷举，1888—1959/1960）和四弟张庭惠于1935年8月编写的《东昌张氏家谱》（以下称作《家谱》）① ，张家原本居住在山东省东昌府莘县长兴社东十甲杨皮营村，清朝乾隆年

① 根据王连喜《萧红被开除族籍前后》，《家谱》是部大部头著作，记有张家五代系谱，内附族人及其配偶照片，共210页，其中没有萧红（张廼莹）的名字。另据萧红的亲弟弟张秀珂之子张抗在《萧红家庭情况及其出走前后》（后文简称"张抗，1982"）所记，《家谱》为十六开本铜版印刷，集结了分布各地的族人的名单，内附家族中每个成年男子及其配偶照片。《家谱》经过新中国成立后历次运动，多数已失传，这本谱书是在远房族人处寻得的，里面没有关于萧红的记录。也因此有人说萧红不是张庭举的亲生女儿。有人说萧红在刚懂事时亲生父亲就不明原因去世了，母亲无奈嫁给张庭举（陈隄《走向生活第一步》）。有人说其生父姓名不详，由于母亲与张庭举再婚，故改名张廼莹（蒋锡金《萧红和她的呼兰河传》）。有人说萧红原本是张家佃农的女儿，由于其母与张庭举产生感情，便杀害了萧红的生父，嫁给庭举（陈隄《萧红评传》）。不过最终由萧红亲属证实，萧红的确是张庭举的亲生女儿。关于《家谱》中没有关于萧红的记录这一点，姜世忠认为，可能是因为萧红离家出走后，张庭举迫于社会压力，无奈将萧红从《家谱》中除名（《萧红父亲自署门联》，收录于《黑土金沙录》，上海书店出版社，1993年7月）。笔者并未见过《家谱》。引用部分全部转引自王连喜《萧红被开除族籍前后》。

间迁至东北。莘县位于山东省西部，与河南、河北两省相临，现在是聊城下辖县。

石方在《黑龙江区域社会史研究》（黑龙江人民出版社，2002年4月）中提到，1644年明朝灭亡后不久，由于战乱，东北荒废，清王朝对移民东北的汉族人实施奖励政策[1]。因此，

○ 《东昌张氏家谱》（1935年）中父张庭举（上）、母姜玉兰（下右）、继母梁亚兰（下左）。

资料来源：曹，2005。

北方各省的贫农们争先移民东北。但是到了康熙当政时，基于保护清王朝祖地满洲固有的风俗和守护满洲旗人生活基地的需要，于1668年起，禁止汉族移民，而且对犯禁的汉族人实施严惩。但是，据说这也未能阻止汉民族的流入。大约一百年后的乾隆年间，颁布《宁古塔等处禁止流民条令》（1762），由此也可窥见一斑。直到清朝晚期的1861年，黑龙江地方才得以解禁。如果《家谱》所言属实，萧红一族是在乾隆年间迁至东北的话，那么一定是采取了某种非法手段移民至此的。

据《家谱》记载，乾隆年间，萧红祖父张维祯（1849—1929）的曾祖父张岱之（曹革成所说的张岱）"来到朝阳凤凰城等地游玩，之后到达吉林省伯都纳青山堡镇东半截河子屯（属于现在的榆树县），看到当地土地肥沃，遂开垦"[2]。曹革成在《我的姊姊萧红》（时代文艺出版社，2005年1月，后文简称"曹，2005"）中提到，此时的张岱之与妻子章氏

---

[1] 1644年（顺治元年）、1649年（顺治六年）、1652年（顺治九年），清政府向地方官吏下达命令，令其"招徕流民，不论籍别，使开垦荒地，永准为业"，进而在1653年（顺治十年）针对东北移民实施免除税收和借贷资金等优惠政策，奖励移民。

[2] 原文未见，根据日语内容翻译而成。——译注

一道，先后受雇于朝阳及凤凰城的旗人，之后迁至吉林。据说张岱之的两个儿子张明福（长子）和张明贵（次子）移居阿城的时间是嘉庆年间（1796—1820），由此可见，张岱之至少在榆树县生活了二十年以上。

○ 修复前的萧红老宅全景（1908年建造）。
资料来源：曹，2005。

○ 修复前的萧红老宅，从"院子"到里面（摄于1981年），1981年已成别人住处。

张岱之的两个儿子为何要离开生活了二十年以上的土地，我们不得而知。根据资料，同治六年（1867年）张岱之携三子明义也移居此地，开垦荒地，在阿城、宾县、绥化、克山、巴彦、呼兰等地拥有几百公顷的土地，一跃成为新兴的汉族大地主，并开始经营高粱酒酿造所、制油工场和杂货店等生意。他们在阿城居住的地方叫作福昌屯，该地地名取自他们所经营的店铺的商号（曹，2005）。到光绪元年（1875年），明福或者明贵之子的次子，也就是萧红的祖父张维祯通过分家，分到呼兰四十余公顷土地，有三十余间房间的宅院以及一个酿造厂，开始独立生活。

如今萧红的老宅已得以修复，成为萧红纪念馆。对此，《哈尔滨大观》（红旗出版社，出版年月不详[①]）中这样写道：

（萧红出生——引者注）当年，这座宅院的总面积为七千零二十九平方米。四周筑黄土围墙。大院正中，又以板栅和磨房为界，分为东西两院。东院由萧红家人居住，西院为外人租用。

萧红故居有五间瓦房，中间开门，东西各为两间，分别由萧红父母、祖父母及萧红居住。这五间房子面对南大门，背对后角门。房子至南大门的中间地带有棵曾被萧红在《呼兰河传》中描绘过的大榆树。

西院有五间草房，自西墙的西南角向北分别为偏厦子（哈尔滨方言，指只有单边房顶的小房——引者注），三间粉房，碾盘，水井，三间养猪房。这些房屋均为坐西朝东的厢房。

萧红故居占地七百九十二平方米，1983年重新修葺。

佟悦在《关东旧风俗》（辽宁大学出版社，2001年1月）中介绍道，东北四合院（有时是三合院）与北京不同，很独特，其中大门的位置尤其有自己的特色。北京四合院大门开在院子东南角，进大门后，是一座贴在东房山墙的"影壁"，自此向西拐才能来到院子的中轴线上。而东北四合院的大门大大方方，直来直去，有的摘掉大门门槛就可以进出马车。文中提到，北京的四合院是封闭的，而东北的四合院给人一种开放的印象。在东北，由于居住在内的人们经济状况不同，四合院也分为好几个档次。王侯贵族、高官豪商住的是最为豪华壮观的一种，院子由门或者影壁将其分为内外两院，外院的两侧建有厢房。主

---

① 该书出版于1985年。——编注

人住内院的五间正房。东西厢房各三间，正房北边有的建有储藏室或者佣人的房间，一般也是五间。比这种规模小些的四合院，据说在院内设有砖砌或木板影壁。有时，在村里富豪的家中，为防止"胡子"（土匪）袭击，还会建要塞式四合院。萧红的老宅虽算不上豪华壮观的那种，但也算是规模比较大的东北四合院了。

（二）

　　萧红的祖父张维祯和妻子范氏（1845—1917）育有三女，却没有一个儿子，于是收养维祯堂弟维岳（1861—1910）的三子庭举为养子。根据姜世忠等著的《萧红身世考》记载，庭举字选三，十二岁时，从阿城来到呼兰读书，之后，就读于齐齐哈尔的黑龙江省立优级师范学堂，并以优异成绩从该校毕业。另据曹革成的说法，庭举三岁丧母，十二岁被维祯收为养子（曹，2005）。维祯本有意让庭举继承家业，但知其爱好学问，不忍干涉。庭举在二十一岁时成为汤原县农业学堂的教员兼实业局劝业员，之后，历任呼兰县通俗出版社社长，义务教育委员会委员长[①]，农业学堂教员，县立第一、第二小学校长，呼兰县教育局长（1928年7月起），巴彦县教育局督学，黑龙江省教育厅秘书等教育

---

① 1921年12月，新教育共进社、《新教育》杂志社、实际教育调查社三者合并，创设新教育研究团体——中华教育改进社。义务教育委员会隶属中华教育改进社。当时在中国盛行"实用主义"，1919年杜威来华，他回国后不久，孟禄也来中国。以此为契机，中华教育改进社得以成立。据说孟禄还参加了在北京举行的成立大会。中华教育改进社由蔡元培、黄炎培等任理事，孟禄与杜威、梁启超等任名誉理事。它与之后不久成立的中华平民教育促进会（1923年7月）结集了北京军阀政权下几乎全部的教育家和教育运动家们，其骨干是"实用主义者、改良主义者"（王炳照主编《中国近代教育史》，五南图书出版有限公司，1994年3月）。此外，《中国现代教育史资料汇编——教育行政机构及教育团体》（上海教育出版社，1993年12月）中刊载了《中华教育改进社简章》及其组织架构图，1922年的"中国教育改进社委员会正副主任及书记一览表"中没有张庭举的名字。

相关职位。根据张抗的说法，张庭举疏于理财，维祯死后，迫于生计曾变卖土地，并受到过阿城老家的接济（张抗，1982）。曹革成提到过这样一个小片段，萧红弟弟秀珂（1916—1956）由于饥饿难耐，经常在上学中途赊买豆腐（曹，2005）。庭举与萧红母亲姜玉兰（1885—1919）于1909年8月结婚。关于庭举与玉兰的婚姻，姜世忠等人采访了玉兰的妹妹姜玉凤（《萧红身世考》），得知她家住在距呼兰二十五公里远的姜家窝堡，她们的父亲姜文选是在呼兰、巴彦、兰西一带远近闻名的私塾老师，玉兰是长女。[1]在她二十二岁的时候（1908年），张庭举的养母范氏来到姜家，相中玉兰，回去后立即委托媒人前来说亲。姜文选也为此事专门造访张庭举，然而张庭举本人却不在家，据说姜文选是看了张庭举的照片许诺了这门亲事。两人结婚当天下起大雨，姜玉兰的二十多位亲属乘坐两辆大车参加婚礼。

　　萧红生于1911年阴历五月[2]。小名荣华，学名张秀环。因与二姨，母亲的妹妹姜玉环同犯一个"环"字，外祖父为她改名张廼莹（曹，2005）。但是，张氏一族无论男女都是按照辈行取名字的，萧红这一辈是"秀"字辈，因此有人怀疑此次改名可能还有别的理由。[3]或许人们怀疑萧红不是张庭举的亲生女儿也正基于这一原因。

　　之后，玉兰又生了三个男孩，紧接着萧红的是弟弟富贵，他出生

---

① 根据姜世忠的采访，玉兰有三个妹妹和一个弟弟。父亲文选有当教员的经历，拥有土地上百公顷，由两家佃农耕种（《萧红身世考》）。姜文选亲自为孩子们授课，尤其重视长女姜玉兰，专门为她挑选让人满意的对象（曹，2005）。铁峰提到，文选家很大，有几十个房间（《萧红生平事迹考》）。

② 关于萧红的出生日期有两种说法。铁峰通过采访张庭举的老友得知，张庭举亲口说过萧红的生日为阴历五月初六（《萧红生平事迹考》）。姜世忠认为，萧红是在初五出生的，但是由于旧时迷信，认为端午节（五月初五）出生的孩子不吉利，便改为了三天后的初八（曹革成认为是改为初六），萧红对此极为不满（《萧红身世考》）。

③ 诸多资料显示萧红的弟弟为张秀珂，异母弟为张秀琢，堂妹为张秀民。关于这一点，萧红的弟弟张秀珂之子张抗提到，女子起名不必遵守辈行，萧红异母妹名叫张瑞宝。但是张瑞宝在萧红离家出走后改名为张秀玲（张抗，1982）。

仅两年便夭折，后面出生的是连贵（张秀珂）和连富。连富出生后不久，玉兰因肺病去世（1919年阴历七月初二）。连富被送到阿城的亲戚家收养，但是据说不久也夭折了。玉兰死后没多久，张庭举与比自己小十岁的梁亚兰（1898—1972）[1]再婚（农历十月十四）。包括萧红的异母弟张秀琢在内，庭举共有三子两女。据说梁亚兰曾经这样向人们讲自己刚嫁到张家时的情形。

> 我过门时，荣华（萧红——引者注）穿的鞋面上还缝着白布（表示在服丧——引者注），别人觉得不好，才撕掉领到我跟前认母磕头。秀珂是别人抱着给我磕的头，我还抱了抱连富算是当了妈。
>
> （《我的姊姊萧红》2005年1月）

○ 萧红（三岁）与生母姜玉兰（1914年）。

比萧红小五岁的弟弟张秀珂回忆说，那时主要是由祖父在照顾他们姐弟俩。

> 母亲死后，我们的生活虽然没有怎样挨饿受冻，但条件的确是恶化了，失去母爱，无人照顾，给我们身体和精神造成了很大损失。唯一还关心爱护我们的，就是萧红在

---

① 梁亚兰为呼兰人，娘家资产丰厚（张抗，1982）。梁亚兰原名秀兰，但因"秀"字已被规定为张家辈行（参考37页注释③），在名字上会与自己的儿子张秀珂同辈，庭举将其名改为亚兰（曹，2005）。

○ 萧红父亲张庭举。

资料来源：曹，2005。

○ 萧红继母梁亚兰。

资料来源：曹，2005。

《呼兰河传》中所提起的祖父了。的确，每当萧红在吃饭时向父亲和继
母吵着要念书而受到驳斥的时候，总是由祖父出来给维护圆场，这才
能把饭吃完。而我的吃、喝、拉、撒、睡，几乎全是由祖父来处理的。
但也正因为如此，一年到头，总因祖父多给吃了一些糕点、干粮之类
的食品而经常拉肚子。

（《回忆我的姐姐——萧红》1955年4月28日）

　　张维祯必定格外可怜两个年幼丧母的孙辈吧。张抗也提到，萧红一
族曾回忆说，在祖父的溺爱下，萧红十分调皮任性。她小时候，经常爬
树掏鸟窝，与邻居家孩子一道干坏事。对此，生母责备一会儿就罢了，
但是继母会一一向父亲报告，据说生母死后萧红经常受到父亲的严厉
训斥（张抗，1982）。不过据张秀珂的回忆，萧红与父亲和继母的矛盾，
尤其表现在萧红高小毕业后要继续去哈尔滨女子中学上学这件事情上。

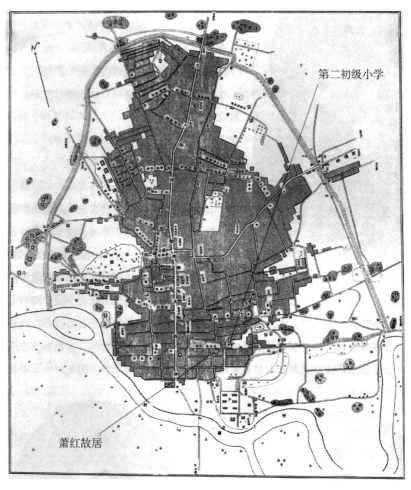

○ 呼兰大街（1933年）。

资料来源：寺冈健次郎编《滨江省呼兰县情况》（『濱江省呼蘭県事情』）。

　　如前所述，萧红生母在其父亲那里受到过一定程度的教育，这表现为她在料理家务方面具有一定才能，但是她重男轻女，生前不许萧红上学（张抗，1982）。萧红在生母死后才得以进入家斜对面的小学读书，那时萧红九岁，比一般学生晚了三年。

二

学生时代

五四运动后第二年，1920年春天，萧红开始在呼兰县立第二小学女子部学习。按照当时的教育制度（壬子癸丑学制[①]），六岁即可上初级小学，九岁比正常入学年龄要晚。如前节内容所述，这或许是受萧红1919年去世的生母的养育方针影响所致。这所小学位于萧红家斜前方的龙王庙内，现在改名叫"萧红小学"。根据大同学院《伪满洲国各县视察报告》（『满州国各県市视察报告』，1933年11月30日）记载，这座小学创立于民国九年（1920年）3月，也就是说，萧红在刚一建校就入学了。从下表中可以看出，这座小学并非呼兰的第一所小学。因

[①] 1912年1月1日在南京成立的中华民国临时政府于3日任命蔡元培为教育总长，9日成立教育部。19日公布《普通教育暂行办法》十四条和《普通教育暂行课程标准》十一条，内容包括规定初等小学男女共学、废止小学读经、重视实学等。据孙培青主编《中国教育史》（华东师范大学出版社，2000年9月）介绍，教育部成立后，本欲沿袭欧美的教育制度，准备向有欧美留学经验的人征求意见。但由于欧美情况与中国国情不符，有欧美留学经验的人又很少有教育专业的人才，遂听取有日本留学背景的人的意见制成草案，于1912年（壬子）9月初正式发布。这被称作壬子学制。之后，1913年（癸丑）8月，教育部又发布《小学校令》《中学校令》等一系列用以说明壬子学制具体内容的法令，与前一年的壬子学制并称壬子癸丑学制。

此，萧红推迟入学的原因，除了母亲的养育方针，或许还因为新学校刚好位于自家附近。

呼兰城内各学校

名称	场所	教职员人数	班级数	学生总数	开设年月
第一中学	本城前两翼厅旧址	11	2	100	1914.3
女子乡村师范学校	本城府前街胡同路南	6	1	50	1930.10
第一模范初高两级小学	本城前劝学所东院	9	6	326	1906.5
第一初高两级小学	本城北关	8	5	270	1908.4
第六初高两级小学	本城东街东顺发路北	4	3	158	1914.2
兰清初高两级小学	本城礼拜寺路东	3	2	90	1911.9
第一初级小学	本城西关	3	2	95	1913.4
第二初级小学①	本城龙王庙东院	3	2	135	1920.3
第一女子初高两级小学	本城前劝学所旧址	8	5	358	1907.9
第二女子初高两级小学	本城北街西二道街	4	3	270	1908.5
第三女子初高两级小学	本城警察三所路北	4	3	165	1915.6

注：阴影部分为萧红就读的小学。开设年月改为了阳历。

资料来源：《伪满洲国各县视察报告》中的《呼兰县立学校一览表》。

　　四年后，萧红转入上表中的第一初高两级小学。表内的教职员人数、班级数、学生总数的数字为1932—1933年的数字，仅供参考。此外，关于20世纪30年代初期呼兰县的教育情况，同书中写道，"学校的分布并不限于县城，十分均衡，故全县教育程度相当不错"。尽管"学校数目相当多"，但是就学率仅有25%。这是"由于（'九一八'——引

① 当时学校有十多个房间，教师五人（《伪满洲国各县视察报告》记为三人），有两个班级。呼兰和其他县城一样，教育水平很低。据说学生的年龄从八九岁到已经二十多岁成家了的各式各样的人都有。

者注）事变造成的离散和水灾的原因"。

另据蔡元培等编的《晚清三十五年来之中国教育》（龙门书店，1931年9月），可以推算出包括当时京兆区在内的全国二十六省女子学生的在籍情况，结果如下（各项目列出前面十省，小数点以下四舍五入）：

1. 各省初等小学在籍女子比例

（1）山西省　　18%　　（2）江苏省　　10%

（3）黑龙江省　9%　　（4）湖南省　　8%

（5）吉林省　　8%　　（6）热河省　　6%

（7）安徽省　　6%　　（8）奉天省　　6%

（9）四川省　　6%　　（10）浙江省　　5%　　（全国平均6%）

2. 各省高等小学在籍女子比例

（1）黑龙江省 24%　　（2）江苏省　　17%

（3）直隶省　　16%　　（4）吉林省　　16%

（5）山西省　　15%　　（6）湖北省　　13%

（7）浙江省　　13%　　（8）四川省　　12%

（9）奉天省　　11%　　（10）山东省　　11%　　（全国平均9%）

3. 各省中学在籍女子比例（包括吉林省在内有十三个省份没有开设女子中学，占全国半数，此处列举前五位）

（1）京兆区　　15%　　（2）江苏省　　10%

（3）黑龙江省　6%　　（4）云南省　　5%

（5）广东省　　5%　　（全国平均4%，奉天省为4%，位居第六）

4. 各省师范学校在籍女子比例（有五个省份没有设置女子师范学校）

（1）黑龙江省 37%　　（2）京兆区　　33%

（3）湖南省　　29%　　（4）四川省　　25%

（5）山西省　　24%　　（6）安徽省　　23%

（7）直隶省　22%　（8）浙江省　　18%

（9）江苏省　17%　（10）奉天省　17%

（全国平均18%，吉林省为13%，位于第十六位）

由此可见，1922—1923年黑龙江女子教育水平高于全国平均水平。初等小学在籍女子学生数为4 161名（占全省总学生数9%），高等小学在籍女子学生数为4 797名（占全省总学生数16%），萧红就是其中的一员。

当时的课程有修身、国文、算数、手工、图画、唱歌、体操、裁缝（手工、图画、唱歌、裁缝也可换为其他课程），一年级一周的授课时间为二十一小时，二年级为二十四小时，三、四年级为二十七小时。四年后〔第一学年从春季改为秋季，实际上是四年半后（曹，2005）〕的1924年，萧红上高级小学时，已经开始实行壬戌学制[1]，小学从之前的七年制改为六年制。据说是因为萧红所上的小学没有开设高级小学，她才转校的。她转校那天，穿着蓝上衣、黑布裙子、白袜子和黑布鞋，跟其他同学打扮一样。[2]

上高级小学时，萧红已经十三岁了。在她高小学习的第二年，上海爆发了五卅运动。据李述笑《哈尔滨历史编年》（哈尔滨出版社，2000年3月）中记述，6月8日在哈尔滨成立救国会，14日哈尔滨外交后援会等团体声明支持上海的工人和学生。在呼兰，也有一些青年学生、店员、工人为支持五卅运动上街游行，进行演讲和募捐等活动。据说萧红也参加了这些活动。时值七月，学校已经进入暑假，学生们有充足的精力投入到爱国运动中。这些活动持续了将近一个月之久，每次

---

[1]　早在1915年就有人提出有必要对1913年的壬子癸丑学制进行改革。在美国实用主义教育思想的影响下，1922年（壬戌）11月公布《学校系统改革案》。这被称作"新学制"或者"壬戌学制"。

[2]　参见由傅秀兰口述、何宏整理的《女作家萧红少年时代二三事》。傅秀兰为萧红小学同学。

游行都有两三百人参加。据说萧红还参加了募捐活动，参演了在西岗公园表演的一出反对封建婚姻的戏剧（《女作家萧红少年时代二三事》）。下面是其异母弟张秀珂关于这一时期的回忆。

　　在姐姐青年的时代，封建思想的束缚是很严重的。闺女，顾名思义，是房门里的女子，即所谓大门不出、二门不入的闺秀。可是姐姐却像一匹不驯服的小马，横冲直撞，不受封建礼教的束缚，好像她天生不懂规矩似的。那时候姑娘要扎一条长辫子，穿上拖到脚面的旗袍，走起路来必须是步履姗姗，否则就是不懂规矩，缺少管教，甚至说成是大逆不道。父亲治家颇严，虽然不像他人那样要求"女子无才便是德"，但也要求女孩子稳重文雅，三从四德[1]。这一切在姐姐看来，都是对她不可容忍的精神束缚。她敢于改变现状，第一个剪掉长辫子，梳短发，拉上几个女同学上街"示威"，当人们以奇异的目光望着她、发出种种议论的时候，她却毫不在意。家人劝阻，她干脆就说："我又不是做什么坏事情，不要你们管！"第二天她像是故意和那些封建制度的卫士们挑战似的，穿起了白上衣、青短裙，从南街到北街，游了个遍说："你们不是要大发议论吗？好吧，再给你们提供一点新内容，看你们怎么样！"

　　在姐姐的鼓动下，不少姑娘都剪了短发，有的还是她亲自动手剪的。街坊的几个小姑娘，也把辫子剪掉了，加入了"示威"的行列。我们家的一个远亲、王家的大姑娘，当时只有十来岁，就是姐姐给剪的辫子。

（《重读〈呼兰河传〉，回忆姐姐萧红》）

---

[1] "三从"为《仪礼·丧服》中所说的"未嫁从父，既嫁从夫，夫死从子"，"四德"为《周礼·天官·九嫔》中所说的"妇德、妇言、妇容、妇功"，萧红随后就读的哈尔滨女子一中的旧名从德中学便取自此。

来看看当时的新闻报道。6月29日的《盛京时报·东三省新闻》以"学生示威游行被阻止"为题写道，"沪案（五卅运动——引者注）发生后，呼兰县立中学义愤填膺，为表支持计划集体罢课、游行示威、开展演讲、进行募捐，但被校长阻止。现在学生们没有上课，印刷传单，发给民众，进行募捐活动"。同报7月17日有以"为支援沪案的演剧募捐"为题的报道。此外，哈尔滨和齐齐哈尔的各家报纸都在报道中提到，由于五卅运动的爆发，大学和中学里学生集体罢课，黑龙江省教育厅规定7月15日至8月15日，各地小学一律进入暑假。①同年12月，日本决定向"南满"增兵，第二年1月，三百多名东北各省留日学生抗议回国。工人和学生为表抗议，频繁进行罢工罢课。这也与当时中国共产党在东北开展的活动有很大关系。1926年3月16日，哈尔滨市内的吉林省立第六中学校长遭到学生放逐后辞职。11月，东省特别区第二中学学生要求教务主任免职。此后，事态更加低龄化，1927年5月，滨江第一小学发生了教员和学生共同反抗校长的事件。终于，6月2日，警察及教育局发布通告，要求"严禁妇女剪发，应重礼教，维持良俗"。当局于7月16日对夏季回乡学生发出郑重通告，警察将取缔一切集会结社行为。萧红如愿以偿进入哈尔滨市的中学学习的时候，正是发出上述通告的那个暑假结束时。

（二）

如前所述，萧红的父亲是当地一名知名教育家，但是当自己的女儿提出要上中学时，却遭到了他的强烈反对。一方面，那时，父母已

---

① 各报纸报道内容来自铁峰《萧红生平事迹考》。张福山《哈尔滨史话》（哈尔滨出版社，1998年10月）中提到，此时甚至在哈尔滨市内也有不满十岁的小学生节省出每日餐费，参加支持上海市劳动者和学生的募捐活动。另据曹革成的说法，五卅运动的消息传到哈尔滨时已是6月4日，各界组织成立救国会、后援会等，在呼兰也成立了县沪难后援会（曹，2005）。

经帮萧红选好了未婚夫。据说她的未婚夫是当时任呼兰保卫团团长一职的王（又或汪）廷兰之子王恩甲（张抗记为王殿甲）。[1]原本女儿在不久的将来就要结婚并过上衣食无忧的生活，现在却要去上几乎无人问津的女子中学，在当时情况下，实在让人难以认同。另一方面，根据曹革成的说法，张家一族都有曾在哈尔滨、北京等地学习的经历，不让她去哈市读书不是由于经济问题，而是担心萧红不受束缚、自由泼辣的性格（曹，2005）。此外曹革成还提到，萧红有个同学因为不愿做县教育局长的小妾，当了修女。萧红说，如果自己不能升学，将仿效该同学出家当修女。庭举唯恐这话传入未婚夫父亲耳中有损体面，最终屈服了。不管怎样，萧红如愿了（曹，2005）。

呼兰这座古城，自18世纪初期作为城塞建成之后，一直是"北满"的经济中心，直到一百多年后，它的地位才被哈尔滨取代。出生于古城呼兰名门的少女，能够知道古城之外还有别的世界，知道想要了解新世界这一希求是可以实现的，无疑是因为时代潮流正向呼兰涌来，而她又具备察觉这一切的能力。

1922—1923年，黑龙江只有一所女子中学，学生仅有三十五名（《晚清三十五年来之中国教育》）。1924年，从德女子中学建校。萧红花了一年的时间说服父亲，1927年进入该校学习。如果萧红的散文《一条铁路底完成》（1937年11月27日）中的记录属实的话，1928年11月这

---

[1] 曹革成提到，1928年农历二月初二（铁峰记为1929年农历二月初五）为祖父过虚岁八十大寿，萧红利用寒假回乡，张家趁机在家里为她订婚。这桩婚事是萧红的叔叔庭献介绍的。王恩甲从阿城的吉林省立第三师范学校毕业后，在哈尔滨道外的三育小学任教。据说与萧红正式订婚之后辞职就读于哈尔滨工科大学（或者法政大学）预科。曹还提到，人们一直认为王恩甲是王廷兰的儿子，实际上两人只是亲戚关系。铁峰《萧红生平事迹考》中提到，廷兰在"九一八"事变发生后，追随马占山抗日，1932年5月，李顿调查团来到齐齐哈尔时，接到马占山密令，试图与其接触，失败。被日军俘虏后仍不屈服，终被堵上嘴巴装进麻袋从楼上扔下坠落而死。此外，还提到，张维祯八十大寿时，他和马占山一道前来贺寿（曹，2005）。

○《生死场》与《马伯乐》封面。

所女子中学的在校学生共有四百名。

从《一条铁路底完成》《手》（1936年3月）等作品中，可以了解到当时萧红所经历的女校的情况。

校园外面围着短板墙，里面有校舍和操场，操场上有假山。每天早晨，学生们在指挥官的笛声下做着早操。校舍旁边的杨树在夏天会投下大大的树荫，校门口的山丁树在暑假结束时结满了山丁。周围住着相对富裕的外国人，天气好的时候会看到他们结伴在学校附近散步。附近绿树成荫，从学校里往外看，外面的房子就好像建在树林里。出了校门，沿石阶而下，稍远的位置是学生宿舍。即便是刮大风下大雪的日子，学生也必须往返于宿舍和校舍之间。宿舍里一排有七张床，住着九到十个学生，被子是从家里带来的。房间外面是一个长长的走廊，走廊里摆着长椅。地下有储藏室，好像还有可供学生自己使用的厨房。教室里面有壁炉，窗户是两层玻璃，隔断了外面的声音。墙上装着一个小换气扇，每当风吹来，就会发出声音。每隔一个小时会有人提着钟满校园地跑。学校的校长和舍监都是女性，穿着黑色漆皮皮鞋的校长每天从市内赶到学校上班。萧红读书时的老师有马梦熊（英语）、于嘉彬（公民）、王荫芬（国文）、黄淑芳（体育）、高昆（又名高仰山，教授美术）等（曹，2005）。这些教员当中也有男性。其中，高仰山1925年从上海的美术专科学校毕业，自1926年起在这所女子中学任教，对萧红影响颇大。[1]甚至有一段时间，萧红想当一名画家，还画了一些素描。《生死场》和《马伯乐》初版的封面

---

[1] 高仰山的经历参考铁峰《萧红生平事迹考》写成。

就是由萧红亲自设计的。

杨范于1928年上补习班，半年后升入初中一年级，萧红比她高一班。以下是她对那时学校的回忆。

这所学校位于哈尔滨市南岗住宅区，环境优美①。操场很大，分球场、田径运动场，设有秋千架、爬竹竿架及荡船等运动器械，冬天泼上水，就成了天然的滑冰场，操场四周环绕着高高的白杨树，很美。"九一八"后，操场的一半成了日本人的遛马场。学生中有走读生，也有寄宿生，所以学校里备有200人的床位，供这些寄宿生使用。（中略）食堂和风雨操场设在地下室。

（中略）当时有个校歌，（中略）"从德兮，松江滨，广厦宏开气象新，学子莘莘，先生谆谆……"②作曲者是黄淑芳老师，她是北京体育学院的毕业生，教体育。

（丁言昭《萧红的朋友和同学——访陈涓和杨范同志》1980年2月24日）

徐微（当时叫徐淑娟）是萧军小说《涓涓》（1937年9月）③的原型。她生于1915年，比萧红小四岁，但与萧红在同一年级同一班级（第四班）读书。

---

① 南岗是19世纪末建成的以哈尔滨车站为中心的市中心。以俄罗斯正教大本营的中央寺院和长达四十三米的大直街为中心的街道上政府机关林立，后面住着东清铁路相关人员。这一区域禁止中国人居住，甚至在建设初期曾禁止中国人通行［越泽明《哈尔滨城市计划》（『哈爾濱の都市計画』，総和社，1989年2月）］。当时有"南岗是天堂，道里是人间，道外是地狱"的说法（曹，2005）。

② 后文为"莫道女儿身，亦是国家民，养成了勤朴敏捷高尚德，方为一个完全人"（曹，2005）。

③ 上海燎原书店，前言日期为1937年6月21日。《东北现代文学史料》第五辑仅收录了第一部。萧军以从萧红那里听得的学生时代故事为素材写作而成。

我是个矮子，坐在第一排。（中略）她（张廼莹，即萧红——引者注）坐在最后一排。还有个沈玉贤，她是全校六个班级中个子最高的，也坐在最后一排。我们三个是最要好的朋友。张廼莹的家在黑龙江省呼兰县，她是住堂（住校）的；沈玉贤的家在市区，离校较近，她是走读的；我有时走读，有时住校。三个人当中，我最不安分守己，最淘气，老师上课，也会情不自禁地把头扭向后面去，看住我的好朋友，莞尔微笑。在上夜自修时，会借个由子从第一排跑到最后一排去，坐在张廼莹旁边，看她写字、画画，甚至谈心。这都是森严的校规所不容许的。老师似乎对我是宽容的，大概是因为我年龄特别小，成绩又比较"好"的缘故吧！

我们三个人可以说形影不离，这大概跟我们三个人的性格脾气差不多有关。我们三人的脾气都有点儿古怪，都很倔犟，都对学校束缚女生的行为很反感，都对社会上人欺侮人，人压迫人的现象感到愤愤不平，甚至牲畜受到虐待，也会引起我们的愤怒。在北方，我最同情的是马，每当我看到赶车的用鞭子抽打马时，马鞭一扬，我的心就颤抖起来。我们都爱好文学，喜欢讨论人生的真谛，特别喜欢看鲁迅的书。那时我们最爱读的是鲁迅的《野草》[1]，对作品中的许多妙句和篇章，我们都能背诵。有时我们轮流背，有时你一句我一句地接着背。有时我们结合文章，讨论人生的意义，讨论怎样做一个举起投枪的战士，奇怪得很，我们十分神往，鲁迅的《野草》，我们似乎就能心领神会了。我们认为，做人就要像鲁迅写的那样去做。这在今天看来，是一种对沉默的无生气的旧社会的反抗，所追求的是个性解放。我当时的观点是：现在是动乱的年代，我们要做一个自觉的革命者。张廼莹、沈玉贤也这么说，（中略）我们三人都自称是"自觉的革命者"，这大概就是我们三人亲密无间

---

① 国文教师王荫芬爱读鲁迅的作品（曹，2005）。

的思想基础吧！

（李丹、应守岩《萧红知友忆萧红——初访徐微同志》1981年11月）

据说那时萧红文章写得很好，学校的黑板上经常发表署名为张廼莹的文章。

萧红的另一个朋友，徐微的上述回忆中曾出现过的比萧红小四岁的沈玉贤这样回忆道：

"劳动者的恩物"是我们班初中毕业时成绩展览会上的一幅特别引人注目的油画，下面标签上写着"初中第四班张廼莹"。画面上画着一块灰褐色的石头，旁边放着一支黑杆的短烟袋和一个黑布的烟袋荷包，萧红说："劳动者干活累了，坐下来抽袋烟休息一会。"毕业前，她精神非常苦闷，思想上却产生了进一步的飞跃。她同情一切不幸的人，尤其是劳动者，当时，美术老师高仰山先生为使我们能够较好地完成毕业前的最后一幅图画，在图画教室里布置了好几组静物写生的题材，有蔬菜，有瓜果，有花卉，有瓶瓶罐罐，还有一束玫瑰花和一颗人头骷髅。同学们都从中选择了自己比较喜爱的题材。（中略）而萧红却从外面搬来一块石头，借来了老更夫的烟袋与烟荷包，创造了她具有独特风格的作品，表达了她与众不同的思想感情。

（中略）从初中二年级开始，我俩课外便经常在一起读书。我俩对鲁迅先生的短篇小说和杂文都非常爱读，对郭沫若的《女神》《三个叛逆的女性》也爱不释手。我们交换着阅读，然后在一起谈论，甚至于争论起来。不知从什么时候起，我俩又爱上了诗歌。于是读诗又成了我俩课余的主要活动。我俩贪婪地读着，古今中外一齐读。不管是《琵琶行》《长恨歌》还是《孔雀东南飞》，不管是普希金的《自由歌》还是《雪莱诗选》《海涅歌集》，也不管是闻一多的《死水》还是焦菊隐的《夜哭》，只要买到、借到，就一起读。

（《回忆萧红》）

（三）

　　1928年11月，哈尔滨爆发了反对日本建设"满蒙新五路"^①的市民运动。11月3日，哈尔滨市的教育、商业、宗教等各界代表一百三十余人举行集会，结成哈尔滨市民抗路联合会。4日，哈尔滨工业大学、法政大学、医学专门学校、一中、二中、三中、女子一中等校的代表举行集会，结成哈尔滨学生维持路权联合会。5日，哈尔滨各校学生两千余名举行第一次示威游行，向东省特别区行政长官公署请愿。9日，哈尔滨的大学、中学和一部分小学的五千余名学生举行集会，游行示威。第一中学的童子军做向导，他们八人排成一列，一面挥舞着哈尔滨学生维持路权联合会的旗帜，一面从南岗向道外游行，并与前来阻止游行的警察发生冲突，造成重伤八名，轻伤一百四十名，有四十三名学生住院。^②萧红的《一条铁路底完成》便是记录这一时期体验的散文，其中提到她们学校的女校长。校长名叫孔焕章^③，大概是因为她牙齿很

① 1928年5月，张作霖与日本政府签订《满蒙新五路协约》，日本政府向"北满"及蒙古的五条铁路借贷资金，这意味着日本开始将侵略的爪牙伸向东北。6月，张作霖被炸，日本趁机缔结《中日民合筑五路条约》。

② 参考《哈尔滨史话》。又说这时出动了陆军三十名、警察五十名。另据李述笑编著《哈尔滨历史编年》，5日，中共满洲执行委员会和共青团满洲执行委员会共同发表《对时局宣言——为反对日本帝国主义侵略满洲路权告全满洲工人、农民、兵士、学生及商人书》，大约两千名学生响应号召，一边举着"打倒日本帝国主义"的旗帜，喊着口号，发着传单，一边进行游行示威。

③ 笔者在《二十世纪初哈尔滨女子教育初探——民国初期女子教育笔记》（「二十世纪初頭の哈爾濱における女子教育に関する初期の考察——民国初期の女子教育に関するノート——」，2002年3月）一文中认为当时的校长为徐雅志，但据《哈尔滨史话》的说法，能够确认的只是1925年2月11日她正担任校长，这与萧红的入学时间相差两年半。依据萧红同学的回忆对该内容进行订正。杨范《萧红的朋友和同学》和曹革成（曹，2005）记为孔焕书。据曹革成的记述，孔焕书当时年近三十，单身。从关内的学校毕业来到当地后一直从事教育工作（曹，2005）。

大，学生们都叫她"孔大牙"。

那时候我是一个女子中学里的学生，是开始接近冬天的季节。我们是在二层楼上有着壁炉的课室里面读着英文课本。因为窗子是装着双重玻璃，起初使我们听到的声音是从那小小的通气窗传进来的。英文教员在写着一个英文字，他回一回头，他看一看我们，可是接着又写下去，一个字终于没有写完，外面的声音就大了，玻璃窗子好像在雨天里被雷声在抖着似的那么轰响。短板墙以外的石头道上在呼叫着的，有那许多人，我从来没有见过，使我想象到军队，又想到马群，又想象到波浪，……总之对于这个我有点害怕。校门前跑着拿着长棒的童子军，而后他们冲进了教员室，冲进了校长室，等我们全体走下楼梯的时候，我听到校长室里在闹着。（中略）

"你不放你的学生出动吗？……（中略）"跟着听到有木棒打在门扇上或是地板上，那乱糟糟的鞋底的响声。（中略）

"走！跟着走！"大概那是领袖，他的左边的袖子上围着一圈白布，没有戴帽子，从楼梯向上望着，我看他们快要变成播音机了："走！跟着走！"

而后又看到了女校长的发青的脸，她的眼和星子似的闪动在她的恐惧中。

"你们跟着去吧！要守秩序！"她好像被鹰类捉拿到的鸡似的软弱，她是被拖在两个戴大帽子的童子军的臂膀上。

我们四百多人在大操场上排着队的时候，那些男同学们还满院子跑着，搜索

○ 东省特别区女子第一中学。摄于1981年，当时是哈尔滨七中，现为萧红中学。

着，好像对于小偷那种形式，侮辱！侮辱！他们竟搜索到厕所。

女校长那混蛋，刚一脱离了童子军的臂膀，她又恢复了那假装着女皇的架子。

"你们跟他们去，要守秩序，不能破格……不能和那些男学生们那样没有教养，那么野蛮……"而后她抬起一只袖子来，"你们知道你们是女学生吗？记得住吗？是女学生。"

（《一条铁路底完成》）

学生们对于这位女校长的评价好像并不高。徐微这样说道：

"孔大牙"很专制，学校门禁森严，凡有来信，除未婚夫的外，都要拆封检阅（学校知道谁有未婚夫及某人的未婚夫是谁），整个学校就像一个"密封的罐头"。

（《萧红知友忆萧红——初访徐微同志》）

接着，徐微又回忆了关于1928年11月9日的这次事件。

全市的大、中、小学校都罢课，上街游行。我们"哈女中"也一样，但校长"孔大牙"很坏，她关起校门，禁止我们上街。后来其他学校男生的大队来了，说要揍她，她吓慌了，乖乖地打开了校门。我们走向街头。大家的情绪非常高涨，连一向不问政治的名门闺秀也参加了。如我班有一个缠过脚又放了脚的小姐，清秀文雅，埋头读书，身体也很差，从来进出校门都是坐家中的小汽车的，这次也参加了。高个子的张廼莹、沈玉贤更是活跃，不仅参加游行，而且还在人群中散发传单，发表演说。为了领导这次斗争，哈尔滨的大、中、小学成立学联，要求各校派出代表。慑于形势，"孔大牙"也不得不同意派出代表，她指定我作为学校参加学联的代表之一。她把我叫去，对我说：

"你去学联，什么话都不要说，只是听，每天向我报告。"

（《萧红知友忆萧红——初访徐微同志》）

不过据徐微说，由于她积极参加学联的活动，让校长大失所望。校长取消了她的代表资格，另派代表参加学联。那时萧红这样对她说道："代表当不当没关系，密封的罐头打破了。"

但是曹革成列出了当时的教员构成情况，并指出，女子一中在体育方面已达到国家一流水平，学生课外活动也丰富多彩，肯定了作为教育家的孔焕章。他还引用了也是萧红朋友的孔罗荪之妻周玉屏的话作证。周1928年入学，她说，这所中学是市内唯一的女子中学，校风严谨，教育方针明确，培养出了一批社会知名人士（曹，2005）。

（四）

1927年萧红入学时，班上有四十名左右中学同学，但许多同学没等毕业就结婚了，所以到毕业时仅剩下一半人。[①]可以说，整个中学时代对萧红而言最为重大的事情就是1930年春天祖父的去世。萧红将那时的悲伤记录在了散文《祖父死了的时候》（1935年7月28日）中。

吃饭的时候，我饮了酒，用祖父的酒杯饮的。饭后我跑到后园玫瑰树下去卧倒，园中飞着蜂子和蝴蝶，绿草的清凉的气味，这都和十年前一样。可是十年前死了妈妈。妈妈死后我仍是在园中扑蝴蝶；这回祖父死去，我却饮了酒。

（中略）

以后我必须不要家，到广大的人群中去，但我在玫瑰树下颤怵了，

---

① 参见由刘俊民讲述、何宏整理的《我的同学萧红》（1993年9月）。

人群中没有我的祖父。

　　萧红最大的"保护伞"张维祯的去世，造成父权在萧红身上进一步强化，这又增强了萧红反抗家庭的力量。

　　沈玉贤谈起毕业前在吉林旅行的时候，萧红一个人郁郁寡欢的情景，大家都说"张廼莹变了"，那其实是因为与王恩甲的婚约的缘故。[①]旅行结束后，萧红从家逃出，追随去中国大学读书的表兄陆振舜[②]来到北京。陆在三育中学时代的朋友，同时期为燕京大学学生的李洁吾证实了发生在这段时间的事情（《萧红在北京的时候》）。李洁吾从陆振舜那里听说过他在哈尔滨读书的表妹，但直到1930年暑假回到哈尔滨时才见到萧红。

　　到了哈尔滨后的两三天，一天中午，正要吃饭的时候，忽然从外面进来一位女学生样的年轻姑娘：她剪着整整齐齐的短发，大大的眼睛特别有神，穿着白褂青裙，白袜青布鞋，行动敏捷，举止大方。

　　　　　　　　　　　　　　　（《萧红在北京的时候》1981年）

　　之后李洁吾三人一起去电影院看电影，然而萧红不管电影内容，一直向他提问题。

　　那天上映的片名叫什么？是哪国影片？故事情节如何？主演是谁？……如今是一点印象也回忆不起来了。因为那天从吃午饭的时候起，张廼莹就开始向我询问着北京的情况了，特别是学校里学生们的情况。走在路上她也在问，坐到了电影院里她还在问，一直到电影散

---

① 参见《回忆萧红》。但据曹革成的记述，萧红并不反对与王恩甲订婚，两人在中学时代还有书信往来，萧红也为王织过毛衣。曹认为，在临近中学毕业时，萧红萌生了想就读更高一级学校的念头（曹，2005）。

② 沈玉贤记为陆宗虞（《回忆萧红》）。

场了，她的问题多得还没问完。我就根据自己所知道的情况，尽量地介绍给她听。比如：北京有哪些较好的学校（特别是中学）；学生们的一般思想状况如何；有哪些类型的学生；有些什么样的社会活动；因为那个时期，我参加了"反帝大同盟"的爱国进步组织，经常能够参加一些社会活动，对北京学生界的状况和动态了解得就比较多一些。就这样，她问我答地说着说着，一场电影几乎一点也没看！在我们分手的时候，得知她不久将去北京读书了。

（《萧红在北京的时候》）

1930年9月初，李洁吾回北京时，萧红已来到北京，就读于师范大学女子附属中学。开始，陆振舜和萧红住在现在的民族文化宫后面的一所公寓里，不久，搬到距离两人学校都很近的二龙坑的一所小独院里。

（二龙坑——引者注）西巷×号，是一所只有八九间房屋的小独院。临街两间南房，有半间是门道，半间是佣人住的下房，另一间是一个单间，可以作客房，也可以作堆房。与这间相对的是一间平台，可作堆房。往里，是一道一米左右高的花墙，把院子隔成了里外院。进了里院，靠西，有两间平台西厢房，房前有两棵枣树。北面，是三间带廊子的北房，张廷莹和她的表兄就分住在这北房的两头，一人占用一间。

（中略）

大约是为了节约开支吧，没过多久，张廷莹兄妹也搬到外院来住，张廷莹在那单间的南房，陆振舜则住进那间平台。

（《萧红在北京的时候》）

他们还请了一位叫作耿妈的北京当地人来照料他们的饮食起居。每个周日，李洁吾都会和朋友一起到他们那里去，"海阔天空地畅谈着自己的理想、志趣，谈着生活，谈着希望"。

但是这种充实快乐的日子并没有持续下去。同年11月中旬，北京已经很冷了的时候，萧红收到一封老家寄来的信，警告她赶快回家结婚。而且作为制裁，到了12月家里也不给萧红寄冬装。李洁吾看不下去，便设法弄来二十元钱拿给他们，萧红才得以买了件棉毛衫御寒。

临近寒假的时候，陆家来信警告说：如果他们放寒假回东北，就给寄来路费，不然，从此以后什么都不寄！……没有别的办法可想，陆振舜决定回去。在整理行装时陆振舜告诉我说，廼莹责备他是"商人重利轻别离"。我知道，廼莹是不愿走的，可是我们这些穷同学谁也帮不了他们的忙。

（《萧红在北京的时候》）

第二年，1931年1月，萧红回到呼兰，一回去就被父亲软禁在阿城县福昌屯的亲戚家中。曹革成提到，萧红的父亲庭举由于教女无方，被解除教育厅秘书的职位，左迁为巴彦县教育局督学（曹，2005）。铁峰认为萧红可能被软禁了七个月左右，这段期间对于农民生活的所见所闻成了她之后写作《生死场》的素材（《萧红生平事迹考》）。根据李洁吾的回忆，萧红逃脱父亲的监禁再次回到北京是在一个月后的1931年2月。

后来，又接到陆振舜的第二封信，信中说：如果廼莹能够有伍元钱路费的话，就可以由呼兰乘车逃出来了！这一消息使我很振奋，马上就从北京想办法兑换了伍元钱的"哈尔滨大洋"票子，将它小心地贴在诗人戴望舒写的一册诗集《我的记忆》最后硬封皮的夹层里寄出了！并在信中暗示廼莹说："你在读这本书的时候，越往后就越要仔细地读，注意一些。"意思是想让她能发现这张钞票，想办法从家里早点逃出来！

大约在一九三一年的二月末，突然收到陆振舜拍来的一封电报，内容是说廼莹已经乘车回京。我计算了一下时间，那列车到达的时刻，正是当天中午，我马上赶到火车站去接她，却没接到。我转身直奔西巷，耿妈开门见我，就说："小姐回来了，把东西放下就去学校找您去了。"我又即刻赶回学校，见廼莹正在宿舍等我。

（《萧红在北京的时候》）

但是过了不久有一个意想不到的人造访萧红。

那个人进屋之后，一屁股便坐在了椅子上，一言不发。廼莹跟在他的背后，对我伸伸舌头，做个怪样子。（中略）廼莹给我介绍说："这是汪先生。"（中略）

稍停片刻之后，只见他从口袋里掏出了一摞银元往桌子上一摆，就开始用他的右手，似乎有些漫不经心的样，一摞一摞地摆弄起那些银元，只见一枚枚银元从他的手中自上而下地跌落下来，发出叮叮当当清脆的金属声响。然后，他再重新抓起这摞银元，又用同样的姿势将它们悬起距桌面有三四寸高的距离，继续将它们又一枚枚跌落下来……他好像很欣赏这银元冲击的声音！此时张廼莹面部的表情是木然而不知所措，我坐在那里也很尴尬，空气好似不再流动，停滞了！

（《萧红在北京的时候》）

来人正是萧红的未婚夫王恩甲。三月末四月初时，萧红和他一道离开北京，回到哈尔滨。当时在埠头区东侧的沼泽地处由中国劳动者自发形成了一个叫作傅家甸的地方，那里有一家俄国人经营的东兴顺旅馆，他们就住在那里。但是过了不久，王恩甲便丢下怀孕的萧红消失了。这期间的事情经过不太清楚。何宏介绍了刘俊民在1981年2月8日写给沈玉贤的信，刘俊民是萧红的同学，与萧红同是住宿生。

汪回顾乡屯家中，想要些钱再回来，被哥哥、母亲、妹妹扣起来……廼莹等急了，去顾乡屯找。汪家人骂她，汪的哥哥说："你一定得和我弟弟离婚。"汪挣扎着要逃出家门，和她一起回市里。可是他家里人多，硬把他拉回去。廼莹一人回来，找律师写状子告汪的哥哥替弟休妻。开庭时，汪看哥哥要受到法律处分，他只好说不是哥哥而是他自己休妻，当场就离了婚。下庭后，汪向廼莹说，我们是假离婚，可是廼莹一气之下，和汪永远分开了。

（《关于萧红的未婚夫汪恩甲其人》1993年9月）

刘俊民还提到，由于萧红对表兄陆振舜产生好感，遂厌恶王。然而，萧红不惜通过打官司来抵抗未婚夫解除婚约的行为，这到底是出于她自己的尊严，还是为腹中孩子所虑呢？

关于萧红与王恩甲的一系列事情的经过，曹革成提供了不同的说法。该说法无明确依据，仅供参考。据曹的记述，陆回乡后萧红也不得不回家。离开北京一个月之后，萧红突然带着王恩甲出现在北京的李洁吾面前。她身穿高价皮草，说自己不久就要与王结婚了。但是恩甲的哥哥突然逼迫他们解除婚约。曹推测这恐怕是因为介意萧红与陆一同逃至北京的行为。萧红将之告上法庭，开庭时庭举夫妻和朋友刘俊民也出席了。恩甲为保全哥哥的名声，提出解除婚约。消息一时传遍整个呼兰，继母梁氏无地自容，带着萧红和异母弟弟妹妹回到阿城的本家。这是1931年3月的事情。但是外祖母认为萧红给张家抹了黑，对萧红严加责备。无依无靠的萧红心中再次燃起了对恩甲的情义，有意原谅恩甲。9月，她来到哈尔滨恩甲的住处，与恩甲在东兴顺旅馆开始了同居生活。在堂妹的帮助下，萧红插班至东省特别区第二女子中学学习。恩甲去上大学，萧红在家（旅馆）看看书、织织毛衣，俨然一副家庭主妇的样子。不久，"九一八"事变爆发；第二年2月，哈尔滨沦陷；3月，伪满洲国成立。据说那时两人不知何由曾在呼兰的张家出现过，后来又回到了哈尔滨。5月，萧红的肚子已经格外显眼，他们在旅馆的赊欠也已超过四百元。这时，恩甲突然消失。有人说他是回家拿钱，有人说他是由于听闻亲戚王廷兰去世而前去探明消息。不管怎样，他再也没有回来过（曹，2005）。

萧红的文章中完全没有提过与王的生活、相遇和分别。对于他们同居时发生的"九一八"事变和建立伪满洲国这些重大事件，他们又是如何看待的呢？

不管事情原委如何，王恩甲消失了，却未支付赊欠的房费，旅馆或许会因此将萧红卖到妓院。萧红把她的窘况写成信寄给《国际协报》。之后，她结识了萧军等青年左翼作家。恰逢松花江发洪水，他们把萧红从困境中解救出来。东兴顺旅馆的一楼已经被淹没，他们用船把被困在二楼的萧红救出。

萧红得救后，暂时住在《国际协报》编辑裴馨园在埠头区四街的家中。不久，她被送往松花江畔附近的哈尔滨市立第一医院，产下一名女婴，她将孩子送人以抵押住院费。之后，在八道街拐角处的欧罗巴旅馆开始了与萧军的同居生活。同年秋天，移居至中央大街西侧的商市街二十五号。萧红的作家生涯就是从这里开始的。

小 结

人们同情萧红流浪的一生和不幸的婚姻生活，将《呼兰河传》视为她的自传，从记录在其中的故事中看到了冷漠的家人和多感孤独的幼女形象，认为那便是贯彻她一生的"寂寞"二字的基石。这些内容我们在序章中也提到过。但是，如果对照萧红的同学和弟弟的回忆，会发现一个与上述形象有些不同的萧红。

萧红自幼对社会运动十分敏感，有着旺盛的好奇心和积极性，总是不顾他人眼光，主动去感受社会。或者这样说，周围的人们越是保守，她越是具有反抗精神，这可以从第二节中介绍的张秀琢回忆（《重读〈呼兰河传〉，回忆姐姐萧红》）的萧红剪了头发在街中散步一事中推测出来。

对于萧红反对父亲订下的婚事离家出走一事，迄今为止，人们都将其视为"反封建"行为，并给予了很高的评价。但是从李洁吾的回忆（《萧红在北京的时候》）等内容来看，萧红与未婚夫的生活也是她自己的选择。她与未婚夫感情破裂、陷入窘境，可以说，这就像鲁迅笔下的毅然离家出走却由于没有经济基础最终迷路街头的娜拉。

与王恩甲的同居应该是得到了张庭举的认可，但是对于王离开她，萧红的娘家是否真的没有做出任何回应呢？对于这种单方毁约行为，如果张庭举真的没有对王家采取任何行动的话，则可以推测，按照当时的伦理观，一定是萧红方面出了问题。或许正是萧红的这个问题，才致使萧红的名字从《家谱》中被剔除。

怀孕却被抛弃，萧红的自尊心必定受到很大伤害。若还被人们认为是错在自己，导致娘家人无法出面庇护，萧红所受的伤害必定会更深。当然萧红是否想要这个庇护暂且不说，但是她却决定独自承担这一结果。这也是她的自尊心使然，正是这份自尊心救了她。

萧红原本就被左翼文学深深吸引，她给中国共产党地下活动根据地之一的《国际协报》写信绝非偶然。但是，当时的编辑刚好对她的信件产生兴趣，并派年轻作家前去营救，其中刚好有一名作家是萧军，而她又看过萧军的作品，两人立即两情相悦。此时恰逢松花江发大水，她才得以赖掉旅馆的住宿费成功逃脱。萧红摆脱窘境的过程真是一连串幸运的偶然。萧红生产后，与萧军开始同居生活，结识了一些左翼文艺阵营的朋友，开始了自己的作家生涯。

第二章

初期文学
活动

一

与东北作家的相遇——创作活动的开始

（一）

哈尔滨与俄国（苏联）接壤，在地缘关系和历史渊源方面都与之关系密切，较早受到俄国（苏联）共产党的影响。例如，19世纪末开始铺设东清铁路时，便有大批俄国工人入住哈尔滨，1905年11月，他们成立布尔什维克支部，为加强俄国人与中国工人之间的团结，也开始对中国工人开展宣传工作。[①]俄国二月革命后的1918年2月，三十六棚[②]工业维持会在哈尔滨成立，这是哈尔滨最早的中国工人工会组织。

中国共产党诞生于1921年7月，1922年开始在哈尔滨市开展活动。据

---

① 张福山《哈尔滨史话》（哈尔滨出版社，1998年10月）。

② 三十六棚原本是沙皇俄国为建设东清铁路所雇用的中国工人的宿舍。哈尔滨车辆工厂厂史编写组和哈尔滨师范学院历史系写作组合著的《三十六棚工人的抗俄斗争——哈尔滨车辆工厂厂史片段》（《历史研究》1976年3期，1976年6月）中写道，"总工厂附近用木头盖起一些'人'字形的大窝棚"，"这种窝棚共有三十六个，所以人们就把这个地方叫做三十六棚"。还写道，三十六棚是"冬不挡风、夏不遮雨的简陋窝棚，只有两端对峙通行的门，就算是兼开的窗户。窝棚最大不过六七十平方米，却挤居七八十名单身工人；小的只有三四十平方米，最少也要住四五十人。整个三十六棚住宅区，一遇雨天就变成了烂泥塘。卫生条件极差，工人住宅区连一个公共厕所也没有。每到春末夏初，蚊蝇四起，传染病到处流行，严重地影响着工人和家属的身体健康。三十六棚是当时哈尔滨一个极为悲惨的贫民窟"。

64

《哈尔滨历史编年》中的记述，中共中央北方局于1922年1月开始筹备，1923年9月设置中国共产党哈尔滨独立组，1925年5月成立中共哈尔滨特别支部，1926年4月成立中共北满地方委员会。但是当局没有默许上述行为。由中共北满地方委员会于1926年6月创刊的《哈尔滨日报》在10月24日遭到封杀，11月，东省特别区警察总管理处制定《检查宣传赤化书籍暂行办法》，并依据《便衣侦探单行规则》组织东省特别区警察总管理处便衣队。与此相对，1931年夏天，中共中央为加强东北地区的活动，将罗登贤（1905—1933）作为中共中央代表派至东北。不久，发生"九一八"事变。

"九一八"事变发生后，中共中央立即发表《中国共产党为日本帝国主义强暴占领东三省事件宣言》（9月20日），之后提出组织人民群众进行反帝活动、发动群众斗争、反抗日本帝国主义的决议，指示东北打游击战（9月22日）。在此前后，党的北满高级干部紧急会议在哈尔滨召开，中共满洲省委连续发表反对日本帝国主义武装侵略东北的宣言与决议（9月19日、21日，10月5日）。当时，在东北以东满地区为中心已经自发地开展了抗日游击战。1931年10月，东北民众自卫军成立，成员两百名；一个多月之后，人数跃至两千余名；第二年8月前后，甚至达到一万五千名（《哈尔滨历史编年》）。

11月，沈阳的中共满洲省委机关遭到破坏。1932年1月，机关由沈阳迁往哈尔滨。当时任中共省委书记兼组织部长的是罗登贤，哈尔滨中共市委书记是杨靖宇（1905—1940）[1]。不久，中共满洲省委发出

---

[1] 杨靖宇出生于河南省确山县李湾村的一户农民家庭，原名马尚德。学生时代开始接触革命思想，1925年五卅运动爆发后，他和朋友们一起参加了支援上海工人的斗争。1926年夏天加入中国共产主义青年团，受党指示，参加农民运动。1927年5月入党，1929年春天被派至中共满洲省委。曾化名张贯一，甚至连罗烽、舒群等在党的指导下工作的人们也仅知道他的名字叫"老张"。罗烽在1981年接受笔者采访时，说自己在新中国成立后才知道"老张"就是杨靖宇。1932年6月，杨靖宇在磐石县组建抗日义勇军。1940年2月23日在吉林省濛江县被日军射杀（李剑白编《东北抗日救亡人物传》，中国大百科全书出版社，1991年12月）。

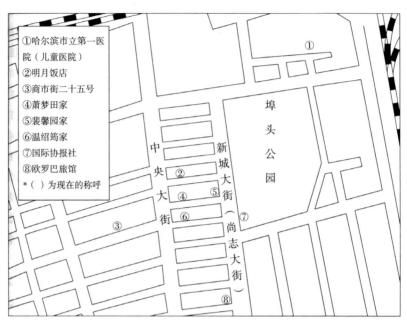

① 哈尔滨市立第一医院（儿童医院）
② 明月饭店
③ 商市街二十五号
④ 萧梦田家
⑤ 裴馨园家
⑥ 温绍筠家
⑦ 国际协报社
⑧ 欧罗巴旅馆
* （ ）为现在的称呼

○ 哈尔滨商市街二十五号附近。

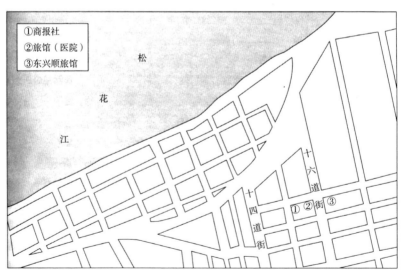

① 商报社
② 旅馆（医院）
③ 东兴顺旅馆

○ 东兴顺旅馆附近。

第三次武装宣言（1月15日）。金剑啸（1910—1936）①任中共哈尔滨市西区（道里）宣传委员，他是当时哈尔滨左翼运动的中心人物，在戏剧、绘画、音乐、文学等广泛的文艺领域中对萧红等东北作家影响巨大。金剑啸在这一时期受杨靖宇指示，与东区（道外）宣传委员罗烽（1909—1991）②共同发行反满抗日的报纸。罗烽的妻子白朗记下了事情的经过（《狱外集》）。③白朗提到，她在刚结婚时不知道罗烽的党员活动，"九一八"事变发生后才知道。1931年10月1日的晚上，在罗烽家召开了第一次反日大会，有七个人参加，其中有一个叫作"老张"的小贩。之后，她才知道那个果敢精干、给人留下难以忘怀的印象的人就是杨靖宇。大会后，罗烽买回五颜六色的纸，老张送来了油印机。

---

① 金剑啸原名金承栽，笔名健硕、巴来等，满族。1910年12月15日出生于沈阳的一个刻字工人家庭。1913年，全家搬到哈尔滨。在哈尔滨三育中学读书时开始接触革命思想，1926年考入哈尔滨医科专门学校学医，之后开始积极参加各种反日、反封建斗争。十六七岁时开始投稿写作诗歌和散文，并因此与当时《晨光报》副刊《江边》的主编塞克（1906—　）成为知己。塞克是一位话剧表演艺术家，后来加入南国社，与左明等人筹办摩登社。1930年春，十分喜欢美术的金剑啸经由塞克推荐，进入上海新华艺术大学（后改名新华艺专）图工系第一期三年级学习油画。这时开始接触中共地下党，暑假加入中国共产主义青年团。塞克还推荐他加入摩登社，出演了高尔基的《夜店》。朋友们逃离东北后他继续留在当地开展活动，在齐齐哈尔被日军逮捕，1936年8月15日就义。参见刘树声、里栋《金剑啸年谱》（《东北现代文学史料》第五辑，1982年8月），金伦《我的父亲金剑啸》（《东北现代文学史料》第一辑，1980年3月），邓立《金剑啸烈士生平事略》（《东北现代文学史料》第一辑）。

② 罗烽原名傅乃琦。1909年12月13日生于沈阳。1929年入党，任中共呼海铁路特别支部宣传委员。同年，与白朗结婚。1934年被捕，第二年获释后立即与白朗从东北逃至上海，成为东北作家群中的一员（里栋、金伦《罗烽传略》，《东北现代文学史料》第二辑，1980年4月）。

③ 《白朗文集》（3－4）（春风文艺出版社，1986年4月）所收。白朗原名刘东兰。1912年8月2日生于沈阳。罗烽本是白朗姐姐的结婚对象，由于姐姐去世，白朗与罗烽于1929年结婚，1945年入党。新中国成立后关心妇女运动（陈震文《白朗的生平和创作道路》，载《东北现代文学史料》第五辑，1982年）。

写标语，印传单……关于一切宣传的工作，都由我们两个来包办。黄昏一过，我们便倒锁了门，在室内活跃起来。一批工作完了，一批新的工作又来了。我们不断地忙着，有时，一连几个通宵不休息、不合眼，然而，我们不感到疲倦。

（白朗《狱外集》）

萧军①也是在同一时期认识金剑啸和舒群②的。

我到哈尔滨的时候，身上只剩下一只手枪，我的枪是没有拿成，我只有拿笔。所以，从一九三二年我开始向哈尔滨的几家报纸投稿。一方面，我很想用笔代替枪来完成我的任务；另一方面，也是生活所迫，没有办法，我就开始写文章了。那时，我在《国际协报》投稿。大约在一九三二年的秋天，在一个饭馆里，我偶然认识了金剑啸。那时，他在一个外国人的公证事务所里做文牍员。我那年大约是二十三四岁，他大约是十八九岁。我们的年龄在今天来说尽管还很年

---

① 关于萧军的经历，王德芬著有《萧军简历年表》（梁山丁主编《萧军纪念集》，春风文艺出版社，1990年10月），内容由萧军亲自校对过。里面提到，萧军于1907年出生于辽宁省义县，学名刘鸿霖。父亲是个手艺人，跟随父亲来到长春后，他经历了五四运动的浪潮。十五岁时，听从父亲的建议与一个比自己大一岁的农村姑娘结婚，十八岁时把妻子留在农村，加入吉林省军阀的部队。自此，对文学产生浓厚兴趣。最终由于厌烦部队的腐败风气，加入由张学良办的东北陆军讲武堂。1929年，二十二岁的萧军在沈阳《盛京时报》发表第一篇散文作品《懦》。"九一八"事变后，曾结成抗日游击队，后失败。同年冬天，来到哈尔滨开始创作活动。
② 舒群生于1913年9月20日，哈尔滨人。原名李书堂，又名李旭东，曾用笔名黑人。参见里栋、小石《舒群传》（《东北现代文学史料》第二辑，1980年4月），董兴泉《舒群与萧军》（《社会科学辑刊》1981年第二期，1981年3月），董兴泉《舒群和他的一个老师》（《东北现代文学史料》第三辑，1981年8月），舒群《早年的影》（《东北现代文学史料》第三辑），舒群《"没有祖国的孩子"照片并简略说明》（《东北现代文学史料》第三辑）。

轻，但我们并不因为我们年轻而放弃了为民族的解放、为祖国的独立、为人类的解放而奋斗这个责任。我们确实自认为自己是个大丈夫。（中略）我们认识以后，我记得头一句话他说："好些个责任还要你负。"我说："随便什么责任都可以。"那天落着微雨，他穿件雨衣，我和他一路上顶着微雨，我送他到马路上。从此，我们分别了，我们的友谊就这样建立起来了。

（萧军《我所认识的金剑啸同志》1982年6月，载《东北现代文学史料》第五辑）

舒群在哈尔滨市立男子第一中学（广益中学）时，认识了与杨靖宇共同在磐石县组建抗日义勇军的傅天飞（1911—1938）[①]。当时傅天飞已是党员。此外，在教师当中有些人被称作"红色老师"，其中一人在1930年初夏把塞克介绍给他，通过塞克，他认识了金剑啸，后又通过金剑啸于1932年认识罗烽。1932年3月，舒群经由学生时代友人的介绍成为国际共产党组织第三国际的情报员，同年9月入党。萧军与他是在1932年3月或者4月前后认识的。

舒群当时住在一中同学萧梦田家中。那是一个三层楼房，面朝西四道街，他住在二楼。舒群经常坐在房子前面的长椅上眺望街市。有时也会从对面朋友温绍筠家的二楼阳台往下望。不久，他开始留意每

---

① 傅天飞别名傅云翼、傅世昌。1911年12月18日出生于黑龙江省双城县。1927年考入哈尔滨商船学校，结识该校数学老师冯仲云。1930年5月，加入中国共产主义青年团。之后入党，经由冯仲云介绍认识杨靖宇，1932年任共青团满洲省委委员。1938年2月25日被捕，3月5日用手枪自杀（张福山《哈尔滨史话》，哈尔滨出版社，1998年10月）。董兴泉在《舒群与萧军》（《社会科学辑刊》1981年第二期，1981年3月）中提到，傅天飞被捕后，绝食而死。舒群追忆傅天飞写成作品《早年的影》（1980年8月27日初稿，11月23日修改，载《东北现代文学史料》第三辑，1981年4月）。里面提到，萧军的《八月的乡村》根据舒群从傅天飞那里听来的"腹稿"写作而成。

日穿梭在街上的一个贫困的年轻人。那个年轻人也注意到了经常坐在长椅上眺望街景的这个穷小子。有一天，也不知道谁先搭的话，两个人并排坐在长椅上，聊了起来（1981年笔者采访）。

萧军在刚来哈尔滨时，住在明月饭店。明月饭店在西四道街北面，面朝西三道街。这家饭店又叫一毛钱饭店，十分便宜，这是"九一八"事变后的第二年冬天，中共满洲省委发现左翼作家生活艰难，联系刘昨非、王关石、白涛、冯咏秋、黄田（黄之明）、裴馨园六人筹措资金，雇用厨师开的廉价饭店，据说也兼作地下党的联络点。[①]饭店名副其实，不管吃什么都只收一毛钱。明月饭店的主人王关石自己也写诗，裴馨园是当时《国际协报》的编辑，冯咏秋是之后会提到的牵牛房的主人，白涛是后面提到的星星剧团的成员，黄田是香坊警察署长，曾帮助萧红和萧军逃离东北。

萧军在明月饭店住了一段时间后，搬到裴馨园家。裴的家也在西四道街上，与萧梦田家在同一侧。从西四道街来到新城大街（现在的尚志大街），再往南走一点儿就是国际协报社。不管是去裴馨园家，还是去国际协报社，西四道街都是萧军的必经之路。[②]这样，舒群与萧军相遇了。当时舒群在《国际协报》上发表过几篇诗歌，但只是投稿，并不认识裴馨园。裴任《哈尔滨公报》主编后，白朗作为裴的后任成为《国际协报》副刊主编，但也不认识裴。据说她也是到了后来才知道萧红从东兴顺旅馆得救后曾经在裴家住过。[③]

萧凤在《萧红传》中根据舒群的回忆记下了萧红与舒群认识的经过。据此，最先得知萧红往《国际协报》文艺副刊寄出求救信的是舒

① 参见支援《一毛钱饭馆》（《黑土金沙录》，上海书店出版社，1993年7月）。
② 这一时期萧军一边帮助裴馨园编辑《国际协报》儿童特刊，一边在副刊上发表作品（阎纯德、白舒荣《记萧军》，载《中国现代文学丛刊》1980年第二期）。这一时期的事情萧军写在《王研石（公敢）君》（《七月》1937年10月16日）中。
③ 罗烽谈（1981年6月笔者采访）。

群。①他在采取行动之前，征得第三国际的同意，用组织给他的伙食费为萧红买了两个馒头、一包烟，把它们捆在头顶，游着泳，来到二楼萧红住的房间。1932年，正值松花江发大水，这座三层建筑的东兴顺旅馆②的一楼已经完全被洪水淹没了。怀孕的萧红身上仅穿着一件洗得发白的天蓝色旧旗袍，而且由于肚子太大，旗袍侧面的扣子基本上没扣。萧红要求舒群把她带出去，可是舒群的家也被大水淹没，全家在南岗的难民收容所避难，实在没有办法安置萧红。于是，他带着满身的泥巴，在萧红的床上蹲了一夜。

关于萧红和萧军同居的经过，说法不一。有人说舒群和萧军在争夺她，舒群对此强烈否认，还说与萧军争夺萧红的是二郎（方未艾）。③二郎是萧军在东北讲武堂时的友人，当时在哈尔滨做《商报》编辑。商报社与萧红遭遇水灾的东兴顺旅馆之间隔着十六道街，在马路西侧。舒群离开萧梦田家之后，有相当长一段时间住在东兴顺旅馆对面的商报社，因为那里是他秘密工作的联络处。二郎曾经和萧军一起在道外住过，舒群好像是通过萧军认识二郎的。

当时，裴馨园一面任《国际协报》文艺副刊主编，一面兼任五日画报社等的编辑。据裴的妻子黄淑英的说法（《二萧与裴馨园》④），1932年时，黄淑英二十二三岁，裴馨园大她十四岁，因此已经三十六七岁了。他们家住在哈尔滨市中国四道街三十七号，有两个孩子。据说裴馨园是一个非常文静、沉默寡言的人。个子不高，有些瘦，体格也不大好。每天结束工作，一回到家中，就把自

① 关于救出萧红的经过，后面还要讲到，不同人的回忆出入很大，无法确定。
② 据舒群1979年的回忆，旅馆名叫松花江大旅社或者哈尔滨大旅社（萧凤《萧红传》注释），现在定论是东兴顺旅馆。
③ 《田军萧红的滑稽故事》中提到舒群和萧军争夺萧红。葛浩文在《萧红传》中也持同样看法。笔者1981年采访舒群时，他对此十分不满。
④ 萧耘整理。采访者萧耘是萧军与萧红分手后，与王德芬结婚所生的女儿。

己关在书房写文章或是看书。裴馨园当时在《国际协报》的文艺副刊上有一个名为"老斐语"的专栏，每期三百到五百字，以此打"笔仗"。①

他很喜欢安静，他的书房平日是任何人不许随便进的，孩子们总是躲得远远的。他有个习惯，就是爱在床上、桌上、凳上……到处都堆放着书、报、稿件、校样……（中略）

每天一到下午，就陆陆续续地有读者、朋友和同事来找他了，这个时候是他在家"办公"的时间，就是我，他也是不欢迎去打搅他的，把房门紧紧地关着，很是繁忙……

（《二萧与裴馨园》）

但是，三郎（萧军）这一大有前途的青年的出现，给他的上述生活带来了很大变化。据黄淑英讲，初见萧军，大家对他的印象并不太好。他身穿一件被阳光晒褪了色连颜色都看不出来的学生装，袖口和领口都磨破了，裤子皱皱巴巴，还打着补丁，皮鞋上沾满泥巴。头发蓬乱蓬乱的，完全看不出是"吃墨水的"。他从来不讲客套，每回一来就直奔裴馨园的书房，谈上好半天。后来，裴就将自己工作的一部分分给他做，萧军经常代替裴跑印刷厂，选稿件什么的。②裴的书房跟以前大不相同了。以前他的书房总是静悄悄的，来了客人谈话也是低声

---

① 据说，《国际协报》共四版，文艺栏占据了第四版二分之一的版面（《二萧与裴馨园》）。萧军在《王研石（公敢）君》中提到的"P君"，即指裴馨园。里面说，P君是江南人，个子不高，有些瘦弱，萧军只好做他的临时"保镖"。P君因在《国际协报》上写了两篇文章，得罪了当局，被《国际协报》解雇。他的作品《打针》揭发了当局不消毒注射器就给人打预防针。《鲍鱼之市》是公然批评1932年水灾时在任的哈尔滨市长鲍冠澄的作品。

② 参见萧军《〈侧面〉注释》（1978年9月28日）。

细语的，萧军来了之后，书房突然热闹起来。经常会有年轻人在这里聚会，据说萧军兴致来了，还会摆开架势唱上一段京剧。后来萧军在裴家住了下来。在那之后，裴收到了萧红的来信。

大约是在松花江发大水之前，一九三二年的夏天，我丈夫告诉我说他收到了一个女读者的来信，在这信里这个女读者似乎是指责了老斐，并写了"我们都是中国人"等样的话，老斐觉得很有趣，一边笑一边说："在中国人里，还没碰见过敢于质问我的人呢！这个女的还真是个有胆子的人！"

（《二萧与裴馨园》）

黄说，裴立即派萧军前去营救这位女读者。不过当时《国际协报》投稿人孟希的回忆（《萧红遇难得救》）却与此不同。按照他的回忆，1932年5月或者6月前后，《国际协报》编辑部收到了一首署名为"悄吟"的诗。之后，又收到一封信，信上说由于没钱付稿费，自己要被卖到妓院了。[①]看了那封信后，裴馨园、孟希、三郎（萧军）、琳郎（方未艾）四人一起到东兴顺旅馆看望萧红。裴馨园向旅馆主人表明了身份，并请旅馆为萧红提供食物，一切费用由他承担。之后，萧军多次造访萧红，并趁着发洪水的机会将她解救出来。另据萧耘在黄淑英的口述整理稿中所作的注释，萧军是在1932年7月12日这天带着裴的"介

---

① 曹革成（曹，2005）在写这段时期的经过时举出了方未艾的回忆。他提到，萧红先向《国际协报》寄来《春曲》（诗歌），又给东兴顺旅馆附近的《东三省商报》副刊《原野》写了一封信。方未艾是当时《原野》的编辑，他回忆说信上是这样写的：

编辑先生：
　　我是被困在旅馆的一个流亡学生，我写了一首新诗，希望在你编的《原野》上能够发表出来，在这大好的春光里，可以让人们听到我的心声。

绍信"和几本书去看望萧红的。[①]

另据舒群回忆[②]，有一天，他听说萧红从旅馆出来后住进裴馨园家。第二天，他便看到萧军和萧红结伴从裴家出来。他凭直觉感到这两个人在一起了。萧红的肚子已经很大了。几天后，一个傍晚，舒群跟平时一样坐在萧梦田家前的长椅上眺望马路，看到萧军慌慌忙忙地跑过来，大声喊叫着。他说萧红要生了，却连去医院的路费都没有，他要去当强盗。舒群弄来一块钱给了他。[③]他用那一块钱把萧红送到医院。

萧红最初的短篇小说《弃儿》（1933年4月18日）正是以自己趁松花江发大水获救和之后自己的生产为题材写作而成的。这部作品有一万两千字左右，由于在报纸上连载（《大同报·大同俱乐部》1933年5月6日—17日），细分成十九章。主人公是一个叫作芹的年轻女性。[④]她在飘雪的日子来到旅馆，现在已经是落雨的季节了，肚子日渐变大，

① 曹革成提到，裴是7月10日看到信的。之后立刻与孟希一道前往东兴顺旅馆鼓励萧红。11日，裴在道外的北京小饭店（可能是明月饭店）召集朋友商量对策，其中就有萧军。7月12日白天，萧红不断给裴打求救电话，可是不巧裴不在，萧军接了电话，但是因为自己没有力量救出萧红，所以没有采取行动。最终，裴因为工作繁忙，让舒群和一个朋友去看望萧红。得知萧红的状况已经迫在眉睫，裴拜托萧军把一封鼓励的信和几本书带给萧红，萧军应该是在7月13日见到萧红的（曹，2005）。

② 1981年6月笔者采访。

③ 萧军在1981年6月18日"萧红诞辰七十周年纪念会"中的"老作家座谈会"上提到，舒群给的是五毛钱（《东北现代文学史料》第四辑，1982年3月）。

④ 《弃儿》中出场的两个年轻男女分别叫作"蓓力"和"芹"，这两个人物也出现在萧红的短篇小说《广告副手》中。《广告副手》收录在《跋涉》中，根据萧红的亲身经历写作而成。王德芬在《萧军简历年表》中提到，刘蓓力是萧军在哈尔滨写第一篇散文《暴风雨中的芭蕾》（《国民日报》副刊，1931年）时使用的笔名。另外萧军在《这是常有的事》（1933年6月9日）中塑造了一个以萧红为原型的人物形象，叫作"芹子"。

走投无路。

> 我怎么办呢？没有家，没有朋友，我走向哪里去呢？只有一个新认识的人（蓓力——引者注），他也是没有家呵！

松花江决堤三天后，她一个人乘坐小船从旅馆逃出，来到一户人家中。家里的主妇抱着孩子，已经知道了她的事，奇怪蓓力怎么没有跟她一起来。她所造访的那家的主人叫非。蓓力本打算在松花江决堤的第二天去救芹，并把她带到非家。由于去筹钱，跟芹走岔了。

实际上关于萧红来到裴馨园家的经过，黄淑英的回忆是这样的：

> 就在我们商量着如何救出悄吟（萧红——引者注）的时候，松花江水暴涨了，哈尔滨道外一片汪洋，人们要乘摆渡才能通行。想起了被困在道外旅馆中的悄吟，大家很焦急。三郎说他自己会游水，也能爬高，身体也结实，能把悄吟救出来……于是就同意由他带着香肠和面包赶忙游水到悄吟那里去。当天，当悄吟到我家来了一些时候了三郎才赶了回来。（据萧军说当他游水到旅馆时，悄吟已搭乘一条柴船按照萧军前几天留给她的老裴家的住址先走了。——耘注）由三郎介绍着，悄吟与我们大家一一相识了，我们也像对待老朋友一样地热情招呼着悄吟一起吃晚饭……悄吟当时穿着一件旧蓝布旗袍，脸色苍白，神情也显得有些紧张，光着脚穿着一双半旧的鞋。①也许是彼此生疏的

---

① 关于救出萧红之前，初次来到萧红住处的情景，萧军这样写道："半长的头发散散地披挂在肩头前后，一张近于圆形的苍白色的脸幅嵌在头发的中间。（中略）她整身只穿了一件原来是蓝色如今显得褪了色的单长衫，开气有一边已裂到膝盖以上了，小腿和脚是光赤着的，拖了一双变了形的女鞋"（《侧面》注释）。孟希的回忆是这样的："萧红穿着一件褪了色的蓝大衫，赤着脚穿一双皮鞋"（《萧红遇难得救》）。

缘故吧，她不太爱讲话。当晚，便安顿她在我家客厅住下了，老斐一再嘱咐家人说："不要去打搅她，让她安心休息……"所以我也就很少去客厅，也没和悄吟在一起单独地长时间地谈过话。

（《二萧与裴馨园》）

另一方面，小说中是这样描述第一次去裴（小说中为"非"）家的情景的。

一家楼梯间站着那个女人，屋里抱小孩的老婆婆猜问着：你是芹吗？

芹开始同主妇谈着话，坐在圈椅间，她冬天的棉鞋，显然被那个主妇看得清楚呢。主妇开始说："蓓力去伴你来不看见吗？那一定是走了岔路。"一条视线直迫着芹的全身而泄流过来，芹的全身每个细胞都在发汗，紧张、急躁，她暗恨自己为什么不迟来些，那就免得蓓力到那里连个影儿都不见，空虚地转了来。

文中所写的这个主妇叫"英"，"非"和"英"的命名足以让人联想到裴馨园和妻子黄淑英。

由于无处可去，萧红暂时住在裴馨园家中。萧军每天都来看她，另外从黄淑英的回忆中可以看出，裴馨园也很关心她。但是黄淑英对这件事好像并不开心。

这时三郎几乎每天都来看望她①，看样子两个人很谈得来，三郎一走，悄吟就又把自己关在房间里捧着本书在那里读，甚至一天一天的

---

① 黄回忆说萧军住在裴家，但是这篇文章中好像是说萧军住在别的地方。另曹革成提到，萧军在救出萧红七八天之后搬进裴家（曹，2005）。

也不出房门外去走动走动，也不太愿意主动和别人讲话或打招呼。天长日久，我家里人（除了老斐）就经常在我的耳朵边上嘀嘀咕咕地说悄吟孤傲、不通人情世故，甚至还埋怨我说："真是没事儿找事儿，让这样一个人住在家里，吃在家里……"（当时悄吟正怀着孕）因为我太年轻了，太幼稚，听了这些煽动性的话之后也没仔细地想一想，对悄吟也就产生了不满情绪，就在悄吟从医院分娩回来后不久，忘记为了一件什么事（好像是我在三郎面前说了悄吟的闲话），说着说着就与三郎争吵了起来。年轻的三郎脾气是很火爆而执拗的，我年轻时口头也很是不服输，俗语讲："骂架没好口，打架没好手"，越吵越凶，就这样彼此伤了和气，第二天吧，三郎就带着悄吟离开了我们家……

（《二萧与裴馨园》）

小说中的描述与此不尽相同。

小说中，蓓力从自己的房间搬出来，与芹一起寄居在非家。晚上，芹睡在内房床上，蓓力在隔壁房间藤椅上像虾一下蜷缩着睡。白天两个人漫无目的地走在大街上，过着"只是吃饭和睡觉"才回非家的生活。有一天，非看到他们两个走在哈尔滨的繁华大街中央大街上。关于这件事，非没有直接说，而是让自己的妻子对芹这样说道：

"你们不要在街上走去，在家里可以随便，街上的人太多，很不好看呢！人家讲究着很不好呢。你们不知道吗？在这街上我们认识许多朋友，谁都知道你们是住在我家的，假设你们若是不住在我家，好看与不好看，我都不管的。"①

---

① 萧军救出萧红两三个月后，两人住进商市街。在街上见过两人的朋友这样描述当时的情景。"萧军脖子上系了个黑蝴蝶结，手里拿了个三角琴，边走边弹，萧红穿着花短褂，下着一条女中学生通常穿的黑裙子，脚上却蹬了双萧军的尖头皮鞋，看上去特别引人注目。他们边走边唱，就像流浪艺人一样。"（丁言昭《萧红的朋友和同学》）

没过多久，非一家带着被褥和其他家当搬家了。空荡荡的房子里只剩下芹和蓓力两个人。

实际上，萧军和黄吵架离开后，仍然在替裴馨园做着相关工作。裴馨园也很关心萧军和萧红，一直在帮助他们。萧军和黄在情感上的隔阂，随着时间的流逝也消失了。[①]

1934年，萧军和萧红离开哈尔滨，第二年，两人在上海取得成功。消息传来的时候，裴馨园的写作热情已经消失了，身体越来越衰弱。而且，"又因为其他的一些原因"（黄淑英）他们离开哈尔滨来到北京。据黄回忆，裴馨园1957年去世，他们之间的四个孩子也都不在了。

《弃儿》里的芹正是萧红自己的化身，它像《商市街》一样，在无遮无掩地向世人诉说着她自己生活的苦难，坦白、真诚、令人心颤，可是却有人还没有从事实和感情上接受她的诉说。出现这种现象的原因，就是对萧红创作体裁的认识不足，或完全忽略了。

（李重华《萧红创作体裁说》）

李重华是研究萧红的代表人物之一，他接着指出，至今为止，萧红的《广告副手》《小黑狗》《出嫁》《访问》《离去》《手》《牛车上》《家族以外的人》《孤独的生活》《亚丽》《黄河》《汾河的圆月》《孩子的讲演》《小城三月》等作品一直被视为小说，但这些作品本该作散文考虑。他主张"通过对这些作品从另外角度的研究，我们便会沉淀出萧红天才心灵的新的轨迹"。

---

① 参见《二萧与裴馨园》。曹革成提到，萧红生产之后，无法继续借住在老裴家。于是拿着裴给的五元钱，搬进水灾过后客源减少的欧罗巴旅馆（曹，2005）。

　　的确，萧红的作品中，小说和散文之间界限模糊，即使在已出版的萧红的各个作品集中，不同的编者对作品的分类也不尽相同。对于李重华列举的这些作品，虽无材料否认它们是散文，但也没有材料断定它们不是小说。可以说，到底是小说还是散文，全由读者的阅读方法决定。这也正是林非在《中国现代散文史稿》中高度评价她"在现代文学史上非常独特"的原因，也正因如此，人们才在心中将萧红塑造成一个美丽、脆弱又薄命的女性偶像的形象。本书的写作目的在于客观评价作家萧红的工作，这必须打破既存的萧红形象。因此，不管是散文还是小说，都应该将其视为作者有意识创作出来的作品世界来解读。前文中李重华所攻击的"有人"没有具体指明是谁，不过笔者好像也属于其中的一员。

　　《弃儿》的确是萧红基于自己的现实体验完成的作品。但是，黄淑英关于这段时期的回忆与小说中的表述有明显差异。即便黄淑英的回忆存在不确切之处，可作家在构思作品时自然会有意识地对现实进行加工。作品与回忆之间的差异，恰好能反映出作家的创作意图，这关系到作品能否成功。

　　如前所述，《弃儿》是目前所知的萧红最早的小说作品。因此小说在人物设定、情节构成和表达等方面都表现出明显的不成熟之处。从某种意义看来，这也是无可奈何的。比如，文中提到，主人一家因为两人的入住在周围人面前很没面子，于是全家搬走，而不是把他们赶走。这种情节的设定很不现实，还是黄的回忆自然些。①从当时人们的伦理观来看，面对一个一眼就看出是个孕妇，而且是处于贫困底层的孕妇，本该对腹中孩子负责的男人也没有出现，人们对她又不太了解，很难会像老朋友一样，对她毫无芥蒂，温暖相迎。萧红强烈地感到了

---

① 萧军在《王研石（公敢）君》中也提到，P君（裴馨园）脱离《国际协报》之后，"P君与我们的友情也继续不下去了"，他们搬出了他的家。参考72页注释①。

周围人对她蔑视的目光。不，甚至可以说，最看不起她的就是她自己。她之所以把自己关在书房里看书，也是有意想让周围人明白她不是一个毫无教养的蠢女人。

　　"你们不要在街上走去，在家里可以随便，街上的人太多，很不好看呢！人家讲究着很不好呢。你们不知道吗？在这街上我们认识许多朋友，谁都知道你们是住在我家的，假设你们若是不住在我家，好看与不好看，我都不管的。"

　　小说中的这段话，恐怕是萧红从内到外同时听到的声音。不管是萧红还是周围的人，他们都无法做到可以不顾蔑视，从正面接受这个事实，他们的思想还没有这么超前。

　　这部作品所署的日期是1933年4月18日。根据《二萧与裴馨园》中的记述，萧军第一次看望萧红是在1932年7月12日，之后松花江决堤，萧红暂住在裴馨园家里。萧红生产、出院不久后，由于萧军和黄淑英吵架，他们搬出去了。生产后有一段时间，萧红和萧军一起住在欧罗巴旅馆，秋天搬到商市街①。由此可以推测出萧红的生产时间是在1932年8月到9月，《弃儿》是在那之后大半年的时间里构思并完成写作的。那时她应该身心都尚未从生产的痛苦中解脱出来，为何要主动将自己屈辱的体验告知天下呢？

　　关于孩子的父亲，作者只在小说中表明是一个叫"王"（让人想起王恩甲）的人。至于芹是如何怀孕的，为何要一个人生产，文中全无涉及。小说中只写出了难以切断的母子之情。

　　月光照了满墙，墙上闪着一个影子，影子抖颤着。芹挨下床去，

---

① 铁峰在《萧红生平事迹考》中提到，两人大概是在10月末或11月初的时候搬到了商市街的。另外，铁峰还提到，萧红与王恩甲开始同居是在1931年10月以后。

脸伏在有月光的墙上——小宝宝，不要哭了，妈妈不是来抱你吗？冻得这样冰呵，我可怜的孩子！

孩子咳嗽的声音，把芹伏在壁上的脸移动了，她跳上床去，她扯着自己的头发，用拳头痛打自己的头盖。真是个自私的东西，成千成万的小孩在哭怎么就听不见呢？成千成万的小孩饿死了，怎么看不见呢？比小孩更有用的大人也都饿死了，自己也快饿死了，这都看不见，真是个自私的东西！

（中略）

秋天的夜在寂寂地流，每个房间泻着雪白的月光，墙壁这边地板上倒着妈妈的身体。那边的孩子在哭着妈妈，只隔一道墙壁，母子之情就永久相隔了。

（中略）

产妇们都是抱着小孩坐着汽车或是马车一个个出院了，现在芹也是出院了。她没有小孩也没有汽车，只有眼前的一条大街要她走，就像一片荒田要她开拔一样。

蓓力好像个助手似的在眼前引导着。

他们这一双影子，一双刚强的影子，又开始向人林里去迈进。

从最后一部分中，可以看出作者高昂的精神状态，她与萧军开始了新生活，得到了新伙伴，自此开始自己的作家生涯。但是这部作品并没有触及最重要的事情。问题并不在于新的恋情。虽然怀孕、生产对芹而言是新的出发点，但是文中却没有提到为何会发展成为这一颇为不合常理的形态。因此，它仅是一个自我辩护的恋爱故事。萧红自己从未说过与未婚夫王恩甲之间的关系，这意味着那段与王一起度过的日子给萧红的一生留下了深深的伤痕。

（四）

萧红与萧军同居后，认识了萧军领导下的年轻的哈尔滨左翼文艺运动家们。那个时候他们总是在哈尔滨水道街（现在的尚志大街）上公园附近的一个俄式平房里聚会。这个房子原本是白俄罗斯人的工厂，后来画家冯咏秋的父亲住进这里，父亲搬走后，东侧的房子里住着冯咏秋，西侧住着冯咏秋学生时代的朋友黄田和他的妻子袁时洁。中间有一间两家共用的客房，院子里种着很多牵牛花，一到夏天，牵牛花爬上房顶，开着各种颜色的花。大家都称它为"牵牛房"或"牵牛坊"。①这本是以冯咏秋为中心结成的文艺团体"冷星社"的同人聚集的地方，里面常备有纸和笔，来访的人们可以在那里自由书写文章或者画画。由此可见，或许常来这里的人中，有一些贫困的作家或者其预备军，自己难以弄来笔和纸。经常光临此处的罗烽说："聚集在那里的有些算是认识的人，有些是想知道对方是什么人才约在'牵牛坊'中见面的。"②袁时洁的哥哥是一名老共产党员，聚集在这里的基本上都是左翼活动家。香坊警察署署长黄田经常向他们透露当局情报，还提醒他们在这里的活动不要引起当局注意，规定大家必须单独出入牵牛房，不能团体进出，并让大家严格遵守。

1932年至1934年是牵牛房最充满活力的时期。每周集会一次，写诗、作画、唱歌、跳舞、朗诵，还会一起议论高尔基、果戈理、普希金等俄国作家的作品。根据袁时洁夫妇的回忆，每次萧军被萧红驳倒，

---

① 关于"牵牛房"有以下一些资料。金伦《"牵牛房"轶事》（《东北现代文学史料》第二辑），冯羽《哈尔滨牵牛坊》（《东北现代文学史料》第三辑），平石《关于"牵牛房"——从萧红〈商市街〉来看》（『"牵牛房"をめぐって——萧红『商市街』より——』，《中国东北文化研究广场》第1号，伪满洲国文学研究会，2007年9月）。
② 1981年6月笔者采访。

○ 牵牛坊与冯咏秋（1933年）。
资料来源：曹，2005。

总是不肯认输，说"我是让着她"。萧红的散文《几个欢乐的日子》（《商市街》1936年8月）中描述的一定是在牵牛房中的聚会。以金剑啸为中心成立的"星星剧团"也是在这里诞生的，萧红也参加了这个剧团。

金剑啸在1933年组建了"星星剧团"这一"党领导下的第一个半公开性质的抗日演剧团体"①。成员以萧军、萧红为首，有罗烽、白朗、舒群、白涛、刘毓竹、徐志等。团名寓意"星星之火，可以燎原"。团歌由萧军作词，金剑啸作曲。

我们的身躯渺小，我们的光芒微弱，

我们的故家是暗远的天空，

我们的任务是接待黎明，

黎明！黎明！黎明到了，我们去了，

自有那伟大的红日，会将友你们拂照，

拂照！拂照！只要友你们幸福了啊，

我们用不着什么悲悼！

我们永为友你们的幸福笑着，笑着，笑着，笑着！

（《星星剧团之歌》②）

---

① 里栋、金伦《金剑啸与星星剧团》（《东北现代文学史料》第五辑）。
② 王德芬《萧军简历年表》所收。

此外，罗烽撰写《从星星剧团的出现说到哈尔滨戏剧的将来》①一文，称赞星星剧团是在黑暗时代突然出现在哈尔滨丑恶的垃圾堆中的真正的先锋团体。罗烽的这篇文章发表在《大同报》副刊《夜哨》上，这也是由他们运营的刊物。据王德芬《萧军简历年表》中介绍，在星星剧团成立的1933年7月，长春《大同报》主编陈华来到哈尔滨，与自己沈阳时代的友人萧军约定发行副刊。萧红提议将刊名定为"夜哨"，寓意在暗夜中放哨。8月6日，《夜哨》以周刊的形式创刊，萧红在这里发表了后来收录在《跋涉》（1933年10月）中的《夜风》（1933年8月）等作品。《夜哨》创刊大约半年后的12月24日，由于刊登了李文光写的一篇揭发日军在农村暴行的文章，被勒令停刊，仅发行了二十一期。陈华解职后，给萧军写信，劝告他要小心，日本特务和宪兵或许会来搜查。②

星星剧团这边，导演和舞台美术由金剑啸担任，事务性的工作由罗烽负责。金选出辛克莱的《居住二楼的人（小偷）》、白薇的《娘姨》和张沫之的《一代不如一代（工程师之子）》三个剧目，在民众教育馆（道里三道街）和牵牛房开始排练。但是，由于他们拒绝了民众教育馆馆长让他们在"满洲国"承认纪念日（9月15日）演出的邀请，被赶出民众教育馆。尽管罗烽为此四处奔走，但仍然没有获得公演的机会。后来由于成员徐志突然失踪，成立仅几个月的剧团被迫解散。关于星星剧团的事情，萧军记录在追悼金剑啸的文章《未完成的

---

① 该文载于《大同报·夜哨》第一期。未见原文。陈震文在《白朗的生平和创作道路》（《东北现代文学史料》第五辑）中引用了部分内容。

② 《大同报》是伪满洲国官方报纸。由于副刊编辑陈华是萧军的小学同学，利用这层关系，党员姜椿芳、罗烽、金剑啸等商量后于8月6日创办《夜哨》（曹，2005）。此外，关于《大同报》，尤其是《夜哨》，冈田英树写有《〈夜哨〉的世界》（「『夜哨』の世界」，『＜外地＞日本語文学論』，世界思想社，2007年3月）。

构图》（1936年9月）①中。

金剑啸在哈尔滨的左翼文艺运动中起到了非常重要的作用。

前文中提到，由于1932年松花江发大水，萧红得以从被困的东兴顺旅馆逃脱。二十七天连续不断的雨水引发了这场洪水。8月5日，松花江中的太阳岛被淹；7日，松花江水位达到133.5米，傅家甸（道外）的堤坝决堤百余米；第二天，包括道里在内的全市均被水淹没，据说水深高达数尺（一尺大约三分之一米）。全市浸水面积为877.5万平方米（当时哈尔滨特别市的面积为930平方公里），受灾民众20余万人（当时哈尔滨人口为38万人），大约两万人死于水灾、饥饿和瘟疫等。②

水灾发生后，中共满洲省委于10日发布《告满洲灾民书》，指出这次水灾是日本帝国主义和伪满洲政府统治的结果，向受灾民众呼吁无须返还包括房租和地租等在内的一切债务。中共满洲省委派杨靖宇、傅天飞等前往灾区。同时，为救助灾区民众，金剑啸于11月在发隆百货店举行维纳斯赈灾画展。③据刘树声、里栋在《金剑啸年谱》中的记述，参与展出作品的有白涛、冯咏秋、王关石、商誉民、萧红等，金剑啸自己也展出了许多油画、水彩和素描作品。④萧军在《未完成的构图》中提到：萧红展出两幅作品，一幅画的是萝卜，一幅画的是萧军的一双破鞋；金剑啸展出的是他在上海时画的一些裸体画。哈尔滨许多刊物都报道了此事，萧军、方未艾等在《五日画报》上做了专题

---

① 该文载于《中流》一卷一期（1936年11月），收录在萧军《十月十五日》（上海文化生活出版社，1937年6月）中。

② 参见李述笑《哈尔滨历史编年》、乔德昌《壬申年哈尔滨大水》（《黑土金沙录》）。

③ 参见李述笑《哈尔滨历史编年》。

④ 曹革成在这之外还列出了萧红在女子一中时的美术教师高昆（仰山）的名字。另外，曹革成写的是"高誉民"而非"商誉民"（曹，2005）。

报道。①

此外，金剑啸1933年在道里中国十五道街路北三十三号的一栋四层楼房里，创立了"天马广告社"。据《哈尔滨历史编年》记载，哈尔滨有多家报纸刊登了天马广告社创立的启事，俱乐部、电影院、商店和外国洋行等都来了订单，道里中央大街马路两侧长椅的椅背上，挂满了出自天马广告社的绘画作品。萧红和后来被日本特务杀害的侯小古曾经一同在这里工作过。她以自己在广告社的经历为题材写成作品《广告副手》（1933年10月）。1934年4月中共满洲省委遭到严重破坏，天马广告社活动受挫，1935年5月关闭。

---

① 萧军不会画画，写了一篇题为《一勺之水》的散文，刊登在11月20日《五日画报》的维纳斯赈灾画展特集上。之后，画会成立，萧军成为会员之一（《萧军简历年表》）。

二

《跋涉》的世界

1933年10月，哈尔滨五日画报社①出版了萧军（当时笔名为三郎）和萧红（当时笔名为悄吟）合著的短篇小说集《跋涉》。该小说集出版后立即被禁止发行，这也是萧红、萧军两人必须离开东北的直接原因。《跋涉》共收录了萧军在1932年5月至1933年8月创作的六部作品和萧红在1933年5月至8月期间创作的五部作品。具体作品如下。

	作品名（目录顺序）	大约字数	执笔时间	初次发表
三郎	桃色的线	4 200	1932.5.12	
	烛心	13 400	1932.12.25	
	孤雏	18 000	1933.6.20	
	这是常有的事	5 200	1933.6.9	《大同报》1933.6.28—7.2
	疯人	3 800	1933.4.7	
	下等人	8 400	1933.8.11	

① 哈尔滨《五日画报》于1933年8月25日创刊（李述笑《哈尔滨历史编年》）。

	作品名（目录顺序）	大约字数	执笔时间	初次发表
悄吟	王阿嫂的死	6 300	1933.5.21	
	广告副手	3 400		
	小黑狗	2 600	1933.8.1	《大同报·大同俱乐部》1933.8.13
	看风筝	3 400	1933.6.9	《哈尔滨公报·公田》1933.6.30
	夜风	6 000	1933.8.27	《大同报·夜哨》1933.9.24—10.8

考虑到萧军真正开始在东北的各种文艺副刊上发表作品是在1932年春天，萧红是在第二年5月，可以说，这部作品集是两人作家道路的起点。

出版这本册子之际，资金是他们面临的最大问题。他们得到了周围朋友的倾囊相助。萧军在《〈跋涉〉第五版前记》（1981年12月3日）中这样写道：

也还记得，这书的出版费是承一些热心的朋友们每人"认股"五元集资的。最后是舒群给了三十元（后来据说这是党给他的生活费）；陈幼宾兄给了十元，剩下的尾数承哈尔滨五日画报社社长王岐山君慷慨地不要了——才算凑足了一百五十元。卖书的一批钱，我们就全做了生活费"吃掉"了，一文钱也没还给任何人，这就是我们当时的生活情况。对于以上的一些朋友们我永远怀念他们的深情厚谊！

赵凤翔在《萧红与舒群》中提到，舒群设法弄来四十元，并给他们介绍出版社五日画报社，金剑啸在《国际协报》上帮他们做广告。当时，一百五十元对他们而言是怎样一个数字呢？萧军在《大同报·大同俱乐部》上发表的散文《杀鱼》（1933年3月29日—4月1日）中提到，

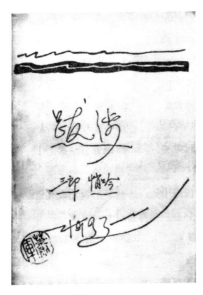

○《跋涉》封面。

从报社拿到五元钱的稿费，买了柴、米等生活必需品后还剩五毛钱。萧红在散文《小偷车夫和老头》(《商市街》) 中提到，两个老人将一整车的木头锯碎可以得到工钱七毛五分。一百五十元，也就相当于这两个老人一天体力劳动所得报酬的两百倍。

萧军还这样写道：

也还记得，这书的封面原请金剑啸代为设计，是图案式的，有山也有水。山是灰黑色金字塔形，水是几条银色的曲线条纹，它们全画在一条约一寸五分宽的窄带之上，横拦在封面三分之二的地方。下边写"跋涉"两个字和二人的署名。书原名叫《青杏》，最后才改为《跋涉》这名字。①

由于这封面制作起来太复杂，放弃了，最后找到一块木板。由我在排字房里用校对用的红色蘸水钢笔，简单地写成了上述几个字，就算为它的封面了。

也还记得，这本集子快要开始装订成册时，正赶上当年中秋节，工人们放假三天，因为我们好不容易盼到成书的日子，因此只好请教

---

① 书名《青杏》让人想起萧红的诗歌《春曲》的第二首："去年在北平／正是吃青杏的时候／今年我的命运／比青杏还酸！"被收录在《跋涉》中的只有《春曲》第一首，而且不知为何没有出现在目录中。据萧军回忆，萧军初遇萧红时，这首诗就展开在床上，他被其深深打动，促成了两人的结合。据铁峰《萧红生平事迹考》中的记述，这首诗发表在1932年的《东北省商报》或者《哈尔滨公报》上。后来，《春曲》以六首组诗的形式被收录在《萧红全集》(1991年5月) 中，但它虽然与收录在《跋涉》中的极为相似，却不是同一首诗。

了排字师傅，自己动手来装订成册。也还记得，整个印刷所那阴沉沉，空荡荡的大房子里，只有我和萧红两个人，一面锤铁丝钉，一面数页子，一面抹糨糊……居然一百本被我们装订起来。雇了一辆"斗儿车"，载着我们这两颗火热的、胜利的、青春的心转回了家。当夜就尽可能地分送给了一些朋友们……

（《跋涉》第五版前记）

《商市街》提到的"南方姑娘"陈涓有一些关于《跋涉》的回忆。[①]"九一八"事变后，她与表哥的朋友在街上走着，偶然在书店看到《跋涉》。本打算买一本，不过刚好那个朋友认得萧军和萧红，把她带到两人在商市街的家中。萧军和萧红很开心地送了她几本书。据陈涓的回忆，初版有一千册[②]，大部分原稿是萧红誊写的。关于出版《跋涉》一事，萧红在散文《册子》（1936年6月，《商市街》所收）中这样写道：

　　永远不安定下来的洋烛的火光，使眼睛痛了。抄写，抄写……

　　"几千字了？"

　　"才三千多。"

　　"不手疼吗？休息休息吧，别弄坏了眼睛。"郎华[③]打着哈欠到床边，两只手相交着依在头后，背脊靠着铁床的钢骨。我还没停下来，笔尖在纸上作出响声……

　　纱窗外阵阵起着狗叫，很响的皮鞋，人们的脚步从大门道来近。

[①] 参见丁言昭《萧红的朋友和同学——访陈涓和杨范同志》。据曹革成的记述，陈涓是商市街二十五号房东的女儿，萧红在女子一中的同学汪林的朋友。另曹革成还提到，陈涓就是萧红在《商市街》中提到的"南方姑娘"，纠缠着萧军，惹萧红烦恼（曹，2005）。

[②] 萧军在《〈跋涉〉第三版序言》（1980年9月10日）中写的也是"一千册"，但在《〈跋涉〉第五版前记》中写的是"一百册"。

[③] 被收录在《商市街》的散文中是这样称呼萧军的。

不自禁的恐怖落在我的心上。

"谁来了，你出去看看。"

（中略）

第二天，我也跟着跑到印刷局去。使我特别高兴，折得很整齐的一帖一帖的都是要完成的册子，比儿时母亲为我制一件新衣裳更觉欢喜……我又到排铅字的工人旁边，他手下按住的正是一个题目，很大的铅字，方的，带来无限的感情，那正是我的那篇《夜风》。

两人十分开心，之后为表庆祝吃了一顿"外国包子"，喝了"伏特克酒"，用手头的两毛钱中的一毛五分租了小船划向松花江的中洲，赤裸着身子游泳。

八月十四日，家家准备着过节的那天。我们到印刷局去，自己开始装订，装订了一整天。郎华用拳头打着背，我也感到背痛。

于是郎华跑出去叫来一部斗车（与萧军所说的"斗儿车"相同——引者注），一百本册子提上车去。就在夕阳中，马脖子上颤动着很响的铃子，走在回家的道上。

家里，地板上摆着册子，朋友们手里拿着册子，谈论也是册子。同时关于册子出了谣言：没收啦！日本宪兵队逮捕啦！

逮捕可没有逮捕，没收是真的。送到书店去的书，没有几天就被禁止发卖了。

（《册子》）

陈涓在街上的书店发现《跋涉》后来到商市街恐怕就是"没有几天"的事情。萧军说过"卖书的一批钱，我们就全做了生活费'吃掉'了"（《〈跋涉〉第五版前记》），可见多少还是卖出了一些，但是究竟卖出了多少本并不清楚。由于禁止发售和之后的战乱及社会动乱，人们一度认为《跋涉》已经失传。直到1946年，萧军来到哈尔滨，偶然在一个旧书店发现了它，并在之后的困难时期也不放弃保管，才使我们能够看到这些作品。萧军1948年发表在《文化报》上的言辞受到中共中央东北局的激烈批判，之后又经历了20世纪50年代的反右派斗争和胡风批判，以及"文化大革命"，必定在相当长的时间里过着不如意的生活。

　　"文革"结束后的1979年10月，黑龙江省文学研究所几乎完全再版了《跋涉》的铅印版内容。[①]日本和中国香港也对此翻印；1983年11月，花城出版社（广州）再版的内容增加了前述《〈跋涉〉第五版前记》。[②]花城出版社出版的版本大小与原书相同，内文排版为方便现代读者阅读做了些调整，增加了1982年1月17日萧军所作的《附记》，封面与初版不同，被设计成了红墨水瓶倒掉，墨水流向四周的样子，这或许是意识到初版封面之内涵而有意为之。

　　萧军在《〈跋涉〉第三版序言》[③]中这样写道：

---

① 卷末附有黑龙江省文学研究所写的日期为1979年10月1日的《〈跋涉〉复制本说明》，里面提到，原书为三十二开本的毛边书（每一页的边缘没有剪裁就装订在一起的书），这次复制，除了将文字改为简体字外，其他一切按照原书版式不作更改，共印五千部。

② 日文版（横田书店，1980年）除了保留萧军1979年11月27日写给中日使者，萧军、萧红研究专家浦元里花的亲笔信之外，与黑龙江省文学研究所版完全相同。香港版（香港文学研究社）的封面使用的是冬天的松花江的风景，内部形式也有很大不同。香港版收录的萧军所写的《〈跋涉〉第三版序言》（1980年9月10日）中提到，之所以禁止发行《跋涉》，是因为它是"非法"出版物，再版的时候绝不对内容做任何修改。"我是不羞耻于自己的'童年之作'的"，这很有萧军的风格。另外《〈跋涉〉第五版前记》中提到，香港版出版时，接受了萧红研究者葛浩文的建议，与出版社签订出版合同，收了三百元的版税。

③ 参考注释②。

　　这本小说集，是我和萧红在哈尔滨开始从事文学写作时的初集。当时写作的文章当然不止此数，这只是从若干篇中自己选出的一部分，认为它们还比较完整些。

　　目前所知道的两人截至《跋涉》为止的作品如下：

	萧军		萧红	
	题名	执笔时间	题名	执笔时间
1	懦	1929.5.11	幻觉【诗】	1932.7.30
2	谏友【旧诗】	1930	弃儿	1933.4.18
3	开除以后【旧诗】	1930	王阿嫂的死	1933.5.21
4	暴风雨中的芭蕾		看风筝	1933.6.9
5	马振华哀史【戏曲】		腿上的绷带	1933.7.18
6	故巢的云	1931.11	小黑狗	1933.8.1
7	白的羔羊【诗】	1932年春	太太与西瓜	1933.8.4
8	飘落的樱花	1932.4	两个青蛙	1933.8.6
9	桃色的线	1932.5.12	八月天【诗】	1933.8.13
10	可怜的眼风	1932.5	哑老人	1933.8.27
11	留别【诗】	1932.6.1	夜风	1933.8.27
12	孤雏	1932.6.20	叶子	1933.9.20
13	将睡着的心儿【诗】	1932.6.22	广告副手	
14	波头底落叶【诗】	1932.7.2		
15	爱之播种【诗】	1932.7.18		
16	蕉心【诗】	1932.7.24		
17	读诗【诗】	1932年夏		
18	寄病中悄悄【诗】	1932年中秋节		
19	一勺之水	1932.11.20		
20	烛心	1932.12.25		
21	世界的未来【诗】	1932年冬		

	萧军		萧红
22	为了美丽【诗】	1933.2.19	
23	可怜的舌头【诗】	1933年春	
24	药	1933年春	
25	涓涓	1933年春①	
26	疯人	1933.4.7	
27	读书漫记	*1933.5.4*	
28	绿叶底故事	1933.5.6	
29	这是常有的事	1933.6.9	
30	一封公开的信	*1933.7.30*	
31	下等人	1933.8.11	
32	说什么——你爱? 我爱?【诗】	*1933.8.20*	
33	咬紧颚骨【诗】	1933.9	
34	全是虚假【诗】	*1933.9.17*	
35	关于诗人的话【诗】	1933年秋	
36	码头夫【诗】	1933年秋	
37	"无钱的犹太人"【诗】	1933年秋	
38	夜深时【诗】	1933年秋	
39	暗哑了的三弦琴【诗】	1933年秋	

注：斜体为发表时间。阴影部分为收录在《跋涉》中的作品。

　　当然，两人的作品数量相差巨大。但是萧军的作品中诗歌很多，从上述表格中可以看出，大概占了一半。反而是萧军在认识萧红之后（上表顺序号18之后）到1933年8月前大约一年的时间里集中写了些小

---

① 《涓涓》以萧红学生时代的经历为素材，1933年春天开始写，在《国际协报·国际公园》上连载。过了几个月后，编辑说故事无趣，便中断了连载。之后萧军在青岛继续书写，1937年9月，上海燎原书店将之列入燎原文库出版。

说和散文（十二篇中九篇），这一方面是为了生计，另一方面也可能是因为与萧红相遇激发了他创作小说、散文的热情。萧军的作品我看的不多，不能一概而论，但是至少从收录在《跋涉》中的作品来看，与萧红相比，他的初期作品更有条理，可以说技高一筹。

比如《下等人》中，一心想要出人头地的警官王国权向与自己相识的钢铁工人于四下圈套的过程，虽然描述得有些粗糙但却很有现场感。《疯人》中的疯子在大路上大声嚷着不明所以的话，被警官捉住后"如一头要解向屠场去的猪"，被捆了起来，置在路边。这些都表明了他精准的洞察力。

他的一条仅有的臂是被倒剪的在背后，和他的两条曲蜷的腿一起捆在着。他的头顶向天，他的两只脚掌，和一只手掌向天，他的背脊也向着天，只有他腹皮的一面是贴到地，水门汀铸成的地。

他的两眼充着血，闪着火焰般的光；脸以及……全在充着血；他项际的脉管，要涨开那敷包着的皮肤，而开始喷瀑起来……他的一只手和两只脚，不甘屈服那捆绑，在尽力地抽挣。

总之，萧军关注的是城市下层阶级人们的命运，萧红关注的是农村下层阶级人们的命运。这是两人受生活环境的影响使然。萧军的父亲是个木工，萧军在短暂的当兵生涯之后，从1931年开始在哈尔滨过着卖文的生活。而萧红出生于比较富裕的地主家庭，从她告别往日生活到与萧军相遇才过了不到一年的时间，而且那段时间她在东兴顺旅馆过着几乎被软禁的生活。来到上海之后，萧红作品中才开始出现城市下层阶级的人们。

收录在《跋涉》中的多数作品是描述下层人们无可奈何的命运和以抵抗为主题的作品。比如萧军的《孤雏》《这是常有的事》《疯人》《下等人》就是如此，萧红除《小黑狗》之外的所有作品都是如此。这也意味着他通过《跋涉》向世人宣告了他们之后将要创作何种类型的作品。萧红的《生死场》正是这一姿态带来的成果，它的主题可以追溯到收录在《跋涉》中的作品。

《王阿嫂的死》描述了接连降临在贫困农妇王阿嫂身上的各种不幸。她的丈夫王大哥在三个月前被地主雇来赶粪车，因为马腿折断，被解雇了。之后每天醉酒，也不回家，后来人也疯了。有一天，地主趁他睡在草堆的时候，派人点着草堆把他烧死了。王阿嫂肚子中怀着孩子，由于被地主踢了一脚，孩子出生后两人相继死去。文中是这样描写王大哥被烧死和王阿嫂死于痛苦的场面的：

王大哥在火焰里翻滚，在张地主的火焰里翻滚；他的舌头伸在嘴唇以外，他嚎叫出不是人的声音来。（中略）当王阿嫂奔到火堆旁边，王大哥的骨头已经烧断了！四肢脱落，脑壳竟和半个破葫芦一样，火虽熄灭，但王大哥的气味却在全村飘漾。

通过上述描写我们不难想象，人的身体是如何燃烧起来的，身体烧完后会发出怎样的气味，尽管我们对此毫无经验。此外，

等到村妇挤进王阿嫂屋门的时候，王阿嫂自己已经在炕上发出她最后沉重的嚎声，她的身子早被自己的血浸染着，同时在血泊里也有一个小的、新的动物在挣扎。

王阿嫂的眼睛像一个大块的亮珠，虽然闪光而不能活动。她的嘴张得怕人，像猿猴一样，牙齿拼命地向外突出。

王阿嫂已经不再是人，而是"像猿猴一样"的"动物"。对万物而言，出生和死亡都是最为严肃的瞬间，可是此时，死去的王阿嫂和她的孩子，却从人类中被剔除了。在血泊中蠕动的生物的身影鲜明地浮现在我们眼前。

而"王阿嫂""王大哥"这样的称谓，是出于群体生活中认识个别的需要而产生的一种相对称呼，并不意味着独立的"个体"。此外这里所使用的将人比作动物的手法在《生死场》中更为显著，是理解作者思想的途径之一，关于这一点将在下一章中详细讨论。

然而，虽然文中散布着这些阴气逼人的描写，通篇故事却散发着一种懒散的虚脱感。这恐怕是由于在展开悲惨的故事情节时插入了一些日常性的、淡然的情景的缘故。比如文中这样描述王大哥被烧死时村中的情景：

王大哥是张老爷子烧死的，这事情妇人们不知道，一点不知道。田庄上的麦草打起流水样的波纹，烟筒里吐出来的炊烟，在人家的房顶上旋卷。

王阿嫂与七岁的女孩小环生活在一起，小环不是王阿嫂的亲生女儿，她的父亲早就去世了，母亲在她五岁时被地主的大儿子强奸后被气死。成为孤儿后，小环饱受虐待，王阿嫂同情她，认她当自己女儿。死了丈夫的王阿嫂肚子越来越大，也不能去工作。王阿嫂说头疼、肚子疼，小环在旁边只是哭。工人的头目楞三担心地来看望之后，小环像是放心了，坐在窗台上扎头发。

小环爬上窗台，用她不会梳头的小手，在给自己梳着毛蓬蓬的小辫。邻家的小猫跳上窗台，蹲踞在小环的腿上，猫像取暖似的迟缓地把眼睛睁开，又合拢来。

远处的山反映着种种样的朝霞的彩色。山坡上的羊群、牛群，就像小黑点似的，在云霞里爬走。

小环不管这些，只是在梳自己毛蓬蓬的小辫。

作品随处充斥着这种日常性的场景，让人觉得这种非日常性的悲剧其实就是他们日常生活的一部分。由于是日常生活，人们已经被迫对此习惯，忘记了反抗。他们"生"的轨迹就是将业已发生的事情作为应当发生的事情接受。要死就必须死，不死就得活到死。这可以说是生活在东北大地的所有生命，不管是人类还是其他，身上被赋予的某种宿命。这一看法不但表现在《生死场》中，甚至贯穿在到《呼兰河传》为止的萧红的全部作品中。后来，胡风读过《生死场》后，这样评论农民们的一生："蚁子似的生活着，糊糊涂涂地生殖，乱七八糟地死亡，用自己底血汗自己底生命肥沃了大地，种出食粮，养出畜类，勤勤苦苦地蠕动在自然的暴君和两只脚的暴君底威力下面。"（《生死场》后记）或许萧红开始意识到自己的一生与他们并无二致。萧红的老家虽然开始没落，但是从她父亲的经历来看，她家在当地应该实力不凡。从大小姐的生活突然"跌落"至商市街贫民窟的生活，这一变化绝不算小。商市街与她在父亲庇护下度过学生时代的南岗完全不同。此外，王阿嫂的生产是作品的高潮部分，从《生死场》中也可以看出作者十分重视对生产的描述，萧红自身的怀孕和生产也是"跌落"的契机，这何其相似。从知晓当时情况的李洁吾等人的回忆中也可看出，这种"跌落"未必能说得上是萧红为摆脱强大的父权走上独立道路进行自觉反抗的结果，它可能会在萧红心中留下巨大的阴影，这一点在前面已经叙述过了。

（四）

《看风筝》中描述了一个参加革命运动的儿子与一直等待他的老父

亲的故事。与此相关的作品还有《牛车上》（1936年10月1日）和《旷野的呼喊》（1939年1月30日）。《牛车上》以五云嫂的悲哀为主题写作而成，她的丈夫因投身抵抗运动将她抛弃；《旷野的呼喊》描述了为救参加革命活动被捕的独生子而跳入狂风中的老人。相信"热情一到用得着的时候，就非冷静不可，所以冷静是有用的热情"的儿子刘成为了无数的父亲，必须抛弃自己的父亲，或许萧红在出入牵牛房的人群中见过这种冷静而透彻的运动家的形象。

萧军收录在《跋涉》中的《烛心》是以萧军和萧红相遇为题材写成的作品。其中有描写畸娜（萧红）挽留受馨君（裴馨园）之托来送书和信的春星（萧军）的场景。

"我是立地就要归来的。——交过带去的信和书给你——出乎我意外的，你却指点那信中我的名字说：

"'我很喜欢这个人，我要同他谈谈。'

"'你为什么要喜欢他？一个鲁莽的流浪儿！'

"你听我的答话，只是酣酣的笑说：'因为读过他写的一篇《孤雏》里面是有对我的脾胃几句话。'"

《孤雏》中萧军提到，主人公君绮当兵时的朋友大喟因不满上司的无故指责，向上司举起鹤嘴镐，故从军队被开除。这一经过与《萧军简历年表》中记载的萧军自己被开除的经历基本相同。大喟在四个月前，留下怀孕的妻子消失了。由于孩子的出生，妻子失去工作，同时身子又有病，没有奶水，为给孩子买奶粉在街头行乞，遇到偶然经过此地的君绮。君绮与大喟并无深交，但是他理解大喟的行为，自己想帮点忙，而唯一能做的事情就是写文章卖给报社。结果没有卖成，空虚地回到家后，他发现家里放着一封大喟妻子的来信。上面殷切地写着，大喟来信了，让自己去找他，因而必须找个地方安置孩子。自己也知道君绮没有余力抚养孩子，那么就把他送到育婴堂或者送人都行。不必非由亲生父母抚养，只要是人类，任谁抚养都可以。

萧军以这封信结束了故事。降临在孩子身上的命运已经显而易见，或许已经没有必要再写下去。为了崇高的使命放弃自己的所爱，一眼看去，这样的行为是高尚的。然而在萧红眼中，不能无视那些被抛弃的人们。或许这与她自身的经历有关，尽管情况不同，自己毕竟也被抛弃过。《看风筝》中的老人为见到孩子"像一个要会见妈妈的小孩子一样"在路上奔跑，在那个晴朗的早晨，看着天空中飞舞着的各种颜色的风筝，在这种和平又美丽的风景中得知儿子被捕的消息，老人无处宣泄的悲伤之情可想而知。

虽然萧红是在以萧军为首的年轻左翼作家的影响下开始文学创作的，但是在她那里，对民族敌人的反抗还仅停留在观念层面。在《看风筝》中，既没有为刘成抛弃父亲这一行为的正当性辩护的具体话语，也没有出现支持刘成行动的第三者形象（比如《孤雏》中的君绮）。父亲的悲哀默默地流淌在故事的底部，相比之下，刘成的形象却模糊得多。

在《王阿嫂的死》中，萧红并没有明确表达自己对于权力的态度，十九天后完成的《看风筝》，或许是对萧红作品世界的一个新开拓和新挑战。但是，即使在这部作品中，父亲也是默默地承受着发生在自己身上的一切，淡淡地活着。或者说，他不知道除此之外还有别的选择。文中将关于儿子的重要消息突然插入到日常生活中常有的情景中，更加突出了老人深深的悲哀和绝望。作品中，老人和死去的女儿都没有名字，唯有儿子被命名为刘成，这也象征了只有他作为一个"人"自觉地活着和行动着。然而，实际上文中对这位无名老人的描写却要立体得多。

（五）

《夜风》写于《看风筝》完成两个半月后，描写的是对×××（或者×军）即将到来的消息战战兢兢的地主一家和他们的雇农们的故事。作者试图将《王阿嫂的死》和《看风筝》中没有得到明确表达的主题在这部作品中更加鲜明地表现出来。原文中的缺字×××（或者×军）或许指的是共产党领导下的东北抗日义勇军。①

在白雪堆积寒风凛冽的一天，×××要来了，张地主一家动员雇农们来做警卫。拿到枪的雇农们，由于得到了与地主平等的待遇，十分感激，平日的仇恨和辛苦云消雾散。牧羊的少年长青也是其中的一员，他觉得这正是地主们平时向他们训话时所说的"尽忠尽孝"的时候，在确认安全之后地主们都转回房间了，但长青仍在屋外架着枪，后来把身体也弄垮了。长青的母亲李婆子在地主家洗衣服，她三年前死了丈夫，现在患有咳嗽，想请几天假，结果就被解雇了，连自己之前工作应得的那份报酬也没有拿到。长青也被解雇，母子两人完全失去了谋生的手段。绝望的长青想去父亲的坟前上吊，母亲用从未有过的坚决的态度说："不要胡说了，我们有办法的。"传来消息说邻村被×××吸收结成一队了。地主们看到，行进的队列中也有雇农们的身影。

兵们从东墙回转来，把张二叔叔的房舍包围了，开了枪。

这不是夜，没有风。这是在光明的朝阳下，张二叔叔是第一个倒地。在他一秒钟清醒的时候，他看见了长青和他的妈妈——李婆子，也坐在爬犁上，在挥动着拳头……

文中将张姓一家的灭亡情景设定在光明的朝阳下，并选择通过张二叔叔死亡前那一秒清醒瞬间的眼神，描写强有力地翻身站起来的长青和李婆子母子两人，这一结尾颇具象征性，让人印象深刻。这里作

---

① 冈田英树对《夜哨》进行了详细调查，发现编辑漏删了一些《跋涉》中的缺字部分，据此推断，"×××"就是"共产党"（《〈夜哨〉的世界》）。

者第一次将被虐待的人们站起来的情景比作将要升上天空的充满希望和力量的太阳，并将这一情景深深地刻在即将逝去的人们的记忆中。只知道逆来顺受的人们第一次选择了反抗。在《王阿嫂的死》《看风筝》的基础上继承发展而来的主题到这里终于明确了方向，并朝着《生死场》发展。鼓励绝望中的儿子进行反抗的李婆子与《生死场》中将女儿培养成反抗者的王婆的形象一脉相承。

但是遗憾的是，《夜风》中没有充分描写出受到虐待的人们从服从转向反抗的心理轨迹。这或许是由于作者自身生活经验不足的原因。反而作品中对牵挂准备迎击×××的儿子们的张太太和抱着刚出生的儿子没赶上去炮台的小儿子，以及×××就在眼前仍期待他们绕开并犹豫着是否开炮的地主们的描写更具现实感。地主们的愿望极其自私，他们想将这种榨取别人劳动和付出的生活永远继续下去。但不可否认，作品又给人这样一种印象，让人觉得这些地主也是充满人情味的，即使愚蠢也是值得我们去爱的人们。在他们被枪杀的时候，甚至飘荡着一种败北者在权力斗争中特有的忧伤。不得不说，从写作目的来看，这一部分是失败的，有损于作品的紧张感。但是也可以说，对于上述内容，作者尽管意识到了其与主题相悖也无法做到无视。

萧军及周围的人们证实萧红曾誊写过萧军的原稿。可以想象，萧红或许是通过这一行为在各个方面受到了萧军的影响。这具体表现在萧红作品的题材、主题和表达等方面。比如《生死场》就是受到萧军《八月的乡村》的触发写作而成。[①]萧军收录在《跋涉》中的《这是常有的事》与萧红《商市街》中的散文《小偷车夫和老头》题材相同。而《夜风》中让人印象深刻的结尾与萧军《下等人》的结尾也十分相似。

---

① "在青岛，我为一家报纸担任副刊编辑维持生活，同时续写我的《八月的乡村》。这时，萧红表示她也要写一篇较长的小说，我鼓励了她，于是她就开手写作了。"（萧军《〈生死场〉重版前记》，1978年12月26日）

一柄斧头，是准确地吻入了国权的小头颅。<u>在国权这一刹的清明中，他似乎看见倚在墙根，一个架了拐杖的人</u>，这样说：

"我们全是下等人——祝你好！"

将画线部分的原文与《夜风》中的相应部分对比如下：

在国权这一刹的清明中，他似乎看见倚在墙根，一个架了拐杖的人……

（《下等人》）

在他一秒钟清醒的时候，他看见了长青和他的妈妈——李婆子，也坐在爬犁上，在挥动着拳头……

（《夜风》）

《下等人》写于1933年8月11日，《夜风》于同年8月27日完成。萧红到底是在多大程度上有意识地使用上述表达的，我们不得而知，但是萧军不可能没有发现萧红在借用自己的写法。这两部作品一同被收录在两人初次合著的《跋涉》中，可见萧军对此认可，并表现出了对自己保护对象的度量之大，而萧红也承受了。也有可能《下等人》结尾的处理采用的是萧红的主意，萧红又将其运用到了自己的作品之中。

（六）

最后再谈谈萧军、萧红逃离哈尔滨的情景。

《跋涉》被禁止发行，两人感到十分恐惧。从萧红的《商市街》中可以看出两人恐惧的程度之深。

那些人走了，郎华（萧军——引者注）从床底把箱子拉出来，洋烛立在地板上，我们开始收拾了。弄了满地纸片，什么犯罪的东西也没有。但不敢自信，怕书页里边夹着骂"满洲国"的，或是骂什么的字迹，所以每册书都翻了一遍。一切收拾好，箱子是空空洞洞的了。一张高尔基的照片，也把它烧掉。大火炉烧得烤痛人的面。我烧得很快，日本宪兵就要来捉人似的。

（中略）

我就一声不响了，一直到灭了灯睡下，连呼吸也不能呼吸似的。在黑暗中我把眼睛张得很大。院中的狗叫声也多起来。大门扇响得也厉害了。总之，一切能发声的东西都比平常发的声音要高，平常不会响的东西也被我新发现着，棚顶发着响，洋瓦房盖被风吹着也响，响，响……

（《剧团》）

这是一篇借助声音表现恐惧的佳作。

接着也开始逮捕星星剧团的成员了。

没有什么办法，逃，没有路费，逃又逃到什么地方去？不安定的生活又重新开始。从前是闹饿，刚能弄得饭吃，又闹着恐。好像从来未遇过的恶的传闻和事实，都在这时来到：日本宪兵队前夜捉去了谁，昨夜捉去了谁……听昨天被捉去的人与剧团又有关系……

（《白面孔》）

剧团解散了，冬天来了。"我们决定非回国不可（回到关内——引者注）"（《又是冬天》）。郎华说："流浪去吧！哈尔滨也并不是家，要么流浪去吧！"（《决意》）。

两人决定6月出发，卖了家具。房间里什么都没有了，空空旷旷。

"走吧！"他推开了门。

这正像乍搬到这房子郎华说"进去吧"一样，门开着我出来了，我腿发抖，心往下沉坠，忍不住这从没有落下来的眼泪，是哭的时候了！应该流一流眼泪。

我没有回转一次头走出大门，别了家屋！街车，行人，小店铺，行人道旁的杨树。转角了！

别了，"商市街"！

小包袱在手上挎着。我们顺了中央大街南去。

（《最后的一个星期》）

据王德芬《萧军简历年表》中记述，两人在1934年6月10日从商市街搬至天马广告社，第二天即11日离开哈尔滨，12日到达大连，在朋友家住了两天，14日乘坐日本船"大连号"出发，15日上午在青岛登岸。之后萧红再也没有回过东北。

小 结

萧红在哈尔滨结识了以萧军为首的众多年轻左翼作家，走上了作家的道路。但是，她通过萧军认识的大多数人，或者与她之前的朋友属于完全不同的阶层，或者拥有各种不同的经历。不管是萧军还是金剑啸或者舒群，都出生于贫困阶层；又或像杨靖宇和傅天飞等，隐藏个人身份投身抗日运动。比她还小一岁的白朗，已经开始帮助丈夫罗烽从事地下活动。于是，萧红的世界顿时变得开阔起来，甚至可以说，发生了一百八十度的大转弯。

当然，萧红在学生时代，已经接触过鲁迅、辛克莱[1]等称得

---

[1] 萧红在《手》和《一九二九年的愚昧》中提到了厄普顿·辛克莱（1878—1968）的《屠场》（1906年）。

上是当时年轻人的导师的作品，并深受他们的影响，对社会有了大体的认识。但是在现实生活中，这将与自己的人生发生怎样的联系，对此她几乎一无所知。当然，在认识萧军之前，她与自己选择的男性同伴的同居生活宣告破灭，包括怀孕、赊欠住宿费在内的共同生活所造成的所有后果都必须由她一个人承担。萧红作为人的尊严和骄傲，全都被社会践踏、蹂躏，甚至将被抹杀。她面临着人生最大的危机。而且，萧红已不能寄望于父亲的庇护，她必须设法给自己的行为及后果找到一个合适的理由，对过去做一个了断。

萧军的《烛心》中到底有多少是事实，我们不得而知。里面提到，萧军初次造访萧红时，带着的那封馨君（裴馨园）的信，萧红还以为是她的朋友李洁吾写的。馨君信里提到了萧军的名字，而萧红又刚好看过他的《孤雏》，可见两人的相遇完全是种偶然。她之所以走上作家的道路，与其说是为了生活和自立，不如说是因为萧红原本就有写文章的爱好和才华，又遇见了萧军这一才华横溢的年轻人，在誊写萧军文章的过程中自己也领会了一些写作的方法。萧红将目光投向社会的被压迫者，试图将他们的痛苦作为主题，恐怕也与自身经历有关。记忆中的那些自己亲身经历过的危机，促使她对别人身为人的尊严和存在的危机产生共鸣。但是在文学作品中如何处理这些主题，如何将它们表现出来，萧红首先必然受到萧军的志向的巨大影响，而与萧军交往的那些人们的活动、想法也必然对她影响不小。萧红在进行创作活动的同时也在积累社会经验，或者也可以说是先进行创作再积累社会经验吧。或许这也促使她能够看到萧军他们所看不到的东西，同时也使她之后的文学作品具备了自己的特色。

铁峰在《萧红小说简论》中将萧红抗战前期的小说分为三类。从中将其哈尔滨时代的作品挑出，主题与篇目如下（阴影部分为收录在《跋涉》中的作品）：

（A）描写居住在东北农村的农民在地主阶级压榨下度过的悲惨、苦难和不幸生活的作品，以及描述他们日益增强的思想觉悟、反抗和斗争的作品：《王阿嫂的死》《夜风》。

（B）描写生活在城市最底层的工人、贫民和乞丐被侮辱、被虐待的悲惨生活的作品：《哑老人》。

（C）描写革命者的生活，描写他们为了工人和农民的解放，舍弃个人，不顾生死，勇敢抗战的革命精神的作品：《看风筝》《腿上的绷带》《两个青蛙》。

显而易见，铁峰只关注与《生死场》有关的以抵抗为主题的作品，但是在此我们必须指出，从铁峰论述中完全没有涉及的作品里也能看出萧红后期作品中的母题。比如以青年男女无果的恋爱为主题的《叶子》（1933年10月）、记录身边琐事的《小黑狗》和以自身经历为题材的《广告副手》便是如此，前者与《小城三月》（1941年）相对应，后两篇与散文集《商市街》（1936年8月）相呼应。从萧红的这些初期作品中，已经可以管窥其作品的整个世界。

第三章

中期文学
活动

一

与鲁迅的交流——鲁迅写给两萧的书简①

（一）

1934年6月12日，萧军和萧红离开哈尔滨后在大连的朋友家等了两天船，14号乘坐日本邮船"大连号"去青岛。两人在船上受到日本特务机关的严格审查，勉强过了关。这段经历萧军详细记录在《大连丸上》（1935年5月2日）②。他偷偷带在身上的抗日救亡小说《八月的乡村》也总算幸免被人发现。他们在端午节的前一天6月15日上午到达青岛，比他们早一步离开哈尔滨的舒群在那里等着他们③。

---

① 1934年10月9日至1936年2月23日，鲁迅共给萧军和萧红写了五十三封信，后来，萧军加上注释，出版了《鲁迅给萧军萧红信简注释录》（1981年6月），后文简称《注释录》。后文中，[　]中的数字为《注释录》中鲁迅书简的序号，"注"为萧军的注释。

② 该文发表在《海燕》之后，收录在《绿叶底故事》（上海文化生活出版社，1936年12月）中。

③ 舒群在1934年3月逃至青岛。据说舒群之所以选择来到青岛，除了因为那里有自己学生时代的朋友，还因为当时青岛在北洋军阀势力之下，德国和日本的势力也很大，国民党特务无法进行公开活动（董兴泉《舒群年谱》，收录于《东北现代文学史料》第八辑，1984年3月）。此外，也有调查报告显示1933年初，为团结进步文艺工作者，中共青岛市委决定成立青岛左联（鲁海、龚彧藻《党与两萧——萧军萧红在青岛》）。

7月，萧军和舒群带着金剑啸写的便条去上海拜访他的朋友。①但是，金剑啸的朋友们也没有工作可介绍，这时二萧的路费也用完了，只好返回青岛。经由舒群介绍，萧军开始编辑与党相关的《青岛晨报》副刊②，自己也用刘军、刘均的笔名发表了几篇短篇作品。而且，他还在继续写从哈尔滨带来的《八月的乡村》，萧红也在接着写《生死场》。此外，据说1934年夏天萧红在《青岛晨报》上发表了一篇名为《进城》的作品，但现在还未发现。当时梅林与他们一起在《青岛晨报》工作，经常与萧军和萧红一起行动。梅林在《忆萧红》中记下了那时的生活。

　　三郎（萧军——引者注）戴了一顶边沿很窄的毡帽。前边下垂、后边翘起，短裤、草鞋、一件淡黄色的俄式衬衫，加束了一条皮腰带，样子颇像洋车夫。而悄吟（萧红——引者注）用一块天蓝色的绸子撕下粗糙的带子束在头发上，布旗袍、西式裤子，后跟磨去一半的破皮鞋，粗野得可以。于是，我们徜徉在葱茏的大学山、栈桥、海滨公园、中山公园、水族馆，唱着"太阳起来又落山哪"；而在午后则把自己抛在汇泉海水浴场的蓝色大海里，大惊小怪地四处游泅着。

　　（中略）他们工作得很有规律，每天按时工作、按时休息，因之成绩很好。

----

① 当初金剑啸也打算与萧红他们一起离开东北，但是由于还有妻子，便打消了念头。也有人说他是被党组织留在东北的（曹，2005）。分别之际，他将自己在上海生活时的朋友的地址交给二萧。

② 1934年初，青岛的地下组织受到严重破坏，中共山东省委派高嵩当中共青岛市委书记。高嵩是舒群在哈尔滨商船学校时的同学。党的外围组织荒岛书店的负责人孙乐文（朋乐）受组织指示编辑《青岛晨报》。由于舒群的推荐，萧军任副刊编辑，萧红在副刊《新女性周刊》挂职，两人的收入有了保障（曹，2005）。荒岛书店当时的社长宁推之与国民党上层有来往，但负责实际工作的是地下党员孙乐文和张智忠（鲁海、龚彧藻《党与两萧——萧军萧红在青岛》）。

○ 两人在青岛的住处，观象台一路一号。在左二绘有"太极图"的房子中，萧军写下《八月的乡村》，萧红写下《生死场》。

资料来源：王凌《萧红》。

看上去两人在青岛的生活十分舒适。但是他们原本是打算去上海的，后来得知自己的朋友在哈尔滨被捕的消息①，现在又担心故乡是不是将他们两人忘记了。

松花江的水，依然是滔滔地向东流；秋天的风也还是那样温柔！可是我可爱的朋友们呢？我的朋友们，都已离开我很远了！

（中略）

前天到剑那里去串门子，才知道你们还没忘了我呀！你们这样关心的垂问我，我是多么感激哟！

（萧军《消息》1934年9月6日，见《绿叶底故事》）

他们在摸索前进道路的过程中强烈意识到了自己"漂流者"②的身份，这成为之后两人文学的原点，也是他们一生无法摆脱的痛楚。

那时，萧军听荒岛书店的孙乐文说他曾在上海的内山书店见过鲁迅。③孙建议萧军给鲁迅写封信，只要寄到上海的内山书店就行，这边

---

① 6月18日，萧军与萧红刚刚离开哈尔滨，罗烽就被日本特务逮捕（董兴泉《罗烽传略》，载《东北现代文学史料》第八辑）。

② 鲁迅对他们说："没有了家，暂且漂流一下罢，将来不要忘记。"（[五〇]）

③ 听了孙的话之后，9月，舒群和萧军去上海的内山书店拜访鲁迅，目的没有达成便回来了。回来时，萧红已经完成《生死场》（9月9日）（曹，2005）。

的地址写成荒岛书店，也不会连累到个人，署名最好也不要用真名。这是萧军第一次使用"萧军"①这个名字写信。②没想到鲁迅在10月9日收到信的当天就给他们写了回信（《鲁迅日记》）。鲁迅愉快地接受了二萧请他阅读他们的作品的请求，对于他们创作的作品是否属于主流革命文学这一问题，鲁迅这样回答道："不必问现在要什么，只要问自己能做什么。现在需要的是斗争的文学，如果作者是一个斗争者，那么，无论他写什么，写出来的东西一定是斗争的。"（［一］1934年10月9日）

○ 寄给鲁迅的合影。萧军身穿当时在哈尔滨青年中流行的哥萨克式衬衣，萧红身穿哈尔滨年轻女性常穿的旗袍。

　　……我把这信和朋友们一起读了又读；和萧红一起读了又读。当我一个人留下来的时候，只要抽出时间，不论日间或深夜，不论在海滨或山头……我也总是把它读了又读。

---

① 据说"萧"取自京剧《打渔杀家》中的英雄"萧恩"，"军"是为了纪念自己的军人出身（王德芬《萧军简历年表》）。此外，《萧军简历年表》中还指出一个以"萧"为姓的原因是古代辽时，他的故乡辽宁省的人们都姓"萧"。"萧红"是在出版《生死场》时初次使用的笔名。两人的笔名合在一起是"红军"，这里面也有他们想表现给国民党看的"有点'幼稚病'"的想法。但是这个笔名在"文化大革命"时期成了萧军的罪状之一，说他"想'消（萧）灭红军'"（［二四］注）。关于笔名，他们与鲁迅商量多次，鲁迅在《注释录》［二三］（1935年3月31日）中建议区分《八月的乡村》这样的作品和用于卖稿换钱的作品所使用的笔名。

② 关于给鲁迅写信的原委这点梅林的回忆有些不同。梅林通过杂志得知鲁迅经常去内山书店，在二萧为作品的发表途径烦恼时，梅林建议他们给内山书店的树人先生写信试试（丁言昭《萧红在上海事迹考》，后文简称"丁，1981"）。

这是我力量的源泉，生命的希望，它就如一纸"护身符录"似的永远带在我身边！……有几次是眼中噙着泪水在读它，俨然如对先生的本人。那每一句话，每一个字，甚至是每一个字的一笔一画，每一个标点……每读一次全似乎发现一种新的意义，新的启示，新的激动和振奋！

([二]注)

两人立即将《生死场》的原稿和《跋涉》寄给鲁迅，为了让鲁迅更具体地了解他们，还把他们在离开哈尔滨之前刚照的照片也一并寄了出去。①不久，青岛的地下党组织受到毁灭性打击。农历八月十五日，去岳父家庆贺中秋节的舒群夫妇也被当场逮捕。②当时萧军他们刚好缺席，幸免于难。孙乐文关闭《青岛晨报》，劝萧军他们早点离开青岛。10月下旬的一个夜晚，萧军在青岛栈桥收到孙给他的四十元路费。这些钱是孙从荒岛书店的资产家朋友，也是书店的出资人那里借来的（《党与两萧——萧军萧红在青岛》）。11月1日，两人与梅林一起乘坐日本货船"共同号"，坐在装满咸鱼和粉条的仓库中离开了青岛（丁，1981）。

（二）

两天后二萧和梅林到达上海。他们先来到夏天曾经住过的位于蒲

---

① 鲁迅收到原稿和照片的时间是10月28日（《鲁迅日记》）。从《注释录》[二]注中得知，被禁止发行的《跋涉》也在两人的行李中。

② 舒群在青岛认识了共产党员倪鲁平，与他的女儿结婚（《舒群年谱》）。鲁平当时的公开身份是青岛市政府劳动科科长，党内身份是中共青岛市委组织部部长，也是青岛地下党的机关报《磊报》的主编（曹，2005）。

柏路的旅馆①，接着各自开始寻找落脚处。梅林住进位于法租界的环龙路（现在的南昌路）上自己少年时代朋友的家中。萧军和萧红借住在拉都路北侧一家叫作"元生泰"的小杂货店二楼的亭子间。②房间南面没有窗户，不过好在还比较大，有专用的出入口。每月的房租不含电费和燃料费是九元，这对当时的他们而言绝不是一笔小钱，但是与每天一元的蒲柏路的旅馆相比已经好多了。③

　　他们用手里仅有的不到十元钱买了食物和炊具。由于没有钱买油，每天就白水煮面片，拌着只值几个铜板的菠菜吃。两人曾写信拜托哈尔滨的朋友寄钱过来，不过那也只是救急。④他们当时觉得，只要能够见到鲁迅，哪怕离开上海也算达成了愿望（《上海拉都路》及［二］注）。于是萧军给鲁迅写信，要求见面。借用《萧军简历年表》中的话，那是因为"由于我们并不充分理解上海革命斗争的复杂性、尖锐性、残酷性……想得过于简单以至'天真'了，以为总不会有什么太大困难的"。因此当鲁迅回答说不能立即见面之后，他们一定很受打击。萧军不解其因，立即又给鲁迅写信，殷切地诉说他们的心情。据说在见面之前，鲁迅让人调查了他们的底细（［二］注）。

　　抱着一丝与鲁迅见面的希望，他们在陌生的土地上，终日盼望着鲁迅的来信。对他们而言，那是"唯一的希望""如空气如太阳"

---

① 梅林说是"外滩码头附近的小客栈"（丁言昭《访老人忆故人》）。

② 亭子间是位于传统上海楼房二楼的一间小房，一般都狭窄、昏暗和闷热。另外丁言昭通过对当时住户的采访调查，指出可能不是"元生泰"，而是经营文具的"永生泰"。地址在现在的襄阳路二八三号（丁，1981）。

③ 这一段时间的事情根据萧军《在上海拉都路我们曾经住过的故址和三张画片》（1981年6月，后文简称《上海拉都路》）写成。

④ 有记述表明他们曾拜托昔日牵牛房的伙伴黄田寄钱来。前章讲过黄田是香坊警察署署长，据说他在两人计划与金剑啸一道去上海时，帮他们准备了旅费（《萧军简历年表》）。

（［五］注）。

　　一直生活在北方——特别是东北——的人，一旦到了上海，就犹如到了"异国"。一切都是生疏，一切都是不习惯，言语不通，风俗两异，无亲无朋……犹如孤悬在茫茫的夜海上，心情是沉重而寂寞！因此，当我们接到先生每一封来信时，除开在家中一次一次地诵读而外，出去散步时也必定珍重地藏在衣袋中，而且要时时用手摸抚着，似乎谨防它的失落或被掠夺！……

（［五］注）

　　两人在等待与鲁迅见面的日子里对10月22日才写好的《八月的乡村》进行推敲和誊写。萧军对这部作品十分不满，甚至想烧了它。萧红鼓励他，并帮他誊稿。"她不畏冬季没有炉火，没有阳光，水门汀铺成的亭子间的阴凉，披着大衣，流着清鼻涕，时时搓着冷僵的手指，终于把《八月的乡村》给复写完了。"（《上海拉都路》）为买到复写用的日本美浓纸，萧军必须到位于北四川路的"内山杂志公司"（也许是"内山书店"），从家至此要往返十五公里，可是萧军为了节约交通费都是步行来回。旧鞋底磨破了，脚后跟都出血了。最后一次买纸的七角钱还是当掉萧红的旧毛衣弄到的（《上海拉都路》）。

　　终于，两人的生活费用完了。无计可施的萧军写信向鲁迅借钱。那段时间鲁迅身体不好。《鲁迅日记》中提到，11月7日由于肋间神经痛服药，10日夜里发烧三十八度六，14日收到两人来信时还发烧三十八度三。因此鲁迅回信晚了些，两人又不得不在不安中度过了几天。也因此，收到鲁迅发着三十七度七的低烧写给他们的回信（［五］1934年11月17日）时，他们喜出望外。萧军在那封信的注上这样写道："萧红一面拍着她的小瘦手，一面竟流出了眼泪来！……我的眼睛也感到一阵湿润，鼻子有点发酸……"

我可以预备着的，不成问题。

生长北方的人，住上海真难惯，不但房子像鸽子笼，而且笼子的租价也真贵，真是连吸空气也要钱。古人说，水和空气，大家都有份，这话是不对的。

（［五］注）

鲁迅在信中试图缓解两人心里的负担。

得知两人已经一筹莫展，鲁迅约他们见面（［六］1934年11月20日）。两人"如小孩子盼新年一般"用指头数着日子想象着那天的到来，甚至还为此争执起来（［六］注）。

11月30日，终于可以见面了。鲁迅写信（［七］1934年11月27日）告知他们见面的时间，考虑到两人对上海还不熟悉，鲁迅详细说明了到达内山书店的路线，"坐第一路电车可到。就是坐到终点（靶子场）下车，往回走，三四十步就到了"。

那天是"上海常有的一个没有太阳的阴暗的天气"①（［八］注）。他们到达内山书店时，鲁迅已经先到了。他时而看信，时而与日本人模样的人用日语交谈着。萧军对那时的情形是这样回忆的：

鲁迅先生走到我跟前，问着说：

"您是刘先生吗？"

"是。"我先点了点头，而后低声地答应了一个"是"字。

"我们就走吧——"他说了一声，又走进内室去，把桌子上的信

---

① 许广平在《忆萧红》（1945年11月28日）中形容那天的天气为"阴霾的天空吹送着冷寂的歌调"，而鲁迅的日记中记为"晴"。

件、书物……很快地就包进了一幅紫色的、白色花、日本式的包袱皮里，挟在了腋下，就走出来了，并未和谁打招呼……

（[八]注）

萧军说，之所以鲁迅这时一眼将他俩认出，一方面因为已经见过他们的照片，另一方面也因为他们的装束与上海人不同。或许他们还是如梅林所描述的在青岛时那样，萧军像人力车夫一般，萧红也是一副粗野打扮。

鲁迅走在前面，两人与他保持着一定距离默默地跟在其后。鲁迅走得很快。他没有戴帽子，也没有围围巾，穿着一件黑色的瘦瘦的短长袍，下面是窄裤管藏青色的西服裤子，脚上穿着一双黑色胶底鞋。

三人走了一会儿，来到一间"安静、昏暗，有些萧条"的小咖啡店。主人是一个"秃头的胖胖的中等身材的外国人""基本上不懂中文"[①]。因为是"午、晚不接的空闲时间"，"这所不大的厅堂里几乎没有几个客人。客人中也没有一个是中国人"。鲁迅在门附近的一个不显眼的位置坐了下来。他开口说话前，萧红先问许广平（1898—1968）来不来。鲁迅说"他们就来的"，他的话是"浙江式的普通话，我们似乎听懂了，但又并不十分明白，萧红张起她的两只受了惊似的大眼睛定定地望向了鲁迅先生"。这时，海婴（1929— ）来了，随后许广平也来了。许广平亲切地握着两个人的手，"这时候我注意到了萧红，她一面微笑着，一面握着手，两堆泪水竟浮上了她的眼睛"（[八]注）。

萧军先大概谈了下他们由哈尔滨出走的情形，在青岛的情况，以及他们之所以匆忙来到上海的原因，随后又讲到东北伪满洲国成立之

---

① 原文未见，根据日语内容翻译而成。——译注

后的状况和"反满抗日"斗争的情形。鲁迅介绍了上海对左翼团体和作家的镇压及左翼内部的分裂等事情（〔八〕注）。关于那时的情形，许广平这样回忆道：

他们爽朗的话声把阴霾吹散了，生之执著、战、喜悦，时常写在脸面和音响中，是那么自然、随便，毫不费力，像用手轻轻拉开窗幔，接受可爱的阳光进来。

（《忆萧红》1945年11月28日）

他们的朴素一定打动了在上海要面临许多敌人和斗争的鲁迅夫妇。许广平还这样写道：

为了使旅人减低些哀愁，自然鲁迅先生应该尽最大的力量使有为的人不致颓唐无助。所以除了拨出许多时间来和萧红先生等通讯之外，更多方设法给他们介绍出版。

（《追忆萧红》1946年7月1日）

鲁迅病后憔悴的样子让两人十分吃惊。萧军形容鲁迅像一个"落拓的吸鸦片的人"[1]。还自责自己这些健康的人好像要吸掉与疾病做斗争的鲁迅的血一样，萧红也为他们原稿上的字太小而内疚。实际上这些

---

[1] 萧军《让他自己……》（1936年11月）。此外，与鲁迅熟识的内山书店主人内山完造写道："与鲁迅先生初次见面时，很吃惊的是他的仪表并不出众。来我的店时，经常有中国客人误把他当作店员询问书的价格。他不怎么在意那些事情。"参见《回忆鲁迅先生》（「魯迅先生の思ひ出」，『上海風語』昭和十六年8月，改造社）。

字也的确很让鲁迅头疼。①

　　两人将与鲁迅初次见面时的惊讶直接写在信里寄给鲁迅。对此，鲁迅为了让他们放心，回答说是由于年龄的原因，也是没有办法的，实际上自己还顽强得很（［八］1934年12月6日）。《鲁迅日记》中写着与萧军他们见面的那个晚上他还发着三十七度一的低烧。11月10日开始出现在日记上的体温记录直到12月3日才消失。此外还提到，由于病后消瘦，假牙不合适，又请人矫正了（12月17日）。鲁迅在见了萧军他们之后，鼓励两人道：

　　你们目下不能工作，就是静不下。一个人离开故土，到一处生地方，还不发生关系，就是还没有在这土里下根，很容易有这一种情境。一个作者，离开本国后，即永不会写文章了，是常有的事。我到上海后，即做不出小说来，而上海这地方，真也不能叫人和他亲热。我看你们的现在的这种焦躁的心情，不可使它发展起来，最好是常到外面去走走，看看社会上的情形，以及各种人们的脸。

（［八］）

　　此外，两人这次不但向鲁迅借了二十元钱，由于没有零钱，回去的交通费也是找鲁迅借的。借款让两人闷闷不乐，对此鲁迅谨慎地措辞，尽可能减轻两人心中的重负，让他们不要在乎这些小事情。向鲁迅借钱的并非只有他们。之后被鲁迅委任"指导"两人，一起兴办奴隶社的叶紫（1910—1939）也向鲁迅借过钱（［三二］注）。据说萧军

①　鲁迅死后，许广平对萧军说，第一次见面时两人给鲁迅的《八月的乡村》的原稿和之前送来的《生死场》的原稿让鲁迅相当烦恼。"那原稿，是用日本制的薄棉纸，而且是用复写纸写的，字迹又小又密……周先生又要在夜间的灯光下来看，因此在原稿纸下必须垫上一张白纸才能够看得较清楚些。周先生戴花镜……他一面看着稿……一面自己慨叹着说：'嗳！眼睛不成了！'"（萧军《让他自己……》）

后来用朋友寄来的钱还了这次的借款（［五］注）。

第二次与鲁迅见面，是在鲁迅订的梁园豫菜馆的"宴会"席上。鲁迅想借此鼓励他们，向他们介绍些可以信赖的朋友（许广平《忆萧红》）。时间是在12月19日周三下午6点，除了他俩外，还有茅盾、聂绀弩夫妇、胡风夫妇和叶紫，许广平和海婴也来了。名义上宴会是为庆贺胡风夫妇生子举行的，然而由于联络上出了差错，胡风夫妇没有到场。①

收到署名为鲁迅和许广平的邀请函，两人很是兴奋。萧军打开上海的地图，萧红开始为萧军的衣服担心起来。萧红说要给萧军新做一件衣服，于是披上外套就跑出去了。过了两个小时，她手里拿着一块黑白格纹的布料回来了。虽然赴宴的日期就在明天，萧红一副自信的样子，说一定要让这件新"礼服"赶上给萧军穿。昏暗的房间里，萧红借着二十五瓦的灯光开始做衣服。她想做一件像萧军在哈尔滨的夏天穿过的那种哥萨克式立领衬衫。萧红不吃不喝地缝着，果然如她宣告的那样，在宴会开始前做好了"礼服"。她立即让萧军穿上，前后左右仔仔细细看了一番。

忽然我们的四条视线相遇了。她竟像一只麻雀似的跳跃着扑向我的身前来，我们紧紧地全企图要把对方消灭了似的相互地拥抱得几乎是要溶解成为一体了！

（《我们第一次应邀参加了鲁迅先生的宴会》1979年3月3日，后文

---

① 胡风于1933年12月与妻子梅志结婚。让他们没想到的是，还不到三个月，梅志就怀孕了。为了继续社会活动，两人决定堕胎，据说为他们介绍日本医师的正是鲁迅。后来，两人放弃堕胎，将一本厚厚的关于怀孕、生产和育儿的书交给他们的还是鲁迅（梅志《我第一次生孩子时的几件事——怀念鲁迅先生给予的帮助》1991年9月3日，见《花椒红了》中国华侨出版社，1995年9月）。"通知我的信因为转信处M（梅志——引者注）家里没有在约期前送来，所以我和M没有赴约。过后，鲁迅把他们的住址告诉了我，要我直接去认识他们。"（《胡风回忆录》）

○ "礼服"纪念（1935年春）。

简称《鲁迅先生的宴会》）

第二年春，两人为纪念这次宴会和新"礼服"，到法租界的照相馆照了一张纪念照。

我当然是穿了那件黑白方格的新"礼服"，萧红却穿了一件深蓝色的"画服"。不知为什么，临拍照以前，她竟从照相馆的小道具箱里拣出了一只烟斗叼在了嘴巴上，装作吸烟的样子，其实平时她是并不吸烟的。

（萧军《人与人间》，中国文联出版社，2006年6月）

宴会上，鲁迅坐在进门的左侧，按照顺时针方向依次是茅盾、聂绀弩、周颖（聂绀弩夫人）、叶紫，接着空了两个位置，之后是萧军、萧红、海婴，进门右侧坐着许广平。许广平担心两人对上海形势还不熟悉，让他们警惕被人跟踪。参加宴会的人彼此几乎都认识，只有他们两个是"外来的'闯入者'"。大家的谈话中好像用了很多隐语，有许多听不懂的地方。萧军只是默默地吃喝，但是当他开始讲述东北的情况时，大家都兴致勃勃地听了起来。席上，萧军看到聂绀弩一直为夫人夹菜，夫人对此丝毫也不觉得难为情，他感到很震惊。于是他也学着往萧红的盘子里夹菜，但是萧红不好意思地拒绝了。直到宴会结束，萧军也没有弄清楚这些人的全名。许广平在宴会上向萧红介绍了他们的名字，萧红在宴会结束后告诉了萧军（《鲁迅先生的宴会》）。

萧红与许广平迅速亲近起来。许广平对萧红的第一印象这样说道：

中等身材，白皙，相当健康的体格，具有满洲姑娘特殊的稍稍扁平的后脑；爱笑，无邪的天真，是她的特色。但她自己不承认，她说我太率直，她没有我的坦白。也许是的吧。（中略）不相称的过早的白发衬着年轻的面庞，不用说就想到其中一定还有许多曲折的生的旅程。

（《忆萧红》）

鲁迅的独生子海婴讲着一口地道的上海话，萧军一句都听不懂。可萧红与他立即亲近起来。他们在宴会上向海婴送了枣木做成的"棒槌"。关于这个"棒槌"的由

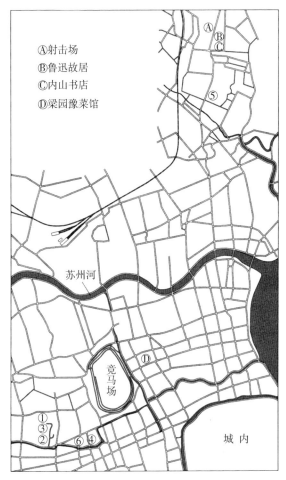

Ⓐ射击场
Ⓑ鲁迅故居
Ⓒ内山书店
Ⓓ梁园豫菜馆

苏州河

竞马场

城内

○ 萧军、萧红在上海的足迹（上海，1932年）。
①1934年11月—12月，襄阳南路二八三号；
②1934年12月末—1935年3月，襄阳南路四一一弄二二号；
③1935年2月末—6月，襄阳南路三五一号；
④1935年6月—1936年3月，淡水路二××号；
⑤1936年3月—7月，北四川路永乐里；
⑥1937年1月—11月，重庆南路二五六弄。
资料来源：根据《近代中国都市地图集成》制成。

来，萧军说是1934年他们在大连时朋友给的（《鲁迅先生的宴会》），许广平说萧红在给海婴时说这是她从小"带来在身边的玩意"（《忆萧红》）。

在这次宴会上，鲁迅特别将叶紫介绍给两人，让他做两人的"向导和监护人"。这时萧军看到叶紫"穿淡紫色西装"，"直直地显得有些拘谨而端正地坐在那里"。有一天，萧军和叶紫因《八月的乡村》的封面一事找到木刻家黄新波。[①]分别时，萧军告诉新波和在座的青年们他的住址，邀请他们到他家来玩。这让叶紫很是惊慌。这次，萧军学到了在上海不应该公布自己的住处。于是他回家后立即搬到福显坊二二号。这是1934年末到1935年初的事情。[②]

（三）

从元生泰沿着拉都路南下五百米就是福显坊，房子南面和隔着一条马路的西南方向都没有房子，是一片菜园。除去燃料费，每月房租是十一元，比元生泰贵些。但是两人十分中意这个地方。这里光照好，更重要的是窗外郁郁葱葱的自然风景缓和了两人的情绪。对于他们东北人来说，冬季里青翠的绿色很有些不可思议。"有阳光，有菜田和青草"，这刺激了萧军的创作热情（《上海拉都路》）。

---

① 黄新波在《不逝的记忆》中提到，来访的是萧军、萧红夫妻，他们从鲁迅那里得知这边有多余的床，希望可以借给他们两个。但是鲁迅是如何得知他有多余的床的，自己也不清楚。关于这一点，伊之美在《三个奴隶的解放》（1980年）提到，是叶紫将床的事情告诉两人的。以上两种说法均未见原文，而是根据丁言昭的说法（丁，1981）。

② 此事参见参见《注释录》[二]注及《上海拉都路》。关于新家，《上海拉都路》中写的是"二一号"，《注释录》[一三]注及《萧军简历年表》中写的是"二二号"。关于时间，收到萧军来信的那天写的《注释录》[一二]（1934年12月26日）中有这样的表述："等着搬后的新地址"。此外在1月2日信的回信《注释录》[一三]（1935年1月4日）中提到了他们搬入的新家。

　　这是近似郊外的贫民区域了，临窗有着菜园和篷寮。空气倒还清新。他们租的房子是新建筑的一排砖房子的楼上，有黑暗的楼梯和木窗。我探头向窗外一看，一派绿色的菜园映进眼帘。（中略）

　　房子的地板是很粗糙的，那是未经过细刨的粗木板拼缀起来的。一张木床，一张书桌，一张木椅，这是房东出借的。在墙壁上又挂起了那张黑炭画的三郎的背影画像和另外一张一个穿长袍的人坐在高耸的建筑物下面对月台弹琴的八吋大照片。

（梅林《忆萧红》）

　　丁言昭找到了他们位于这里的家，查明就是现在的襄阳路四一一弄二二号，他这样写道：

　　福显坊里总共有二十多幢房子，都是坐北朝南的石库门弄堂房子，围墙比较矮。二萧住的22号，是在弄堂右转弯的突出角子上，属北边的最后一排，当年房主量地造屋，最后一排房屋的面积都较狭小。萧红住的这幢房子，既没有石库门，也没有天井。

　　当年的拉都路已是上海市区法租界西南角的边陲，房屋稀少，夹着荒地、菜园和坟墩，路上行人极少，显得很荒凉。马路朝西的半边是煤屑路，东半边是柏油路，没有公共汽车。

（丁，1981）

　　此外丁言昭还提到，当时这栋楼中还住着几个白俄罗斯人，已经被当局注意到了（丁，1981）。鲁迅在1934年11月20日的信（［六］）中提醒二萧不要用俄语说话，也是出于这个担心。

　　他们的新朋友担心他们来到上海后写不下去。萧军提到，叶紫和聂绀弩曾建议他们把作品寄给鲁迅让鲁迅帮他们介绍发表（［十四］注）。之后萧军在不到两个月时间里写成《职业》（1月7日）、《搭客（货船）》（1月21日）、《樱花》（1月26日）、《初秋的风》（2月16日）、《一只小羊》（2月25日）等数个短篇，他首先把《职业》寄给鲁迅（《让他自己……》）。据王述《萧红著作编目》中介绍，萧红在这段时间写了《小六》（1月26日）和《过夜》（2月5日）两篇。好像萧军对萧红的工作进度颇为着急。这从鲁迅寄给萧军的信中可以看出。

我不想用鞭子去打吟太太，文章是打不出来的，从前的塾师，学生背不出书就打手心，但愈打愈背不出，我以为还是不要催促好。如果胖得像蝈蝈了，那就会有蝈蝈样的文章。

（［十五］1935年1月29日）

在鲁迅后来的信中，关于两人稿件的内容逐渐多起来。在《注释录》［十四］（1935年1月21日）中，鲁迅提到已经收到《职业》和《樱花》，写得不错，准备拿给《文学》试试，还想把《搭客（货船）》介绍给良友公司。①但是萧军的稿件没有被顺利采用。鲁迅在《注释录》［十五］（1935年1月29日）中写道，"先都交给《文学》，看他们要那一篇，然后再将退回的向别处设法"②；《注释录》［十八］（1935年3月1日）中写道《搭客（货船）》"其实比《职业》做得好（活泼而不单调），上月送到《东方杂志》"，"尚无回信"；终于在《注释录》［二三］（1935年3月31日）中写道，"《良友》收了一篇《搭客》"，但投到良友的《樱花》被退稿，"寄给了文学社，结果未知"。鲁迅在4月12日的信中（［二五］）中写道，"《樱花》已送检查，且经通过"，在《注

---

① 萧军在《注释录》［一四］注中提到，《搭客（货船）》与《职业》一起送了出去，但是《注释录》［一四］中提到，先是收到《职业》和《樱花》，然后谈到《搭客（货船）》。然而，问题是《樱花》的脱稿日期是"1935年1月26日"，比《注释录》［一四］还要晚五天，《搭客》的脱稿日期与《注释录》［一四］为同一天。

② 《注释录》［一六］（1935年2月9日）中也写道"还没有回信"。

释录》[二六]（1935年4月23日）中通知他《为了活》（执笔时间不详）和《一只小羊》已经出现在《太白》的广告中。

　　向文学杂志投稿在当时并不是一件简单的事。根据《注释录》[十四]注的内容，"那时，在上海，左翼作家唯一能够发表文章和比较可靠地拿到较多数目稿费的'大杂志'，只有《文学》一刊"，但根据审查制度，文章经常会被"删改得不成样子"。为了防范被删改，左翼作家们要常常改变笔名，以蒙混过审查官的眼睛。编辑们无法一一调查投稿者的经历，对于稿件采取介绍制。这样，介绍者要对被介绍者的政治态度负责，同时又要保证稿件有一定的质量，有时还会以采用为条件让介绍者也顺带"陪"上一篇稿子。

　　叶紫也同样生活困难，于是约上萧红一起让鲁迅请客。他们2月3日给鲁迅去了信，鲁迅对此回复道："什么时候来请罢"（[十六]1935年2月9日）。于是这个计划在3月5日实现了。尽管萧军当初很反对他们的这个计划，但当时他也一起去了，而且比谁吃得喝得都多。这次宴席上，萧军和萧红见到了黄源（1906—2003）和曹聚仁（1900—1972）两人（《鲁迅日记》及《萧军简历年表》）。

　　上海的生活有了眉目后，他们想帮助自己东北的朋友们。《注释录》[十五]（1935年1月29日）中提到他们的朋友金人①。金人向他们寄了几篇自己翻译的俄国文学稿子。萧军为鼓励朋友，说"尽可翻译，我可以代他想办法寻找出版的地方"，这事被鲁迅斥责。后来，金人的翻译经由鲁迅介绍发表在《译文》等刊物上。关于这件事情，萧军指出，自己对于朋友总是"热情过度"，有时会做"感情的奴隶"，这是自己的"弱点"（[十五]注）。对于这一性格，有人喜欢，也有很多人讨厌。比如萧军在《注释录》[十二]注中提到，从叶紫那里听到大

---

① 金人为河北省南宫县人。十七岁时来到哈尔滨学习俄语，1937年来上海（里栋、金伦《金人略传》，载《东北现代文学史料》第二辑）。

家把萧军比作"大兵"或者"土匪"，那简直是"近于侮辱性的'评语'"，但自己确实也有需要反省的地方。他评价自己初到上海时的情形为"一个'东北佬'初到上海滩，'野里野气，戆头戆脑'"。但是来到上海，想要成为所谓文坛的一员，必须成为"斯文"人，才不会被人们视为异类排斥。于是他给鲁迅写信，请求指教。但是鲁迅的回信让他颇感意外。

所谓上海的文学家们，也很有些可怕的，他们会因一点小利，要别人的性命。但自然是无聊的，并不可怕的居多，但却讨厌得很，恰如虱子、跳蚤一样，常常会暗中咬你几个疙瘩，虽然不算大事，你总得搔一下了。这种人物，还是不和他们认训好。我最讨厌江南才子，扭扭捏捏，没有人气，不像人样，现在虽然大抵改穿洋服了，内容也并不两样。其实上海本地人倒并不坏的，只是各处坏种，多跑到上海来作恶，所以上海便成为下流之地了。

（［十二］1934年12月26日）

对于黄源开玩笑地评价他"野气太重"这一说法，鲁迅这样写道：

所谓"野气"，大约即是指和上海一般人的言动不同之点，黄大约看惯了上海的"作家"，所以觉得你有些特别①。其实，中国的人们，不但南北，每省也有些不同的。（中略）普通大抵以和自己不同的人为古怪，这成见，必须跑过许多路，见过许多人，才能够消除。由我看来，大约北人爽直，而失之粗，南人文雅，而失之伪。粗自然比伪好。但习惯成自然，南边人总以像自己家乡那样的曲曲折折为合乎道理。

---

① 《萧军简历年表》中提到，黄源是"江南才子"式的"文雅人"。参照本书引述的《注释录》［一二］。

（中略）

这"野气"要不要故意改它呢？我看不要故意改。但如上海住得久了，受环境的影响，是略略会有些变化的，除非不和社会接触。但是，装假固然不好，处处坦白，也不成，这要看是什么时候。

（［十九］1935年3月13日）

而且，鲁迅说道：

"土匪气"很好，何必克服它，但乱撞是不行的。（中略）满洲人住江南二百年，便连马也不会骑了，整天坐茶馆。我不爱江南。秀气是秀气的，但小气。听到苏州话，就令人肉麻。此种言语，将来必须下令禁止。

（［四〇］1935年9月1日）

从这两封信可以看出，鲁迅一向拒绝伪装。这在萧红的《回忆鲁迅先生》（1939年10月1日）中也时有表现。比如，有一天，萧红穿了一件新上衣，宽袖子，大红色，可能是当时的流行款式。她得意地来到鲁迅家，见鲁迅和许广平都没有注意到自己的衣服，萧红便问起鲁迅来："周先生，我的衣裳漂亮不漂亮？"于是鲁迅把她从上往下看了一眼，说："不大漂亮"。接着就上衣和短裙的配色讲了一番。"红上衣要配红裙子，不然就是黑裙子，咖啡色的就不行了；这两种颜色放在一起很浑浊……"鲁迅平时对人的衣裳是不大在意的，这种谈论很少见。

还有这样一件事情。萧红要去赴一个宴会，许广平开玩笑地给她扎了一个桃红色的丝带。鲁迅看了之后生气地说："不要那样装饰她。"有一次，有个女的坐在咖啡厅里鲁迅后面的位置，她穿着紫裙子、黄衣服，头戴花帽子。鲁迅见了之后，生气地说："是做什么的呢。"

对于萧军要加入左联一事，鲁迅持反对态度。鲁迅在给胡风的信上这样写道：

> 十一日信收到。三郎的事情（指萧军参加左联一事——1981年版《鲁迅全集》注），我几乎可以无须思索，说出我的意见来，是：现在不必进去。最初的事，说起来话长了，不论它；就是近几年，我觉得还是在外围的人们里，出几个新作家，有一些新鲜的成绩，一到里面去，即酱在无聊的纠纷中，无声无息。

> （1935年9月2日）

关于这件事情，萧军在1985年来日本接受采访时这样说道：

> 当时胡风在左联工作。从该立场来看，在党的指导下，他有义务组织我加入左联。他知道我经常出入鲁迅家，便向鲁迅写信，问可否让我加入左联。但是，他什么都没有对我讲。我是在后来鲁迅的那封信发表时才知道这件事情。不过，鲁迅也没有征求我的意见，没有问我"你准备怎么办"什么的。他当时是这么说的，"不要加入左联。你只要在外面写就行"。

> ［《问作家萧军》（「作家蕭軍に聞く」）1985年12月］

作为一个新晋左翼作家，萧军在当时应该也想过加入左联。但是他却越来越感到上海的文坛不对劲。他在后来这样写道：

> 我之被中国"文坛"上的某些作家们看不好，在我刚到上海不久就开始了。他们把我算为"外来者"、"东北佬"、有"土匪"气、有"流氓"气、有"野"气，……总而言之是"不顺眼"！

> （［四〇］注）

（四）

　　对于萧军、萧红两人而言，福显坊是一个非常舒适的创作场所。但是，还没过三个月，他们就不得不搬离那里。

　　他们在青岛的几个朋友突然来到上海。每人都怀着要在上海大干一场的野心。前来拜访的朋友对两人的"寒酸"生活十分不满，建议由朋友们出钱，租个更大的房子住。萧军本想找些理由拒绝，但是朋友挖苦说，他们成了"成名的大作家"就不屑于跟自己一起住了。"我们全是第一次到上海来，人地生疏，只认识你这位唯一的朋友，希望你从各方面对我们有所帮助，并不求您的银子，钱。"（《上海拉都路》）

　　大约1935年3月末的时候，两人终于同意搬家了。条件有两个，一是自己的那部分房租由自己支付，二是可以随时搬出。①这回搬到了拉都路的正中央，位于拉都路三五一号（现在的襄阳路三五一号）的一座三层洋楼里。西面靠着马路，有一个大大的铁栅门，南面与隔壁房子之间隔着墙，里面有个长方形的空地，空地和门附近种着花和树，好像还有个池塘（丁，1981）。朋友们住在一楼和二楼，他们两个住在三楼。一户的租金是每月五十六元，与福显坊相比简直太奢侈了。可由于失去了那片绿油油的田地，萧军失去了创作热情。

　　5月2日，鲁迅和许广平、海婴一道造访两人，萧军与朋友之间因此产生了矛盾。鲁迅一行在房间休息了大约一个小时后，请二萧到法租界的西餐厅（盛福西餐馆）用餐。但是由于事情突然，而且两人已经多少了解了一些上海的情况，便没有把鲁迅介绍给他们的朋友。对此，朋友们很有意见。此外，对于朋友们的一些请求，他们也没能

---

①　《注释录》［二二］（1935年4月2日）中提到，收到萧军2日写的内有"同一条路，只是门牌改了号数"的信。丁言昭认为是2月末（丁，1981）。

——满足。最终，5月6日，两人搬到位于新租界萨坡塞路一九〇号（据丁言昭考证为现在的淡水路二六六号）的一个名叫唐豪的律师朋友的事务所的二楼。

之后，萧军逐渐恢复了创作热情。写成《〈商市街〉读后记》（5月10日）、《军中》（5月13日）①、《十月》（5月20日）②，萧红也完成了散文集《商市街》（5月15日）③。不过，萧红留下了《商市街》等许多描述哈尔滨生活的文章，却没有写过上海的生活。

刚好在这个时候，萧军的《八月的乡村》要出版了。

1934年11月30日萧军将稿件交给鲁迅，1935年3月28日鲁迅终于看完了，也写好了序（《鲁迅日记》）。根据《萧军简历年表》中的记述，萧军将这部《八月的乡村》也给叶紫看了。叶紫看完后十分感动，紧紧抱住萧军，把萧军带到位于公共租界的民光印刷所，这里曾印刷过他的小说集《丰收》（1935年3月）。萧红的《生死场》也一直通不过审查，迟迟没有进展。于是，在萧军的建议下，决定由他们三人创办奴隶社，秘密自费非法将这三部作品作为奴隶丛书出版。这一决定也得到了鲁迅的认可。为骗过敌人耳目，他们将奴隶社的发行所设置在四马路的容光书局。他们决定8月出版《八月的乡村》，先交三十元定金，出版后再交其余款项。那三十元是将零星的稿费凑在一起交出去的（［二八］注）。

不过，萧军关于奴隶社的记述有些问题。鲁迅1935年1月4日写给叶紫的信中提到，将《丰收》委托给内山书店来卖，序由自己来写，还提到与制作插图的木版画家联系的事情。也就是说还没有讨论《八月的乡村》（［十七］1935年2月12日）时，已经开始联系《丰收》的

---

① 由《羊》（上海文化生活出版社，1936年1月）所收。

② 《文艺群众》（二）（1935年11月1日）。由《绿叶底故事》所收。

③ 《商市街》中的最后一篇散文《最后的一个星期》的末尾写着"1935年5月15日、上海"，但是萧军的《读后记》上的日期为"5月10日"。

出版事宜了。而且这时还没有失去由生活书店来出版《生死场》的可能性。鲁迅在《注释录》[三九]（1935年8月24日）中通知他们《生死场》无处出版，他准备把它拿到《妇女生活》试试。根据《注释录》[三九]注的内容，《妇女生活》也拒绝出版，这才决定由奴隶社出版，结果比《八月的乡村》出版得要晚一些。

遗憾的是，叶紫的《丰收》在当时未能获得关注。"因作者正苦于无人知道，因而没有销路"也让他很痛苦（1935年3月29日鲁迅写给曹聚仁的信）。叶紫向鲁迅倾诉自己的穷困，希望可以结清《丰收》的稿费，还想让他帮忙问问给郑振铎（1898—1958）的那篇短篇进展如何，如果不行的话请借给他十至十五元钱（[三二]注）。但是鲁迅回信说，《丰收》的销售额可谓微乎其微（[三二]1935年6月7日），因此无法结账，他把十五元钱带到书店，让叶紫去取（1935年7月30日鲁迅写给叶紫的信）。即使如此，鲁迅在给胡风的信中仍旧写道："叶君他们，究竟是做了事的，这一点就好。"（1935年8月24日）

不过，《八月的乡村》和之后出版的《生死场》的销量好像还不错。《八月的乡村》的出版时间比预期的8月要提前了一些。鲁迅在《注释录》[三六]（1935年7月27日）中提到，让萧军送来的十本（[三五]注）除了一本留作自己用之外全都赠送给人了，方便时让他再送来五六本。《注释录》[五二]（1936年2月25日）中提到，《八月的乡村》和《生死场》三十本都已经卖完了，让他们将两种书各送几十本到内山书店，也给自己各送五本。《八月的乡村》在1936年2月再版，3月三版，4月四版。① 《生死场》在1936年6月再版，同年11月出版了第六版。

---

① 参见金伦、曹穉予、丁言昭、萧耘《萧军已出版著作目次年表》（《东北现代文学史料》第二辑）。

两人成功的消息也传到了他们远在东北的朋友耳中。两人的老友梁山丁（1914—　）这样回忆当时的情景：

在东北沦陷时期，从南满铁路秘密输入的上海文艺刊物上，带来了振奋人心的消息，东北出身的作家萧军和萧红，在上海和鲁迅先生在一起，萧军以田军笔名发表了《八月的乡村》——我早已知道这是在哈尔滨构思的小说，萧红以悄吟笔名发表了《生死场》。[1]鲁迅先生给这两个东北青年作家的书写了序文（这两本奴隶丛书，我在沦陷时期没有读到，是东北解放以后才读到的）。我却读到了秘密输入的巴金编的《文艺丛刊》，其中萧军的《绿叶底故事》一书中的诗篇（中略）都是在东北沦陷时期报刊上发表的。可以想象，我当时看到自己的朋友，在上海文坛上闯出一条路来是多么高兴，不仅我自己，在我周围的文友们也都感到高兴。记得我在编辑《文艺丛刊》时，益智书店的经理宋毅，曾在信上说：“不要让你老朋友独步文坛！”这老朋友就是指萧军。

（《萧军精神不死》，见《萧军纪念集》）

而且，他还发现萧军的《羊》被翻译成日文，发表在日本杂志《改造》上。[2]

是鲁迅先生推荐的，萧军被称为中国的新晋作家。朋友们奔走相告，从东北闯进上海文坛的萧军，又展翅翱翔在外国文坛上，这使我们这些在沦陷区的朋友们有一种自豪感。

（《萧军精神不死》）

---

[1]　实际上《生死场》作者署名萧红出版。《八月的乡村》以笔名“田军”发表，因为这是非法出版，为逃过国民党文艺检查官的眼睛而改名，同时好像也有农民的军队这一含义在里面（［二四］注）。

[2]　《羊》由日高清磨、鹿地亘翻译，发表于《改造》十八卷六期（1936年6月）。

他指出，"萧军在文学创作上取得的成就，增加了我们的志气"，罗烽、舒群等许多年轻人来到上海，形成东北作家群。

东北作家们围绕在鲁迅先生身旁，受到先生的哺育，成了一个群体，在中国现代文学史上称这一群作家为"东北作家群"。

这些曾经活跃在哈尔滨的文学青年，一旦冲出夜幕下的哈尔滨，而在祖国的左翼文坛上崭露头角，这怎能不引人向往呢？

（《萧军精神不死》）

但是，翻译萧军的《羊》的鹿地亘（1903—1982）在翻译时并不认识萧军，两人直到七七事变爆发前夕才在上海相识。他这样写在那之后的印象①：

住得近了起来之后，突然与这两个人（萧军、萧红）来往密切起来。我对于初遇时的尴尬是相当扫兴的，不愿主动接近，是他们主动接近我的。后来发现，他们是脾气很好，很值得爱的朋友。也有让人困扰的时候，那是因为与我们这些外国人相比，他们与本国人之间的交流很少。这不但因为他们流亡至此的时间尚浅，也因为他们与胡风等人一道，以鲁迅派自居，在当时的上海文学界，故意将自己的圈子弄小。之所以接近我，好像也是因为有意将我发展成为他们中的一员。

实际上并不明确存在所谓的鲁迅派，但是报纸上无一例外地写着这种说法。（中略）完全可以理解，有些轻率、无政府主义和自命不凡的萧军，一经"只有我们才懂文学"这样的话语鼓动，就会由伙伴们带领着走下去。

鲁迅是爱他的。不过那是对血气方刚的善良的年轻人的才华的热

---

① 鹿地亘于1934年因违反治安维持法被捕，第二年出狱，1936年逃亡至上海。

爱。与此同时，鲁迅也会流露出他独特的苦笑，这也可以从给萧军的书简中看出。由于被鲁迅发现，年轻人们拥戴鲁迅为导师。他们在鲁迅的旗帜下，形成一个小团体，彼此特别关照，这可以说是某种小布尔乔亚的行为。远离战线躺在病床上的老师对此毫不知情，鲁迅派的流言四起，而且有一个以此得利的团体正在形成。这也表明了他孤独、不幸的晚年生活。

（中略）

但是我对于他，与对胡风的消极印象不同，我欣赏他的稚气，他身上有值得人去爱的地方。孙悟空虽然被套上了紧箍咒，依然值得人同情。他是个好男人，意气风发。他的这种优点在《八月的乡村》中变成对祖国的热爱，认真地表现了出来。

[《萧军与萧红》(「蕭軍と蕭紅」)]

这里所说的"初遇时的尴尬"，他具体提到过在鲁迅去世时，来的人之中，有个"穿着破旧的宽松皮夹克的年轻人和发散出吉卜赛女郎气质的奇怪的娃娃头姑娘"，紧挨着遗体哭泣，表现得与家属十分亲昵，他认为那两个人就是萧军和萧红。但是鲁迅去世时，萧红还在东京。萧军自己提到，黄源夫妇给他带来了鲁迅去世的消息，萧军和他们一道匆忙赶来，"顾不了屋里还有什么人，我跪倒下来，双手抚着他那瘦得如柴的双腿，竟放声痛哭起来"（萧红写给萧军的书简第二十五封信注），这从下面海婴的回忆中也可以证实。

七八点钟以后，前来吊唁的人渐渐多起来了，但大家的动作仍然很轻，只是默默地哀悼。忽然，我听到楼梯咚咚一阵猛响，我来不及猜想，声到人随，只见一个大汉，没有犹豫，没有停歇，没有客套和应酬，直扑父亲床前，跪倒在地，像一头狮子一样石破天惊般的号啕大哭。他伏在父亲胸前好久没有起身，头上的帽子，沿着父亲的身体极速滚动，一直滚到床边，这些他都顾不上，只是从肺腑深处旁若无人地发出了悲痛的呼号。

我从充满泪水的眼帘之中望去，看出是萧军。这位重友谊的关东大汉，前不几天还在和父亲一起谈笑盘桓，为父亲消愁解闷呢！而今也只有用这种方式来表达他对父亲的感情了。

我不记得这种情景持续了多久，也记不得是谁扶他起来，劝住他哭泣的。但这最后诀别的一幕，从此在我脑海中凝结，虽然时光像流水一般逝去，始终难以忘怀。

（周海婴《鲁迅与我七十年》2001年9月①）

或许鹿地见到的那个"年轻人"的确是萧军。

萧红与鹿地的妻子池田幸子（1913—1976）熟悉起来，抗日战争爆发后曾帮助鹿地他们躲藏，在重庆时还与池田一起生活过一段时间。鹿地提到，萧红是一个"多愁善感，像小鸟振翅一般高兴、悲伤、诉说、歌唱的可爱的女孩"②。

1935年夏，罗烽被释放后③立即与妻子白朗一道来到上海。7月15日，他们乘坐萧军、萧红曾经坐过的"大连号"到达上海，暂时住在萧军他们家中，萧军和萧红本想将罗烽他们介绍给鲁迅，但是没能实

---

① 该书由南海出版公司出版。日译：岸田登美子、瀬川千秋、樋口裕子译『我が父鲁迅』（集英社，2003年5月）。

② 萧红写有散文《记鹿地夫妇》（1938年2月20日）回忆鹿地夫妇在上海时的事情。鹿地的回忆录《"抗日战争"之中》（『「抗日戦争」のなかで』，新日本出版社，1982年11月）提到，轰炸上海时，鹿地、池田幸子夫妇正围坐在萧军、萧红家的饭桌旁。

③ 董兴泉在《罗烽传略》（《东北现代文学史料》第八辑）中提到是6月5日，笔者1981年采访罗烽时，他说是7月释放的。

现。①舒群在萧军他们离开青岛前被捕，1935年春被释放，之后辗转各处，也于7月前后来到上海。根据曹革成的记述，舒群到上海后，先找到塞克，但是不巧塞克也正失业，无奈只好搬往别处。后来找到萧军，希望萧军安排他与鲁迅见面，让萧军帮忙将他的小说《没有祖国的孩子》呈给鲁迅过目。后来，那部小说在极偶然的情况下被女作家白薇发现，1936年5月在《文学》杂志发表。不久，舒群加入左联，年末恢复与党的关系。9月中旬，罗烽夫妇搬进舒群在美华里的亭子间。11月，罗烽通过周扬恢复了与党的联系，也加入了左联（曹，2005）。

○ 鲁迅故居（上海，大陆新村九号）外观与一楼客厅（摄于1977年）。

或许是在忙着奴隶丛书出版的事情，两人在那段时期都没怎么写作。②9月初，"文学丛刊"中要加入萧军的作品集，萧军将自己来到上海后写成的几篇短篇以《羊》为题在1936年1月出版。萧红这边没有什么值得书写的活动。鲁迅也很担心，写道，"久未得悄吟太太消息，她久不写什么了吧"（［四三］1935年9月19日）。或许是担心两人的状况，

① "你的朋友南来了，非常之好，不过我们等几天再见罢，因为现在天气热，而且我也真的忙一点。现在真不像在做人，好像是机器。"（［三六］1935年7月27日）
② "近来他绝无稿子寄来"（1935年8月5日鲁迅写给黄源的书简）。

11月6日，鲁迅第一次在家中招待他们。萧红在《回忆鲁迅先生》中生动地描述了当时的情形。

鲁迅先生的客厅里摆着长桌，长桌是黑色的，油漆不十分新鲜，但也并不破旧，桌上没有铺什么桌布，只在长桌的当心摆着一个绿豆青色的花瓶，花瓶里长着几株大叶子的万年青①。围着长桌有七八张木椅子。尤其是在夜里，全弄堂一点什么声音也听不到。

那夜，就和鲁迅先生和许先生一道坐在长桌旁边喝茶的。当夜谈了许多关于伪满洲国的事情，从饭后谈起，一直谈到九点钟十点钟而后到十一点钟。时时想退出来，让鲁迅先生好早点休息，因为我看出来鲁迅先生身体不大好，又加上听许先生说过，鲁迅先生伤风了一个多月，刚好了的。

但鲁迅先生并没有疲倦的样子。虽然客厅里也摆着一张可以卧倒的藤椅，我们劝他几次想让他坐在藤椅上休息一下，但是他没有去，仍旧坐在椅子上。并且还上楼一次，去加穿了一件皮袍子。

那夜鲁迅先生到底讲了些什么，现在记不起来了。也许想起来的不是那夜讲的而是以后讲的也说不定。过了十一点，天就落雨了，雨点渐沥渐沥地打在玻璃窗上，窗子没有窗帘，所以偶一回头，就看到玻璃窗上有小水流往下流。夜已深了，并且落了雨，心里十分着急，几次站起来想要走，但是鲁迅先生和许先生一再说再坐一下："十二点以前终归有车子可搭的。"所以一直坐到将近十二点，才穿起雨衣来，打开客厅外边的响着的铁门，鲁迅先生非要送到铁门外不可。我想为

---

① 萧红在散文《鲁迅先生记》（1938年）中也提到了这瓶万年青。第一次来到鲁迅家是在一个冬天的傍晚，房间里没有生火炉，但是房间里的万年青却在寒冷中依然绿油油的，这让萧红觉得不可思议。鲁迅一边抖掉纸烟上的灰烬，一边说"这花，叫'万年青'，永久这样"。鲁迅死后这瓶万年青被移到了玻璃瓶中，有时放在黑色的桌子上，有时放在鲁迅的照片前。

什么他一定要送呢？对于这样年轻的客人，这样的送是应该的吗？雨不会打湿了头发，受了寒伤风不又要继续下去吗？站在铁门外边，鲁迅先生说，并且指着隔壁那家写着"茶"字的大牌子[①]："下次来记住这个'茶'字，就是这个'茶'的隔壁。"而且伸出手去，几乎是触到了钉在锁门旁边的那个九号的"九"字，"下次来记住茶的旁边九号"。

在《注释录》[五〇]（1935年11月16日）中鲁迅还写道"有空望随便来玩"。许广平在《忆萧红》中写道，"我们用接待自己兄弟一样的感情招待了他们，公开了住处，任他们随时可以到来"。前面已经讲过，公开住所在当时是一件多么特别的事情。

（五）

这次访问之后，萧军和萧红希望可以帮上鲁迅和许广平的忙，于第二年1936年初搬到鲁迅家附近的北四川路永乐里。[②]"距离鲁迅家极近，从那以后，二萧就成了鲁迅家的常客"（《萧军简历年表》），因此，也没有必要与鲁迅通信了，《注释录》中的[五三]（1936年2月23日）成了他们的最后一次通信。同年夏天，萧红和萧军离开上海，分别去了日本和青岛一段时间。那段时间里，两人也约定不给鲁迅写信，以减轻他的负担。两人都严守约定，以后，鲁迅也没有给两人写过信。

停止通信后，两人频繁造访鲁迅家，这从萧红和许广平的回忆中也可以看出。但是，鲁迅日记中却没有那么频繁地记录下他们造访的情景。而且，记下的都是"萧军、悄吟来访"或者"萧军来访"，没有写

---

① 萧军提到，电灯外面的毛玻璃上写着一个大大的"茶"字。那是这个胡同里一个由日本人经营的咖啡店的招牌（[五三]注）。

② 丁言昭提到，此处相当于现在的四川北路九〇三弄，但是这里距离鲁迅家很远，还有些别的矛盾之处，因此可能是萧军、萧红和许广平都记错了（丁，1981）。

过"萧红（悄吟）来访"。但是，据许广平说，萧红比萧军还要来得勤，萧红也在《回忆鲁迅先生》中提到，搬至北四川路之后，"就每天饭后必到大陆新村来了，刮风的天，下雨的天，几乎没有间断的时候"。

　　从许广平的回忆中可以看出，或许是考虑到鲁迅的体力，她避免萧红每次都与鲁迅见面，也可能萧红主要是来找许广平的。

　　但每天来一两次的不是他（萧军——引者注），而是萧红女士。因此我不得不用最大的努力留出时间在楼下客厅陪萧红女士长谈。她有时谈得很开心，更多的是勉强谈话，而强烈的哀愁时常侵袭上来，像用纸包着水，总没法不叫它渗出来。自然萧红女士也常用力克制，却转像加热在水壶上，反而在壶外面满都是水点，一些也遮不住。

（《忆萧红》）

　　当然不能否认，萧红先生文章上表现相当英武，而实际多少还富于女性的柔和，所以在处理一个问题时，也许感情胜过理智。有一个时期，烦闷、失望、哀愁笼罩了她整个的生命力，然而她还能振作一时，替刘军先生整理、抄写文稿。有时又诉说她头痛得厉害，身体也衰弱，面色苍白，一望而知是贫血的样子。这时（我们）过从很密，差不多（同时）鲁迅先生也时常生病，身体本来不大好。萧红先生无法摆脱她的伤感，每每整天地耽搁在我们寓里。为了减轻鲁迅先生整天陪客的辛劳，不得不由我独自和她在客室谈话。

（《追忆萧红》）

　　许广平所说的萧红"烦闷、失望、哀愁"的原因，多半是由于与萧军在爱情方面出现了裂痕。曹革成提到，其中一个原因是这时《商市街》中的"南方姑娘"——陈涓来到了上海。陈涓在哈尔滨与萧军之间的交往很是开放，那时就搅乱了萧红的心情。这回竟然又带着刚出生不久的孩子再次接近萧军，让萧红很是烦恼，曹革成认为萧红的诗《苦杯》表达了那时的心情（曹，2005）。虽然萧红在"理性"上承认与萧军一起行动的意义，但是在"感情"上已经无法接受萧军了。虽然现实中《生死场》很受人关注，甚至比《八月的乡村》卖得还要好，但是萧红在这段时期基本没有进行什么创作。萧红在《回忆鲁迅先生》中，对许广平细心在鲁迅身边照顾的情形很是感叹。比如文中有这样的记述：

许先生从早晨忙到晚上，在楼下陪客人，一边还手里打着毛线。不然就是一边谈着话一边站起来用手摘掉花盆里花上已干枯了的叶子。许先生每送一个客人，都要送到楼下门口，替客人把门开开，客人走出去而后轻轻地关了门再上楼来。

来了客人还到街上去买鱼或买鸡，买回来还要到厨房里去工作。

鲁迅先生临时要寄一封信，就得许先生换起皮鞋子来到邮局或者大陆新村旁边信筒那里去。落着雨天，许先生就打起伞来。

许先生是忙的，许先生的笑是愉快的，但是头发有一些是白了的。

（《回忆鲁迅先生》）

或许萧红开始意识到，还有这样的活法。她"振作一时"帮萧军整理和抄写文稿，是否也可以解释为这种心态的表露呢？除此之外，她还要面对气候、语言、环境等诸多差异，对故乡的思念之情或许都要把她碾碎了。鹿地也指出，萧军那连他自己都意识到的个性给周围人带来了不小影响，萧红努力不被波及，或许在这个过程中她感到疲惫了。

《回忆鲁迅先生》中提到，因为鲁迅"很喜欢北方饭"，萧红经常到鲁迅家做东北菜。她做过的有饺子、韭菜合子、荷叶饼（"烧鸭时配用的两层薄薄的饽饽"——许广平）等。即使没做好，鲁迅也会吃很多。许广平回忆说萧红特别擅长做荷叶饼和饺子（《追忆萧红》）。

○　左起为黄源、萧军、萧红。鲁迅在照片背后题字"悄（萧红）于一九三六年七月十七日赴日，此影摄于十六晚宴罢归家时"。

　　以后我们又做过韭菜合子，又做过荷叶饼，我一提议鲁迅先生必然赞成，而我做的又不好，可是鲁迅还是在桌上举着筷子问许先生："我再吃几个吗？"

（《回忆鲁迅先生》）

这也可以从海婴的回忆中得到证实。

　　每当（鲁迅——引者注）病情稍有好转，就有萧军、萧红两人来访。这时候父亲（鲁迅——引者注）也总是下楼，和他们一边交谈，一边参观萧红的做饭手艺，包饺子和做"合子"（馅饼）这些十分拿手的北方饭食，一眨眼工夫就热腾腾地上了桌，简直是"阿拉丁"神灯魔力的再现。尤其是她那葱花烙饼的技术更绝，雪白的面层，夹以翠绿的葱末，外黄里嫩，又香又脆。这时候父亲也不禁要多吃一两口，并且赞不绝声，与萧军、萧红边吃边谈，有说有笑，以至压在大家心头的阴云似乎也扫去了不少。这时，我小小的心灵里只有一个愿望，就是希望他们能够常来，为我们带来热情、带来欢快。

（《鲁迅与我七十年》）

当时海婴还是个孩子，恐怕还不能理解萧红的忧郁吧。

许广平写道："如果有一个安定的，相当合适的家庭，使萧红先生主持家政，我相信她会弄得很体贴的。"

但是萧红最终还是没能像许广平那样为了伴侣舍弃写作。"为了创作"，她决定只身前往日本。7月15日，鲁迅和许广平在家里为萧红举行饯别会。第二天，黄源为她开饯别会，宴会之后，萧军、萧红和黄源去照相馆拍了纪念照（《萧军简历年表》）。萧红去日本的日子是7月17日，鲁迅因支气管哮喘去世是在三个月后的10月19日。在青岛的萧军刚好在那之前的几天回到上海，14日与黄源一道看望鲁迅，并向鲁迅赠送《江上》①和《商市街》。萧红稍晚一些才在东京得知鲁迅的死讯。这也成为促使在东京逐梦的萧红半途回国的原因。她最终于1937年1月初回到上海。

（六）

十六个多月里，鲁迅共计给两人写了五十三封信。如此密集地通信，在鲁迅的整个书信之中是不多见的。而且，信中处处流露着鲁迅对他们的关心，试图消除两人在陌生的土地上生活的不安。初来上海时，萧军二十七岁，萧红二十三岁。初次见面时让许广平和海婴作陪，也是鲁迅顾及萧红的表现。之后，鲁迅两次造访他们的住处，而且两次都携带家眷。信中也经常出现家庭的话题。与他人相比，这是特别的。而且，鲁迅总是仔细观察两人的状况，选择见面和招待的时机。

当时给鲁迅送作品、写信的年轻人很多，为何他会携带家人，如此亲密地对待萧军和萧红呢？不用说，他对两人的才华和未来寄予了期望，另一方面，这也与他们作为被侵略者的经历有很大关系。而且，许广平在《忆萧红》中提到，来到上海之后，由于环境所迫，她与亲戚和朋友都疏远了，平时除了与鲁迅说话之外，没有别的朋友，

---

① 作品集，1936年8月由上海文化生活出版社出版。

很孤单。她尤其想要有个女性朋友。或许鲁迅也是照顾到许广平的上述心情。

如前所述，二萧在上海的成功给他们的朋友带来了很大的勇气，朋友们相继来到上海。人们将这些年轻作家称为"东北作家群"。萧军自己也说，"东北作家群"不是一个派别，并没有什么共同利益，作为一个群体也没有留下特别的成果（「作家蕭軍に聞く」）。但是，文学史上将他们称作"东北作家群（或者东北作家）"，还是有一些用意的。

由万里长城隔开的关外，较早受到俄罗斯和日本的影响，文化环境也比较特殊。这影响到了东北作家群作品的题材和体裁。或许也可以将其放在乡土文学的范围中看待。但是，将之作为"抗日文学"来对待和评价，表明它与伪满洲国建立这一历史背景下兴起的民族危机意识密切相关。最近，一般将伪满洲国建立后的东北称作"沦陷区"，这也可从前面引用过的梁山丁的文章（《萧军精神不死》）中看出。关内关外的人们都期待着这些被称作东北作家群的人，尤其是其先驱萧军和萧红能够成为向大众传达所谓沦陷区现实的使者。然而，他们已经离开了沦陷区，面临的是上海这一陌生土地上的新现实。这样的他们，是否能够永远将东北视为自己的现实，继续生动地描述那种切身痛楚呢？一直期待他们信息传达者的作用，也就要求他们成为永远的漂流者。东北作家们将关内称作"祖国"，可以看出他们期待和希望着与由"中国"母亲哺育的同胞们团结起来。但是，现实中，除了水土、习惯等的不同之外，还充斥着政治、思想等各种各样的观念，各式各样的对立。这种状况必然比他们在东北所经历的更为复杂，头绪更为纷繁。在东北，外敌过于强大，伪满洲国建立这一现实在某种意义上使得他们更容易团结起来。而在上海，外敌的姿态还不明确，理论先行，激化了内部的理论斗争，使人们难以团结。上海的人们为了填平理论与现实的差距，为了团结自己，热心倾听从东北逃出的这些人的经历，帮助他们实现创作活动。结果，舍弃故乡漂流到"祖国"的经历就成了他们创作的原点，这既支撑了他们，相反也成为他们无法逃脱的桎梏。对于他们身上被赋予的苦难之重，鲁迅早就预见到了，并尽自己最大的努力引导年轻的他们不被桎梏压垮，并能戴着桎梏前进。鲁迅对于"虽然身在上海，却常要想起东北自己的'故乡'来"的二人，写道，"没有了家，暂且漂流一下罢，将来不要忘记"（［五〇］1935年11月16日及［五〇］注）。但是，他们还过于年轻，经验也不足，还不能以钢铁般坚强的意志，毫不掩饰自己流浪者的身份，并将其作为自己的生存方式与创作的原点努力下去。

二

《生死场》的世界

萧红完成《生死场》的时间为1934年9月9日，出版是在一年多后的1935年12月。据说《生死场》这一题名是他们来到上海后由胡风拟定的。根据胡风的回忆（《胡风回忆录》），他与萧军和萧红见面是在二萧到上海的第二年初，但是从鲁迅的书简来看，见面好像是第二年4月12日之后的事情。鲁迅在4月12日写给萧军、萧红的书简中这样记述道：

张君（胡风——1981年版《鲁迅全集》注）要和您谈谈，我想是很好的，他是研究文学批评的人，我和他很熟识。

（［二五］）

胡风在回忆录中提到，饭局①结束后鲁迅让他直接见见两人。接着这样写道：

和他们见面时，萧军的《八月的乡村》已经付印了，和叶紫的小

---

① 1934年12月19日，鲁迅夫妇在梁园豫菜馆举办了宴会，详情参照前文。

说集《丰收》合在一起，取名"奴隶丛书"。（中略）萧红有个中篇小说由鲁迅介绍到《文学》，希望能连载，那时还没有消息。见面时，他们都使我觉得可亲。

萧红的小说被退回来了，鲁迅交给我看。读着原稿，面前展开了东北穷苦人民受侵略受压榨的悲惨的生活实际，顽强地挣扎着的求生意志和悲壮不屈的反抗斗争。这在当时是少见的。我受到了感动。还没有确定书名，他们要我提，我就从书中的小标题取出了"生死场"为名[1]。他们还要我写篇序，我毫不迟疑地写了点感想。但因为有鲁迅的序，我坚决要他们放在后面，当作后记。

（《胡风回忆录》）

另一方面，萧军在文章中提到《生死场》是他起的名字。

一九三四年夏，我们由哈尔滨出走到了青岛。

在青岛，我为一家报纸担任副刊编辑维持生活，同时续写我的《八月的乡村》。

这时，萧红表示她也要写一篇较长的小说，我鼓励了她，于是她就开手写作了。

她写一些，我就看一些，随时提出我的意见和她研究，商量，……而后再由她改写……在这一意义上来说，我应该是她的第一个读者，第一个商量者，第一个批评者和提意见者。

这期间，我曾去上海一次，回来以后，她居然把这小说写成了——这是一九三四年的九月九日。

从头代她看了一遍，斟酌删改了一些地方和字句，然后就由她用

---

[1]　在现存的《生死场》十七章的章名中找不到与题名《生死场》直接相关的章名。

薄棉纸复写了两份①，以待寻找可能出版的机会。当然也知道这机会是很渺茫的。

以后不久，我开始和鲁迅先生建立了通讯关系。在通讯一开始，我也就把《生死场》的抄本寄给了鲁迅先生。

这小说的名称也确是费了一番心思在思索、研究……了一番，最后还是由我代她确定下来——定名为《生死场》。因为本文中有如下的几句话：

"在乡村，人和动物一起忙着生，忙着死……"还有：

"大片的村庄，生死轮回着和十年前一样……"

事实上这全书所写的，无非是在这片荒茫的大地上，沦为奴隶地位的被剥削、被压迫、被辗轧，……的人民，每年、每月、每日、每时、每刻……在生与死两条界限上辗转着、挣扎着，……或者悄然地死去；或者是浴血斗争着……的现实和故事。

（《〈生死场〉重版前记》1978年12月26日，后文简称《重版前记》）

不过，萧军在后来又改变了说法。

《生死场》这书名也经过一番争论，最后好像是胡风给想定的。

（［四七］注）

从前述胡风的回忆录中也可看出，《生死场》在交给鲁迅之后，开始准备合法出版。鲁迅将手稿送到生活书店。生活书店于1932年成

---

① 前文讲到，两人为了制作副本将稿件写在薄棉纸上，这让鲁迅看得十分苦恼（［八］注）。此外鲁迅在1935年1月29日写给两人的书简（［十五］）中安慰两人说，《生死场》送去审查后一直没有回信一定是因为用了复写纸审阅起来比较困难。

立，是当时上海新兴的一个出版社，专门出版抗日救国书籍，在抗日战争全面爆发前夕发展成为在全国范围影响巨大的出版社。但是，与此同时，当局的镇压越来越残酷。根据来新夏《中国近代图书事业史》（上海人民出版社，2000年12月）中的记述，国民党当局依据1928年制定的《著作权法》，限制反对党义的出版物，并于1930年公布《出版法》，据此，左联发行的刊物《拓荒者》被迫停刊。之后，又陆续发布了《宣传品审查标准》（1932年11月）和《查禁普罗文艺密令》（1933年），以加强对左翼文艺的控制。1934年6月，当局颁布《图书杂志审查办法》，规定所有图书杂志出版之前，在原稿阶段都必须通过国民党中央宣传委员会图书杂志审查委员会的审查。《生死场》送审的1934年到1935年期间恰逢《图书杂志审查办法》开始实施，生活书店正处于"新生事件"之际。《生活》周刊上发表的胡愈之的《让民众起来吧》触怒了国民党上海党部，被予停刊（1933年12月）。代之发行的《新生》周刊（1934年2月创刊）刊登的《闲话皇帝》（1935年5月）又受到日本领事馆的挑衅，说是侮辱天皇，屈于日方压力，国民党政府封杀《新生》，主编杜重远被判入狱十四个月，这就是"新生事件"（《中国抗战时期大后方出版史》，上海人民出版社，1999年10月）。另一方面，与鲁迅初次见面那天两人直接交付鲁迅的《八月的乡村》，从内容来看是描写东北抗日义勇军的，一开始他们就认定不可能"合法"出版。关于《生死场》与《八月的乡村》出版的经过，可以从鲁迅写给两人的书简中了解到（括弧内文字为引者所加）。

1934年 12月20日　小说稿（《八月的乡村》）我当看一看，看后再答复。吟太太的稿子（《生死场》），生活书店愿意出版，送给官僚检查去了，倘通过，就可安排。

1935年 1月29日　吟太太的小说（《生死场》）送检查处后，亦尚无回信，我看这是和原稿的不容易看相关的，因为用复写纸写，看起来较为费力，他们便搁下了。

2月12日　 （《八月的乡村》）印书的事，我现在不能答复，因为还没有探听，计划过。

3月1日　　那篇在检查的稿子（《生死场》），催怕不行。官们对于文学社的感情坏，这是故意留难的。在那里面的都是坏种或低能儿，他们除任意摧残外，一无所能，其实文章也看不懂。

（3月28日　执笔写作《八月的乡村》序文。）

5月22日　 那一本《八月的乡村》印出后，内山书店是不能寄售的，因为否则（由于内容是描写抗日的）他要吃苦。

7月16日　 对于书（《八月的乡村》），并无什么意见。（中略）许（广平）谢谢你送给她的小说，她正在看，说是好的。①

7月27日　 胡（风）有信来，对于那本小说，非常满意。我的一批，除掉自己的一本外，都分完了，所以想你再给我五六本，可以包好，便中仍放在书店。

8月16日　 小说（《八月的乡村》）再给我十本也好，但不急。前回的一批，已有五本分到外国去了，我猜他们也许要翻译的。

10月20日　《生死场》的名目很好，那篇稿子，我并没有看完，因为复写纸写的，看起来不容易。但如

---

① 萧军在注中提到，《八月的乡村》比预期早一些出版，他送给鲁迅十本，并问他有没有意见。这是回信。

要我做序，只要排印的末校寄给我看就好。①

11月15日　校稿昨天看完，胡（风）刚刚来，便交与他了。（中略）夜里写了一点序文，今寄上。

（12月　　出版《生死场》。）

1936年　2月15日　那三十本小说（《八月的乡村》和《生死场》），两种都卖完了，希再给他们（内山书店）各数十本。又，各给我五本，此事已托张兄（胡风）面告，今再提一提而已。

　　从日期为2月15日的信中可以看出，胡风也参与了《生死场》和《八月的乡村》的出版一事。因为大书店不肯出售这样的作品，胡风他们就把书用布包起来，送到附近的人们那里，让他们帮忙出售（《胡风回忆录》）。此外，鲁迅也在《注释录》[三七]（1935年7月29日）中说道，"不便当的是这回不能托书店，因为万一发现，会累得店主人打屁股，所以只好小心些"。不过，鲁迅虽然担心会给内山书店带来麻烦而不愿意委托他们来卖，但是从《注释录》[五二]（1936年2月15日）中的内容来看，他最终还是委托给他们了。

　　《生死场》就这样问世了，它与《八月的乡村》一道给上海文坛带来了巨大的冲击。如前所述，鲁迅的序文和胡风的后记恐怕充分代表了当时的人们对这部作品的评价。尽管这两部作品没有通过大型书店

---

① 据《重版前记》中的内容，萧红主动写信向鲁迅索要序文。此外，根据鲁迅1935年11月16日写的书简（[五○]），萧红希望鲁迅为她的书亲笔签名。鲁迅在书简中这样写道："我不大稀罕亲笔签名制版之类，觉得这有些孩子气，不过悄吟太太既然热心于此，就写了附上，写得太大，制版时可以缩小的。这位太太，到上海以后，好像体格高了一点，两条辫子也长了一点了，然而孩子气不改，真是无可奈何。"在现在可以看到的香港重印版中，底页与初版相同，但是其中并未收录鲁迅的序文。此外，这部重印版的封面没用使用初版时萧红的设计，封面和扉页中"生死场　萧红"的字迹好像是鲁迅的笔迹。萧红设计的初版封面上有萧红的亲笔签名。

销售，但是在短时间内能够再版多次佐证了它们的畅销。

丁言昭详细考证了《生死场》的版本（《〈生死场〉版本考》）。丁认为除了初版外，还有以下七种版本。再加上笔者所掌握的版本，整理如下（斜体为笔者所加）：

1936年3月　容光书局重版

*　11月　容光书局第六版*

1939年4月　连环画本（六十二页）

　　容光书局第八版

1945年11月　容光书局第十版

1946年4月　大连市文化界民主建设协进会初版，5月再版

1947年2月　上海生活书店第二版

1947年4月　哈尔滨鲁迅文化出版社新版

1953年3月　新文艺出版社重版

1954年4月　新文艺出版社上海第一次重印

虽然《生死场》每一版印刷数量不明，但不断再版至少可以证明，读者数量大大超出了当初预想的数目。顺便指出，《八月的乡村》在1935年8月发行初版，1936年2月再版，到1939年5月共计发行十版。

迄今为止，有许许多多关于《生死场》的论述。这些论述尽管意识到了鲁迅的序文与胡风的后记中的观点，但是在对主题的看法上依然存在一些微妙的差异。马怀尘在《浅谈〈生死场〉的主题和人物》中将其整理如下：

①虽然以抗日为背景，但是这并非主题，只不过作者忠于自己的印象

和感情，并将其如实描写出来而已（陈宝珍《萧红小说研究》，1982年3月）。

②虽然有抗日文学的一面，但主要是怀乡和人道主义［平石淑子《论萧红的〈生死场〉》（「生死場論」），1981年3月］[1]。

③描写农民对命运挣扎的乡土文学（邢富君《农民对命运挣扎的乡土文学》，1982年1月）。

④前半和后半部分主题发生变化。前半部分主题为农民生活，后半部分主题为抗日斗争（葛浩文《萧红传》，1976年）。

然后，马提出自己的意见：

⑤反帝反封建是这部作品的突出主题。

从前文萧军对《注释录》［一］（1934年10月9日）的注释也可以看出，他们曾担心自己作品的题材和主题不能被上海读者，这一最为进步和最有鉴赏力的读者群体接受。两人来自被侵略的地区，对那里的现状感同身受。但是，他们的这种与自己内心的痛楚无法剥离的所谓的内在的现实，在离开那片故土（关外）之后，在现实之外（关内）的人群之中能获得多大程度的普遍性呢？幸运的是，这份担心是杞人忧天。但这并不意味着他们的这种内在的现实与关内的读者所拥有的内在的现实是一致的。可以说，读者尚未拥有这种内在的现实，正因为没有才会不安，正是这份不安使得他们的这种内在的现实获得了普遍性。虽然生活在关内的人们也意识到了民族危机即将来临，但是由于它还没有在现实中出现，因此才越发不安。敌人会以怎样的形式出现呢？敌人会以怎样的形式改变或者破坏自己的日常生活呢？破坏的时候，自己会采取怎样的行动，应该怎样的行动呢？读者借助二萧的作品在观念世界中体验这种不安，并借此缓解和消除不安。萧军和萧红在东北时，与中国共产党的地下活动关系密切，他们的作品也是以与此相关的见闻与经历为基础写作而成的。因此，对于左翼阵营的人

---

[1]　该文发表在《北方文学》1981年第1期。——译注

们而言，二萧能发挥很大的政治作用。也因此，两人被贴上了抗日作家的标签，人们期待着他们写出更加尖锐的抗日作品。结果，他们的作品都成了抗日文学，就连萧红的这篇缺乏具体抗日活动，难以断定是以抗日为中心题材的《生死场》也不例外。

笔者在1981年发表的《论萧红的〈生死场〉》中，十分同情萧红他们被暴力从家乡驱逐的悲伤，从萧红作品中出现的对东北风景和生活在东北的人们的描写中读出了她对那片土地强烈的眷恋，因此断定她描述东北和在那里生活着的人们的"必然性"①归根到底由她的个人情感决定。或许我那时的感情太强烈了，所以，在之后也有偏重评价其作品中感性和感情的方面的倾向。

然而，在那之后我又读了几遍她的作品，发现文中虽然有许多描述可以证明萧红有出众的感受性，但是这并非任由感情驱使随意写作而成，而是为了感染读者有意为之。或许这样的形容不太合适，她的这一行为不但骗过了读者，还骗过了鲁迅和胡风。

前面讲过，鲁迅在序文中虽然写道，"叙事和写景，胜于人物的描写"，但也评价说，"北方人民的对于生的坚强，对于死的挣扎，却往往已经力透纸背；女性作者的细致的观察和越轨的笔致，又增加了不少明丽和新鲜"。鲁迅在给两人的信（〔五〇〕1935年11月16日）中提到，这绝不是在表扬，而是用于出版时的策略。然而，即使是策略，

---

① 笔者在《论萧红的〈生死场〉》中这样写道："他们满怀眷恋描写东北故乡，这就必然要描述被侵略的土地和被欺凌的民众，也必然要描述被侵略下的东北地区活生生的现实。事实也是如此，在当时的情况下，这些作品被称作'抗日'作品也是可以理解的。但是，当时的情况多半是非理性的，对于他们创作所谓的'抗日'作品与他们作为作家的资质，大概有必要分开来研究。"

也不会是完全与之不符的评价，而是最大限度地表扬了可以表扬的部分。序章中讲到，鲁迅的这一评价和胡风在《〈生死场〉后记》中给予的评价在之后很长时间里，都成为评价萧红作品时不变的标准。但是，再读一遍会发现，他们的评价十分抽象。比如，胡风提到这部作品的弱点在于对素材的组织不够，在人物描写中综合的想象的加工不够，语法特殊这三点，还指出了语法的特殊性具体所指。他写道，"有的是由于作者所要表现的新鲜的意境，有的是由于被采用的方言，但多数却只是因为对于修辞的锤炼不够"，胡风所在意的那些地方具体在指什么，其中哪些是"新鲜的意境"，哪些是"修辞的锤炼不够"，哪些部分又是方言呢？遗憾的是，笔者与萧红所处的生活时代、环境与母语均不相同，因此无从准确判断。不过幸好李重华对此进行了有趣的分析（《〈生死场〉的情节结构、人物塑造和语言特色》）。

首先，关于方言，李指出，将政府叫作"官项"，将马铃薯叫作"土豆"，是典型的萧红的家乡呼兰附近农村的方言。但是与此同时，让人遗憾的是，作者避免使用一些让人难以理解的特殊方言，其实这反而会削弱作品的乡土气息。而且，文中认为胡风会在《〈生死场〉后记》中写对于修辞的训练不足，是因为他对这些内容理解不够。

萧红曾经在哈尔滨的女子中学读书，在当时，身为女性，算是受到过相当高的教育。她在学生时代爱读鲁迅与郭沫若等人的作品，而且还在北京生活过半年左右的时间。从她与中国共产党地下活动的关系可以看出，她与来自关内的人们也有交流，因此很难说她的语言环境是封闭的。与此同时，李还指出，萧红有时还使用了一些难以让人认为是没有受过教育的农民所使用的话语。[①]这难道不正证明了生活在知识分子阶级的语言环境中的萧红有意识地将自己平时听到的当地方

---

① 比如，李指出，麻面婆在感叹失踪的羊时说道："我的……羊，我一天一天喂……大的，我抚摸着长起来的！"其中"抚摸"一词是没有文化修养的普通北方农民不会使用的。

言组织到作品中，试图使其更具乡土气息吗？

此外，李就萧红的修辞特色指出，比如"捉蝴蝶吗？捉蚱虫吗？小孩在正午的太阳下"这样的表达，正常的中文语序应该是"小孩在正午的太阳下捉蝴蝶，捉蚱虫"。但是通过将"捉蝴蝶"和"捉蚱虫"两句前置，而且将其改为疑问句，起到了强调作用，表达效果更好。此外，他还指出"你吃饱了吗？午饭"这样的倒装表达是北方农民经常使用的一种独特说法。"王婆的故事对比着天空的云"这样的表达在语法上完全没有问题，但是，无法将故事与云对比，这种表达加上王婆阴气逼人的姿态，余味无穷。在"李青山的计划严重着发表"这句话中，中文中原本是形容词的"严重"在这里被当作动词使用，更突出了当时气氛的沉重。不过遗憾的是，笔者不能体会出上述与中国读者相同的语感。

笔者反而认为在考虑萧红的作品世界时，贯穿其全部作品的"像……一样"这一比喻表达意味深长。《生死场》也不例外，但是这一点李没有指出。上文讲到，胡风在提到《生死场》中的出场人物时指出，在人物描写中综合的想象的加工不够。但是，当我们把与文中人物描写相关的比喻表达筛选出来看时，会发现一个有趣的事实（下划线为笔者所加）。

章	人物	比喻
1	二里半	他的面孔和马脸一样长；像马一样在喉咙中发出声音喝水；找羊时，比别人叫出来更大声，像是一条牛
1	罗圈腿（二里半的儿子）	在草帽盖伏下，像是一棵大型菌类
1	麻面婆（二里半的老婆）	眼睛大得那样可怕，比起牛的眼睛来更大；抱着茅草回家的样子就像母熊带着草类进洞；她喉咙组织法和猪相同，她总是发着猪声；吃惊时，像蚕一样动作缓慢①；经过留着根的麦地时，她像微点的爬虫在那里

---

① 原文未见，根据日语内容翻译而成。——译注

章	人物	比喻
1	帮二里半寻找行踪不明的山羊的村民们	声音<u>与羊叫分辨不出</u>
1	王婆	她常常为着小孩子们说她"<u>猫头鹰</u>"而愤激；<u>她像一只灰色的大鸟走出场去</u>
2	成业	带着姑娘，<u>像猎犬带着捕捉物似的</u>，又走下高粱地去
2	成业的婶婶	牵着一条牛，福发回来了。婶婶望见了，她急旋着走回院中，假意收拾柴栏。跟侄子讲话时担心被丈夫责备，丈夫一走，<u>她好像小鼠一般又抬起头来讲话</u>
2	金枝	婚前怀孕的事情担心被母亲知道，<u>老鼠一般地整夜好像睡在猫的尾巴下</u>；她想逃出眼前的世界，"<u>好像患着传染病的小鸡一般</u>"眨着眼睛蹲在田里；满脑子都是那件事情，<u>仿佛是米田上的稻草人一般</u>对什么都无动于衷；<u>变成和纸人似的</u>
2	金枝的母亲	生气的时候，上唇特别长，而且唇的中央那一小部分尖尖的，<u>完全像鸟雀的嘴</u>；母亲和<u>老虎一般</u>捕住自己的女儿
3	二里半	他长形的脸孔配起摆动的身子来，<u>有点像一个驯顺的猿猴</u>
4	村民们	一到二月，农民们<u>像蛰伏的虫子一样</u>又醒过来
4	村里的女人们	冬天，女人们<u>像松树子那样容易结聚</u>；<u>她们好像群聚的鱼似的</u>，忽然有钓竿投下来，四下分行去了
4	五姑姑	她<u>像一个灵活的小鸽子</u>站起来在炕上跳着走
4	王婆	看见儿子偷穿爹爹的大毡靴子，她凶暴地将儿子捉住，<u>那样好像山间的野兽要猎食小兽一般</u>
4	月英	村里第一美女，由于得了绝症，"<u>像一只患病的猫儿，孤独而无望</u>"
5	平儿	坐在羊背上的样子就<u>像个猴子</u>
6	五姑姑的姐姐	生产时光着身子，<u>像一条鱼似的</u>爬在那里；<u>像患着病的马一般</u>，倒了下来
6	村里的女人们	一到夏天，小猪越来越肥，而女人和耕种的马一般更加贫瘦
7	王婆	服毒后，被赵三压着，肚子和胸膛突然增胀，<u>像是鱼泡似的</u>
12	村女	被日本兵牵着，曲着背<u>像猪一般</u>
14	日本兵	<u>像肥鸭一般</u>

续表

章	人物	比喻
14	金枝	初来哈尔滨时，<u>好像一个垃圾桶</u>；<u>好像一个病狗似的</u>堆偎在那里
14	缝衣服的女人们	<u>好像闹着的蜂群静了下去</u>，她们睡着了
14	金枝的客人	<u>像猿猴一般</u>，袒露出多毛的胸膛，关上了门
15	北村的老婆婆	由于儿子被杀，十分愤怒，来找李青山，挣扎时<u>比一条疯牛更有力</u>；可是跟三岁的孙女上吊时，<u>像两条瘦鱼</u>
16	五姑姑的男人	参加的义勇军全散了，往日美丽的年轻的小伙子，<u>和死蛇一般爬回来</u>
17	二里半	家破人亡后，决定抛弃自己珍惜的山羊投身革命，二里半像"<u>青色马一样的脸孔</u>"奔向他的指导者李青山

以上并非只是一些特殊的例子，而是筛选出的与出场人物相关的"像……一样"的比喻表达。由此我们会发现，这部作品中几乎所有的出场人物都被比喻成了人类之外的动物，而且这种表达尤其集中在前半部分（第一章至第九章）。

此外，丰富的自然描写是萧红作品的一大特征。从这部作品中也可以看出其描写的独特之处。比如，权威着一切的午间的太阳（第一章），中秋节过后憔悴起来的田间（第二章），仿佛是关落下来的大伞一样的树木和射在上面的凄沉的阳光（第三章），怕被一切声音扑碎似的退缩到天边的月亮，对于村中的孩子们很暴虐的冬天（第四章），在不知觉中忙着栽培自己的痛苦的牛和马（第六章）。作者通过将拟物化的人物描写穿插在拟人化的自然描写中，使得人类的日常生活与大自然之间的界限变得模糊起来，通过这些看似无意的描写，强调了人类的生命行为不过是自然界行为的一部分。比如，金枝知道怀孕了之后蹲在田头，刚好有两只蝴蝶叠落在她的膝头。女人们将要生产，在家的四周，狗和猪也同样在生产着。"在乡村，人和动物一起忙着生，忙着死"（第六章）。

但是两者之间有决定性不同的一点，人类正因为是人类才会有各种深深的痛苦与悲伤。而且，讽刺的是，人类只有在被痛苦和悲伤折磨着的时候，才会意识到自己是人类。或许可以将之称作人类尊严的回归，尽管多半情况下那时死亡正在向他们迫近。

（四）

《生死场》中，正因为是人类才会有的痛苦和悲伤，尤其发生在女性身上。而且，许多情况都与生产相关。这一定是由于作者认为，女性正因为生育孩子，才在根源上注定与生和死深深相连，或者说不得不相连。写《生死场》时，作者已经有过一次怀孕、生产的经历。

人类与动物一样，愚蠢地重复着由本能带来的生殖。作者的言外之意在于，这一原本用来保持种族延续和繁荣的行为，因为主体是人类而变得沉重，文中的人们也只有在这时才意识到自己是人类，他们承担的这份痛苦和悲伤，是暴力的，是毫无道理可讲的。比如文中这样描述五姑姑的姐姐生产时的情形：

房后草堆上，狗在那里生产。大狗四肢在颤动，全身抖擞着。经过一个长时间，小狗生出来。

暖和的季节，全村忙着生产。大猪带着成群的小猪喳喳地跑过，也有的母猪肚子那样大，走路时快要接触着地面，它多数的乳房有什么在充实起来。

那是黄昏时候，五姑姑的姐姐她不能再延迟，她到婆婆屋中去说："找个老太太来吧！觉得不好。"

回到房中放下窗帘和幔帐。她开始不能坐稳，她把席子卷起来，就在草上爬行。（中略）

黄昏以后，屋中起着烛光。那女人是快生产了，她小声叫号了一阵，收生婆和一个邻居的老太婆架扶着她，让她坐起来，在炕上微微地移动。可是罪恶的孩子，总不能生产，闹着夜半过去，外面鸡叫的时候，女人忽然苦痛得脸色灰白，脸色转黄，全家人不能安定。为她开始预备葬衣，在恐怖的烛光里四下翻寻衣裳，全家为了死的黑影所骚动。

赤身的女人，她一点不能爬动，她不能为生死再挣扎最后的一刻。天渐亮了。恐怖仿佛是僵尸，直伸在家屋。

（中略）

大肚子的女人，仍胀着肚皮，带着满身冷水无言地坐在那里。她几乎一动不敢动。（中略）

她又不能再坐住，她受着折磨。（中略）受罪的女人，身边若有洞，她将跳进去！身边若有毒药，她将吞下去。她仇视着一切。（中略）

这边孩子落产了，孩子当时就死去！用人拖着产妇站起来，立刻孩子掉在炕上，像投一块什么东西在炕上响着。女人横在血光中，用肉体来浸着血。

（中略）

四月里，鸟雀们也孵雏了！常常看见黄嘴的小雀飞下来，在檐下跳跃着啄食。小猪的队伍逐渐肥起来，只有女人在乡村夏季更贫瘦，和耕种的马一般。

（第六章）

五姑姑的姐姐生产的同时，同村的金枝也在生，麻面婆也在生，邻村的李婶子也在生。产婆王婆穿梭在两个村子里忙完工作回家时，窗外不知谁家的猪也正在生小猪。女人们在同一时刻迎来生产，意味着人类的行为与一年的田间劳动相关，是在大自然的支配下发生的。这与动物们到时间就发情、产崽的行为毫无二致。但是，男人们好像不愿承认自己在受大自然的支配。他们无法掩饰增加家庭人口这一自身行为导致的后果所带来的焦躁，由此责难并将其发泄在不得不体现这一结果的女人身上。好像是她们的罪过使得男人们的行为后果成为现实一般。就连五姑姑的姐姐因为难产濒临死亡之际，她的丈夫还在试图通过喝酒逃避现实。然而现实不会因此烟消雾散，逃避的愿望恰好证明他无从抵抗，他的焦虑变得更加严重。

一个男人撞进来，看形象是一个酒疯子。他的半面脸红而肿起，走到幔帐的地方，他吼叫：

"快给我的靴子！"

女人没有应声，他用手撕扯幔帐，动着他厚肿的嘴唇：

"装死吗？我看看你还装不装死！"

说着他拿起身边的长烟袋来投向那个死尸。母亲过来把他拖出去。每年是这样，一看见妻子生产他便反对。

（第六章）

第六章标题为"刑罚的日子"，这本该不问男女，平等降临在所有人身上，然而，因为生产，仅让女性背负生死重担，而且备受责难。

但是，这个故事中女性所承担的生死重担并非只有生产。那时男人们只能当旁观者，对于无计可施唯有守候在旁边当旁观者的男人们的痛苦、悲伤、绝望和死心，作者并没有不闻不问，比如被誉为邻村第一美人的月英的丈夫。月英长期患病，昔日的身影已经荡然无存。王婆去看望她的时候，她连自己肩膀上的被子都拿不动，用枕头支撑着坐着，身体一动也不能动。她已经一年没能倒下睡过。

起初她的丈夫替她请神，烧香，也跑到土地庙前索药。后来就连城里的庙也去烧香，但是奇怪的是月英的病并不为这些香火和神鬼所治好。以后做丈夫的觉得责任尽到了，并且月英一个月比一个月加病，做丈夫的感着伤心！他嘴里骂：

"娶了你这样老婆，真算不走运气！好像娶个小祖宗来家，供奉着你吧！"

起初因为她和他分辩，他还打她。现在不然了，绝望了！晚间他从城里卖完青菜回家，烧饭自己吃，吃完便睡下，一夜睡到天明，坐在一边那个受罪的女人一夜呼唤到天明。宛如一个人和一个鬼安放在一起，彼此不相关联。

（第四章）

此外，王婆的丈夫赵三，为服毒将要死去的妻子找墓地，在节日的街上寻棺材。这可以说是他对相伴多年的老伴所尽的最大诚意，而且王婆与赵三是三婚。①然而，文中对本该出现在此处的男性的痛苦和悲伤，与女性相比，要轻描淡写得多。

（五）

王婆在整部作品中发挥了重要作用。前面指出，这部作品中的许多出场人物都被比作了人类之外的动物，但是对于王婆，却更多使用"幽灵"一词。虽然"幽灵"也不是人类，从这一点来看，与其他的比喻也有相同之处，但是这一比喻与对其他出场人物的比喻相比十分特别，再考虑到王婆在全篇中所发挥的重要作用，可以看出作者使用该比喻的某种意图。

某个晚上，王婆和两个农妇一起坐在喂猪的槽上，讲起了自己死去的三岁的女儿。下面是前文李重华指出的"王婆的故事对比着天空的云"这一很有特色的描写之后的内容：

---

① 王婆无法忍受丈夫的暴力，带着儿子和女儿离家出走，与冯姓男子再婚，但不知何由她将孩子留给那个男子，现在与赵三生活在一起。

"……早晨，我把她坐在草堆上，我去喂牛；草堆是在房后。等我想起孩子来，我跑去抱她，我看见草堆上没有孩子；看见草堆下有铁犁的时候，我知道，这是恶兆，偏偏孩子跌在铁犁一起，我以为她还活着呀！等我抱起来的时候……啊呀！"

一条闪光裂开来，看得清王婆是一个兴奋的<u>幽灵</u>。

（中略）

"我的孩子小名叫小钟呀！……我接连着煞苦了几夜没能睡，什么麦粒？从那时起，我连麦粒也不怎样看重了！就是如今，我也不把什么看重。那时我才二十几岁。"

闪光相连起来，能言的<u>幽灵</u>默默坐在闪光中。邻妇互望着，感到有些寒冷。

（第一章）

后来，为了付地租，不得不将干了许多年活儿的马送往屠宰场时，

王婆她自己想着：一个人怎么变得这样厉害？年轻的时候，不是常常为着送老马或是老牛进过屠场吗？她颤寒起来，幻想着屠刀要像穿过自己的背脊，于是，手中的短枝脱落了！她茫然晕昏地停在道旁，头发舞着好像个<u>鬼魂</u>样。

（第三章）

此外，获悉与自己分居的儿子被官吏抓到杀死的消息时，王婆试图服毒自杀。

弯月如同弯刀刺上林端。王婆散开头发，她走向房后柴栏，在那儿她轻开篱门。柴栏外是墨沉沉的静甜的，微风不敢惊动这黑色的夜画；黄瓜爬上架了！玉米响着雄宽的叶子，没有蛙鸣，也少

虫声。

　　王婆披着散发，<u>幽魂</u>一般的，跪在柴草上，手中的杯子放到嘴边。一切涌上心头，一切诱惑她。她平身向草堆倒卧过去。被悲哀汹淘着大哭了。

（第七章）

　　原文中变换使用"幽灵""鬼魂""幽魂"的说法，但是每种说法的意象都相同，而且都用在王婆直面死亡这一现实的场景中。第一章是孩子的死，第三章是马的死，第七章不是旁人而是王婆自己的死。不过，与将其他农民们比作人类之外的动物的比喻一样，这样的比喻很少出现在作品的后半部分。这与后半部分中以王婆为中心的人们各自走上抵抗道路这一情节的展开是否有关呢？而且在故事的开始，王婆就已经快要五十岁了。故事中有好几个年轻人，为何作者非要选择将要踏入人生最后阶段的一个农妇，不惜通过描述她十年后的情形来牵引故事的发展呢？

　　故事中，有两个年轻女子有可能打破这个封闭村庄的气氛。一个是王婆与她的第一任丈夫所生的女儿。她的养父于两年前去世，哥哥当了土匪后被捕处刑，无依无靠的她与母亲王婆生活在一起。不堪丧子之痛服毒的王婆，最终活了回来。"她还必须活下去"（第八章）。连死都不能死的王婆回到这个世界之后过着潦倒的生活，大口喝酒，每日钓鱼，在树林中游荡，晚上就睡在院子里。这样，她想起女儿第一天来到这里时，态度坚决地说"我必定要像哥哥"这句话。

　　王婆思想着女孩怎么会这样烈性呢？或者是个中用的孩子？
　　王婆忽然停止酗酒，她每夜，开始在林中教训女儿，在静静的林里，她严峻地说：

165

"要报仇。要为哥哥报仇，谁杀死你的哥哥？"

女孩子想："官项①杀死哥哥的。"她又听妈妈说："谁杀死哥哥，你要杀死谁，……"

女孩想过十几天以后，她向妈妈踌躇着：

"是谁杀死哥哥？妈妈明天领我去进城，找到那个仇人，等后来什么时候遇见他我好杀死他。"

孩子说了孩子话，使妈妈笑了！使妈妈心痛。

（第八章）

十年后，这个女儿和时不时出现在村子里的胡须男们一起扛着枪快步爬着山，过着战斗的日子。有一天，一个黑色胡须男带来了她丧命的消息。

另一个是村里的姑娘金枝。金枝在十七岁的时候与同村的成业恋爱，在本能的驱使下两人发生关系而怀孕。不知内情的母亲反对他们的婚事。或许是因为母亲切身了解女人在婚后将面临怎样的命运。成业的婶婶也向对金枝吐露爱慕之情的年轻的成业叹着气，这样说道：

"你和那个姑娘又遇见吗？她真是个好姑娘。……唉……唉！"

婶婶像是烦躁一般紧紧靠住篱墙。侄儿向她说：

"婶娘你唉唉什么呢？我要娶她哩！"

"唉……唉……"

婶婶完全悲伤下去，她说：

"等你娶过来，她会变样，她不和原来一样，她的脸是青白色；你也再不把她放在心上，你会打骂她呀！男人们心上放着女人，也就是你这样的年纪吧！"

---

① 前文李重华指出的呼兰农民独特的说法。

姗姗表示出她的伤感，用手按住胸膛，她防止着心脏起什么变化。

（第二章）

果然不出女人们的预料。出嫁后不到四个月，即将临产的金枝和其他女人一样，领略了男人们试图逃避现实的冷漠。后来，小女孩出生后才过了一个月，就被焦躁的父亲冲动着夺去了性命。

十年后，伪满洲国成立，金枝回到娘家。为了维系与母亲的生活，她只身前往哈尔滨，企图靠缝纫谋生。然而，现实却十分残酷，女人要想赚钱，最终唯有依靠肉体。然而金枝的母亲为着女儿带回的钱得意洋洋，也不管那些钱是怎样来的。金枝向王婆说：

"从前恨男人，现在恨小日本子。"最后她转到伤心的路上去，"我恨中国人呢，除外我什么也不恨。"

（第十四章）

对一切绝望的金枝想要当尼姑，来到尼姑庵才发现里面已经空空如也。旁边的女人（五姑姑）告诉她尼姑在"九一八"事变后跟男人跑了。那个女人肚子已经相当大了，她一边哭一边说：

"我说不嫁出去，妈妈不许，她说日本子就要姑娘。看看，这回怎么办？孩子的爹爹走就没见回来，他是去当'义勇军'。"

金枝和她周围的女性仍然重复着女人的苦难。金枝无力斩断这一连串的苦难，现实也不允许她从中摆脱。

金枝又走向哪里去。她想出家庙庵早已空了！

（第十六章）

（六）

为何作者没有给予这两个年轻女子希望呢？不管是作为乡村指导者引导农民们进行斗争的李青山，还是为了去跟磐石的革命军合流留下羊跛着脚离开村子的二里半，都已不再年轻。至于对村里的年轻男子，跟随李青山投身抗日义勇军的平儿也好，听他说话的罗圈腿也好，可以说作者都毫不关心。那么，在这其中，王婆被赋予了怎样的使命呢？考虑这个问题时，将王婆比作"幽灵"，而且上述比喻集中出现在前半部分就显得极为重要。也就是说，她在作品前半部分中是作为这个世界上不存在的"幽灵"活着的，通过将自己杀死一次，才可能转世成人。促使她转世成功的契机是服毒这一极其可怕的行为，这也证明了非人类转世成人的过程对他们来说并非易事。后半部分中，在王婆的引导下，那些不是人类的人们逐渐转变成人类，走上了抗日的道路。这也能从前文指出的后半部分中明显减少了将人类比作人类之外的动物的表达这一点中看出。本来，与王婆相同，文中的人物各自都有赌上生死换来转世的故事，但是这却由王婆一个人代表了。这必然会让人对作品中的人物描写和对主题的集中度产生一种散漫的印象，这也是让人感到前半部分与后半部分主题发生变化的原因。为了让王婆承担起这一重任，作者将她设定为产婆这一关乎生与死的角色，让她经历自己孩子的死亡、离婚、再婚、三婚。另外关于她熟知枪的用法这一点，也借助赵三之口揭示了她曾经在过去不短的一段时间里当过土匪的经历。简直是让她担负着一个中年农妇难以承受的过去和作用，以此强调她的幽灵身份。鲁迅在信中也提到了王婆，说她让人不怎么感觉到阴气逼人，这或许是因为这一人物肩膀上的重担过于沉重而让人产生了一种散漫的感觉。

至于老王婆，我却不觉得怎么鬼气，这样的人物，南方的乡下也常有的。安特列夫的小说，还要写得怕人，我那《药》的末一段，就有些他的影响，比王婆鬼气。

（［五〇］1935年11月16日）

萧红对王婆的过度期待，或许可以归因于她的创作经验还不成熟。但是，她对年轻人无所期待，尤其是在金枝身上看不到希望，关于这一点，或许也可以这样理解：故事中的人们，既然来到了这个世界，不管生活怎样，在死之前都必须活着。在萧红看来，对于这样活着的人们而言，只有在某一时刻亲自对自己的人生产生疑问，并主动行动起来去改变它，才是有意义的。要想更加明确地表达这一意义，就有必要将人物设定为已经完全活过自己之前的人生的角色。

但是，遗憾的是，后半部分中几乎完全不见前半部分中出现的生动的描写和戏剧性的展开。或许是因为萧红与萧军不同，没有抗日斗争的实际经验。萧军证实，《生死场》在创作过程中有他的建议（《重版前记》）。不过与文中对女性的痛苦和悲哀的描写相比，农民们觉醒的过程显得过于突兀。

虽然不止葛浩文一人认为作品前半部分和后半部分的主题发生了显著变化，但是大家对于原因的解释不尽相同。比如王勤在《重读萧红的〈生死场〉》中指出，文中没有贯穿全篇的紧张感和波澜起伏的故事情节，前半部分描述"地主和农民间的封建社会的基本矛盾"，后半描述"民族矛盾"。铁峰《从〈生死场〉谈起》中的看法也与此相同。与王勤的论文同年发表的邢富君、陆文采的《农民对命运挣扎的乡土文学——〈生死场〉再评价》中认为，前半部分与后半部分所表现出的主题的变化是由时代和社会背景的变化引起的。

但是，主题确实发生了变化吗？是不是也可以这样说，由王婆这一女性贯穿的这个故事的确在后半部分缺乏紧张感，但这是由于作者关于农民生活的知识远远多于关于抗日运动的知识，而且相较而言她更关心的是农民们扎根于这片土地上绵延不变的生活。

（七）

金枝曾经说过下面这段话。

"我恨中国人呢，除外我什么也不恨。"

之后作者这样写道：

王婆的学识有点不如金枝了！

如果将这部作品当作"抗日文学"来解读，这一部分完全说不过去。我们该如何解释这段看似无意插入文中的话呢？

萧红为何要写《生死场》？从执笔时间与主题来看，萧军的《八月的乡村》是萧红创作《生死场》的动机。这也得到了萧军的证实（《重版前记》）。他提到，萧红看到自己在写《八月的乡村》，便说她也想写一部较长的小说。根据萧军的证言，萧红在离开哈尔滨后开始写作《生死场》，但是实际上在离开哈尔滨之前的1934年4月到5月，《生死场》的第一章《麦场》已经在《国际协报·国际公园》上连载。如果萧军的证言属实，也就是说，萧红在发表《麦场》的阶段还没有构思《生死场》吧。现在可以看到的这部《麦场》，作为一部独立的作品完成度很低，但是文中已经构建了两条主线，一条是二里半一家和山羊，另一条是乡村女人里的中心人物王婆的过去和现在，因此作为一个小品文，有可能在某种程度上已经完成。

问题在于，萧红为何要试图将自己所不了解的世界展现在作品中。的确，考虑到萧红的成长环境，比起城市的劳动者，她或许对农民更为熟悉。但是对于农民们平日的生活，她又能了解多少呢？她所了解到的人们的人生观，是后来在《呼兰河传》中描写的，不管是天灾还是人祸，将一切灾难作为命运来接受，一直挣扎着活到死。然而，这部作品却让他们走向反抗，这一定是因为在萧军及其周围人们的活动的影响下，自己也强烈地想要作为左翼阵营中的一员活下去。她将这当作自己作为中国人的使命，这一想法让文中无知的农民们不自然地叫嚷着"我们是中国人，不是亡国奴"。当然，不难想象这其中必然有萧军的建议，或者如前面提过的，她在抄写萧军作品的过程中自然领会了这种文体。金枝了解到在哈尔滨靠缝补为生就等于靠卖春生活时的情景，与萧军《孤雏》中的嵌套结构十分相似，或许是无意识中受到了后者的影响。

前面讲到，萧红在《跋涉》里，已经表现出了写《生死场》的苗头。但是，从那时她身为作家的经验，或者说从写作技巧和生活体验来看，要想将《生死场》写成民族反抗故事还有些力不从心。反而是她不由自主地想将自己目前遇到的问题凸显在故事中。她将这些问题强行纳入民族抵抗的主题之下，由此给人一种整体结构涣散的印象。可以说，从整个故事的布局、主题来看，上面那段金枝的话显然应该删除。但是，在发表前萧军、鲁迅、胡风等多位男性都读过这部作品，他们都没有提议删除这句话，甚至提都没有提到这句话。这是为什么呢？他们当然知道这部作品的主题是民族抵抗，正因此才给其高度评价。或许他们认为"恨中国人"这句话反而揭露了中国社会历史的病根，这仍然是自己民族的问题。但是如果把这一点指出来的话，他们又担心会使对这部作品寄予民族抵抗之期待，即抗日这一紧扣时代的主题变得暧昧。与此同时，从萧红这边看，她通过与未婚夫同居摆脱了顽固的父亲的支配，但是结果却是使自己怀孕，而且在生产前被抛弃，与萧军同居后才逐渐脱离困境，这其中不能说没有爱恋和幸福感，但是这一过程中自己被迫面对的女人的生理问题，被男人"庇护"所必须付出的这种"屈辱"，作者必须将之书写出来。

三

作品世界的形成——以《商市街》为中心

（一）

　　《商市街》是记录从在哈尔滨市内俄罗斯人经营的欧罗巴旅馆的一个房间与萧军开始同居到离开哈尔滨的不到两年的时间里，萧红所经历的事情及其心境的散文集。这四十一篇文章大致按照事情发生的顺序排列，其中有几篇在上海的杂志上发表过，可见这或许是他们在上海生活之后，回顾在哈尔滨的生活写作而成的。①《商市街》这一题名取

---

① 　收录在《商市街》的散文中，出版散文集之前发表在杂志上的作品按照执笔时间顺序（发表时间顺序）排列如下。数字为收录在《商市街》中的顺序。

41　《最后的一星期》：1935年5月15日（《文季月刊》一卷三期，1936年8月1日）。

7　《饿》：《文学》四卷六期（1935年6月1日）。

4　《家庭教师》：《中学生》六十二期（1936年2月）。

17　《广告员的梦想》：《中学生》六十三期（1936年3月）（这部作品与前述收录在《跋涉》中的《广告副手》内容相同）。

21　《同命运的小鱼》：《中学生》六十四期（1936年4月）。

24　《春意挂上了树梢》：《中学生》六十五期（1936年5月）。

26　《公园》：《中学生》六十五期（1936年5月）。

27　《夏夜》：《中学生》六十五期（1936年5月）。

29　《册子》：《中学生》六十六期（1936年6月）。

30　《剧团》：《中学生》六十六期（1936年6月）。

31　《白面孔》：《中学生》六十六期（1936年6月）。

1　《欧罗巴旅馆》：《文学季刊》一卷二期（1936年7月1日）。

39　《十三天》：《文季月刊》一卷三期（1936年8月1日）。

40　《拍卖家具》：《文季月刊》一卷三期（1936年8月1日）。

自1932年两人的第一个"家"——商市街二十五号。

《商市街》记录了两个年轻人在日常生活中不向贫困与权力屈服，始终坚守自己信念的姿态。这是从中获取两人当时生活状况的宝贵资料，同时也可据此了解萧红逐渐形成自己文风的过程。

首先来看看《商市街》中明显地将声、色、光等作为媒介来描写的特征。

前文论述《跋涉》和《生死场》时已经指出，萧红通过将人们的不幸置于他们所处的日常风景中使之更为突出，而且，她认为人们平日的行为属于大自然宏大行为的一部分，这是她的自然观与人生观。散文集《商市街》也不例外。但是，《商市街》之前，萧红作品的舞台主要是农村，人们周围的日常和大自然都是属于农村的。而《商市街》中的日常和大自然是属于城市的。在农村，直接支配命运的是大自然。在城市，左右命运的是工作，是通过工作换来的金钱，大自然不过是环绕在城市居民周围的风景而已。在城市里，人们看到的不是绵延不断的高粱田、翩翩起舞的蝴蝶，或者牛羊的叫声。尽管有时人们也能通过路边树木的样子和降在屋顶的霜等感受到大自然的变化，但是更多情况下，人们看到的是被建筑物分割开来的天空、地面，穿过地面的道路和人们在那里发生的行为。汽车和马车交织的声音、叫卖和乞讨的声音、电影院明亮的霓虹灯，诸如此类的事物机械地包围着人们的生活。可以说，被抽象成声、色、光等的风景巧妙地表现了城市机械的一面。

比如说，作者将一个人在家无事可做、忍饥挨饿、焦急万分地等待郎华（萧军）回来的不安寄托在门对面走廊上的声音里。

我直直是睡了一个整天，这使我不能再睡。小屋子渐渐从灰色变做黑色。

睡得背很痛，肩也很痛，并且也饿了。我下床开了灯，在床沿坐了坐，到椅子上坐了坐，扒一扒头发，揉擦两下眼睛，心中感到幽长

○（1）欧罗巴旅馆外观，墙壁上还隐约残留有文字（摄于1981年）。
　（2）两人曾经住过的房间（摄于1981年）。

和无底，好像把我放下一个煤洞去，并且没有灯笼，使我一个人走沉下去。屋子虽然小，在我觉得和一个荒凉的广场样，屋子墙壁离我比天还远，那是说一切不和我发生关系；那是说我的肚子太空了！

　　一切街车街声在小窗外闹着。可是三层楼的过道非常寂静。每走过一个人，我留意他的脚步声，那是非常响亮的，硬底皮鞋踏过去，女人的高跟鞋更响亮而且焦急，有时成群的响声，男男女女穿插着过了一阵。我听遍了过道上一切引诱我的声音，可是不用开门看，我知道郎华还没回来。

小窗那样高，囚犯住的屋子一般，我仰起头来，看见那一些纷飞的雪花从天空忙乱地跌落，有的也打在玻璃窗片上，即刻就消融了，变成水珠滚动爬行着，玻璃窗被它画成没有意义、无组织的条纹。

我想：雪花为什么要翩飞呢？多么没有意义！忽然我又想：我不也是和雪花一般没有意义吗？坐在椅子里，两手空着，什么也不做；口张着，可是什么也不吃。我十分和一架完全停止了的机器相像。

过道一响，我的心就非常跳，那该不是郎华的脚步？一种穿软底鞋的声音，嚓嚓来近门口，我仿佛是跳起来，我心害怕：他冻得可怜了吧？他没有带回面包来吧？

（《雪天》）

故事的舞台一定是最初与萧军一起居住的欧罗巴旅馆的那个房间。两人住过的那间屋子的窗户，从照片（2）可以看出是普通大小的。

下午，郎华还不回来。我到过道口站了好几次。外国女人红色的袜子，蓝色的裙子……一张张笑着的骄傲的脸庞，走下楼梯，她们的高跟鞋打得楼梯清脆发响。圆胖而生着大胡子的男人，那样不相称地捉着长耳环、黑脸和小鸡一般瘦小的"吉卜赛"女人上楼来。茶房在前面去给打开一个房间，长时间以后，又上来一群外国孩子，她们嘴上嗑着瓜子儿，多冰的鞋底在过道上劈劈啪啪地留下痕迹过去了。

（《他去追求职业》）

作者通过将各种各样的颜色和声音交织在一起，巧妙地表达了居住在旅馆中的人们与现实中的自己之间的距离之大。

为了填饱肚子，她有几次决定去偷送到其他房间的面包，最终还是没能付诸行动。早上，郎华只喝了一杯茶就出去了。或许是想忘记由于饥饿像"放了气的皮球"一样的肚子，她从天窗似的窗户探出身子看着街上。

窗子在墙壁中央，天窗似的，我从窗口升了出去，赤裸裸，完全和日光接近；市街临在我的脚下，直线的，错综着许多角度的楼房，大柱子一般工厂的烟囱，街道横顺交织着，秃光的街树。白云在天空作出各样的曲线，高空的风吹乱我的头发，飘荡我的衣襟。市街像一张繁繁杂杂颜色不清晰的地图，挂在我们眼前。楼顶和树梢都挂住一层稀薄的白霜，整个城市在阳光下闪闪烁烁撒了一层银片。我的衣襟被风拍着作响，我冷了，我孤孤独独地好像站在无人的山顶。每家楼顶的白霜，一刻不是银片了，而是些雪花、冰花，或是什么更严寒的东西在吸我，像全身浴在冰水里一般。

我披了棉被再出现到窗口，那不是全身，仅仅是头和胸突在窗口。一个女人站在一家药店门口讨钱，手下牵着孩子，衣襟裹着更小的孩子。药店没有人出来理她，过路人也不理她，都像说她有孩子不对，穷就不该有孩子，有也应该饿死。

（《饿》）

也许接近极限的饥饿刺激了她的神经，擦亮了她的双眼，她在美丽的风景中发现了这个带着孩子的女乞丐。不久前，这样的人生活在与她不同的世界中。但是现在，乞丐的行为，必须行乞的生活，萧红是能够理解的。所以她在眺望街景时，注意力集中到这个女乞丐身上。接着她这样写道：

我只能看到街路的半面，那女人大概向我的窗下走来，因为我听见那孩子的哭声很近。

"老爷，太太，可怜可怜……"可是看不见她在逐谁，虽然是三层楼，也听得这般清楚，她一定是跑得颠颠断断地呼喘："老爷，老爷……可怜吧！"

那女人一定正像我，一定早饭还没有吃，也许昨晚的也没有吃。她在楼下急迫地来回的呼声传染了我，肚子立刻响起来，肠子不住地呼叫……

（《饿》）

○（左）两人在商市街的"家"的入口，（右）在房间坐着讲述往事的萧军（摄于1981年）。

终于，两人搬进商市街上一间半地下室里开始生活。关于初次依靠自己的力量创造生活的新鲜感，萧红是这样写的：

天色连日阴沉下去，一点光也没有，完全灰色，灰得怎样程度呢？那和墨汁混到水盆中一样。

火炉台擦得很亮了，碗、筷子、小刀摆在格子上。清早起第一件事点起火炉来，而后擦地板，铺床。

炉铁板烧得很热时，我便站到火炉旁烧饭，刀子、匙子弄得很响。

炉火在炉腔里起着小的爆炸，饭锅腾着气，葱花炸到油里，发出很香的烹调的气味。我细看葱花在油边滚着，渐渐变黄起来。……小洋刀好像剥着梨皮一样，把土豆①刮得很白，很好看，去了皮的地豆呈乳黄色，柔和而有弹力。炉台上铺好一张纸，把土豆再切成薄片。饭已熟，土豆煎好。打开小窗望了望，院心几条小狗在戏耍。

（《度日》）

萧红在《商市街》中一方面细致入微地记述了她和萧军的生活，另一方面也描写了通过她的眼睛所看到的当时两人身边的哈尔滨左翼文艺运动的情形。

太寂寞了，"北国"人人感到寂寞。一群人组织一个画会，大概是我提议的吧！又组织一个剧团，第一次参加讨论剧团事务的人有十几个，是借民众教育馆阅报室讨论的。其中有一个脸色很白，多少有一点像政客的人，下午就到他家去继续讲座。许久没有到过这样暖的屋子，壁炉很热，阳光晒在我的头上；明亮而暖和的屋子使我感到热了！第二天是个假日，大家又到他家去。那是夜了，在窗子外边透过玻璃的白霜，晃晃荡荡的一些人在屋里闪动，同时阵阵起着高笑。我们打门的声音几乎没有人听到，后来把手放重一些，但是仍没有人听到，后来敲玻璃窗片，这回立刻从纱窗帘现出一个灰色的影子，那影子用手指在窗子上抹了一下，黑色的眼睛出现在小洞。于是声音同人一起来在过道了。

---

① 作者四次使用"土豆"或"地豆"来指"马铃薯"。李重华指出，"土豆"是哈尔滨地区的方言（《〈生死场〉的情节结构、人物塑造和语言特色》），"地豆"也是哈尔滨方言。

"郎华来了，郎华来了！"开了门，一面笑着一面握手。虽然是新识，但非常熟识了！我们在客厅门外除了外套，差不多挂衣服的钩子都将挂满。

（《新识》）

这里所描述的房子是牵牛房，"脸色很白，多少有一点像政客的人"大概是牵牛房的主人冯咏秋。剧团指"星星剧团"，不过《商市街》中关于剧团的记述有矛盾之处。收录在上面这篇文章之后的题为《牵牛房》的文章中提到，剧团不到三天就结束了。再稍晚一点的文章《剧团》中，又提到出版《跋涉》时还进行着剧团的活动。或许一共组织了好几次剧团，另外《商市街》中的文章也未必都是按照时间顺序排列的，又或者其中可能夹杂着若干虚构内容。

两人本来觉得"剧团都完了，再没有停留的必要"，但是"因为没有去处，以后常到那地方闲坐"。牵牛房的主人和聚集在那里的人们依然欢迎两人，但是在牵牛房的日子对于萧红而言，已经毫无意义，仅仅是在消磨时间。

不管怎样玩，怎样闹，总是各人有各人的立场。女仆出去买松子，拿着三角钱，这钱好像是我的一样，非常觉得可惜，我急得要颤栗了！就像那女仆把钱去丢掉一样。

"多余呀！多余呀！吃松子做什么！不要吃吧！不要吃那样没用的东西吧！"这话我都没有说，我知道说这话还不是地方。等一会虽然我也吃着，但我一定不同别人那样感到趣味；别人是吃着玩，我是吃着充饥！所以一个跟着一个咽下它，毫没有留在舌头上尝一尝滋味的时间。

（《牵牛房》）

回家后，了解到萧军也有同感。

当然，在牵牛房也有快乐的日子。《十元钞票》和《几个快乐的日子》中描述了朋友们在一起喝酒聚会时跳舞捉迷藏的情景。但是，从中完全看不到他们在那里商量什么、联系什么的样子。而且，喝酒聚会的人之中也没有萧红的身影，她只是像一个旁观者一样，描述着那里的快乐。星星剧团于7月成立，根据曹革成的记述，在民众教育馆的集会是9月。剧团成员为了公演练习了三个月，但是获悉成员徐志被捕之后，过了三天就宣布剧团解散。据说，之后牵牛房被伪造成人们娱乐的场所（曹，2005）。在《牵牛房》的最后，萧红写下了下面的话。

起先我很奇怪，两人的感觉怎么这样相同呢？其实一点也不奇怪，因为饿才把两个人的感觉弄得一致的。

试图从这篇文章中读出《商市街》完成前后在萧军、萧红两人之间产生了某种裂痕的做法，似乎有过度阐释之嫌疑。

（三）

实际上萧军也有三篇作品与收录在《商市街》中的这些文章题材相同。或许通过与这三篇作品作比较，能够找到一些线索帮助我们了解两人之间产生的某种裂痕。

（1）萧红《同命运的小鱼》与萧军《杀鱼》[①]。

《杀鱼》中提到，"我（三郎）"从某报社拿到五元稿费，买了柴和米之后，还剩下五角。听从"莹妮"的意见，买了五条活鱼当晚餐。但是到了做菜的时候，发现还有几条活着。

---

① 从1933年3月29日到4月1日，《杀鱼》在《大同报》文艺副刊《大同俱乐部》（长春）分四次连载。据说这是萧军在《大同报》上发表的第一篇文章。

我们两个忙着用剪子剪断那捆鱼包的绳子，那五尾鱼，鲜跳跳的活鱼，那时因为失却水的时候还不怎样久，当我们解开那纸裹的时候，有两尾鱼还在展动着首尾，在挣扎地跳了跳，其余的几尾却只有抽动着它们可怜的腮翅，另一尾几乎连那可怜的抽动，全似有些吃力起来。

"舀盆水来——快些儿！"

莹妮舀了一盆水，我便提着那每条的尾巴，挨个地搁入那水盆的里面，我说：

"我们该怎样吃呢？烹啊，煎啊？还是用清水来煮？莹，一点我不懂这些呢。"

"让我来，你甚么也不要管，你尽去为你的稿子。去看看什么时间了。"

"三点一刻多些。"

"好，去吧，不要打搅我，我们四点钟就要吃晚饭。"

（中略）但当我抽出几页纸，摊在桌上，刚在凝神的时候，外屋的莹妮，忽然尖锐地喊叫了一声。

"三郎——"

莹妮对这些还活着的鱼下不了手。三郎想拿出勇气来杀鱼，但是鱼在手里跳来跳去，刀下不去。后来他说："杀一个没有力量抵抗你的生物是一种耻辱。"于是把还活着的鱼放回盆里的水中，发誓不管活鱼还是死鱼，都不吃。

但是在同样以这件事为素材写作而成的萧红的《同命运的小鱼》中，故事却有些不同。

那天鱼放到盆中去洗的时候，有两条又活了，在水中立起身来。那么只用那三条死的来烧菜。鱼鳞一片一片地掀掉，沉到水盆底去；肚子剥开，肠子流出来。我只管掀掉鱼鳞，我还没有洗过鱼，这是试着干，所以有点害怕，并且冰凉的鱼的身子，我总会联想到蛇；剥鱼肚子我更不敢了。郎华剥着，我就在旁边看，然而看也有点躲躲闪闪，好像乡下没有教养的孩子怕着已死的猫会还魂一般。

"你看你这个无用的，连鱼都怕。"说着，他把已经收拾干净的鱼放下，又剥第二个鱼肚子。这回鱼有点动，我连忙扯了他的肩膀一下："鱼活啦，鱼活啦！"

"什么活啦！神经质的人，你就看着好啦！"他逞强一般的在鱼肚子上划了一刀，鱼立刻跳动起来，从手上跳下盆去。

"怎么办哪？"这回他向我说了。我也不知道怎么办。他从水中摸出来看看，好像鱼会咬了他的手，马上又丢下水去。鱼的肠子流在外面一半，鱼是死了。

"反正也是死了，那就吃了它。"

这样，两人将五条鱼中死了的那三条做成了菜，但是很腥，吃不下去，后来把它们丢了；把剩下的两条放在盆里，晚上，死了一条。出人意料，最后剩下的那条很快活，在盆里活了一段时间。在《杀鱼》中，虽然也提到了剩下的那条小鱼，但是丝毫没有表现出对它的关心。而在《同命运的小鱼》中，反而主要表现了两人对这条小鱼有多么眷恋，想把它送到江里，可是江还没有开冻。"我（吟）"对待它就"好像生过病又好起来的自己的孩子似的"爱惜着，每天都把剩下的饭粒喂给它，不管晚上回得有多晚，都要看看盆里的小鱼是否还在。可是，有一天，两人在朋友家愉快地度过了一个晚上，第二天晚上回家时，发现鱼从水里跳到地板上，鱼鳞都干了。两人抱着一丝希望，把它放回水里。到了第二天早上，鱼还是没有活过来。

短命的小鱼死了！是谁把你摧残死的？你还那样幼小，来到世界——说你来到鱼群吧，在鱼群中你还是幼芽一般正应该生长的，可是你死了！

（中略）

这睡觉就再没有醒。我用报纸包它起来，鱼鳞沁着血，一只眼睛一定是在地板上挣跳时弄破的。

就这样吧，我送它到垃圾箱去。

《杀鱼》中也提到了小鱼的死，但是只在文末简单写了一句"它是由水盆里而跳在地板的上面因干渴而死的"。《杀鱼》的主题始终在于"杀死鱼"这一行为。而《同命运的小鱼》的主题在于对本应享受活着的权利的小鱼没能行使自己的权利而感到的悲痛，以及对小生命的无限爱恋。

（2）萧红《小偷车夫和老头》与萧军《这是常有的事》[1]。

两人的生活逐渐稳定下来，能够买得起一整车的木头了。他们在燃料场买了木头，雇了辆马车把木头运回家。路上稍不注意就会有周围的穷人来抢柴。《小偷车夫和老头》中的车夫骂那些小偷不知羞耻、贪多不厌。但是到家卸木头的时候，车夫的态度变得暧昧起来，"先生，这两块给我吧！拉家去好烘烘火，孩子小，屋子又冷"。两人不但付了马车钱，还答应了他的请求。但是，实际上他默默地将五块顶大的木头留了下来，连散在周围的木皮也捡了起来，把这些全装在车上后才走。

但他对他自己并没说贪多不厌，别的坏话也没说，跑出大门道走了。

---

[1] 《这是常有的事》上注明的写作时间是1933年6月9日，从1933年6月28日到7月2日，分五次连载在《大同报·大同俱乐部》上。原题是《这不是常有的事》，收录在《跋涉》中时做了改动。

只要有运木头的马车进到院子里，门口就会有人聚过来找锯木头的活儿干。他们从中选了两个老人来锯。知道他俩还没有吃饭后，"我（吟）"去买来面包招待他们。老人们把锯好的木头收拾好，把院子也打扫得干干净净。3月的夜晚还有些冷。"我"赶紧用碎木皮来烘火，又去外面捡木皮时，看到老人们还没有走。

这许多的时候，为什么不走呢？
"太太，多给了钱吧？"
"怎么多给的！不多，七角五分不是吗？"
"太太，吃面包钱没有扣去！"那几角工钱，老头子并没放入衣袋，仍呈在他的手上，他借着离得很远的门灯在考察钱数。
我说："吃面包不要钱，拿着走吧！"
"谢谢，太太。"感恩似的，他们转过身走去了，觉得吃面包是我的恩情。
我愧得立刻心上烧起来，望着那两个背影停了好久，羞恨的眼泪就要流出来。已经是祖父的年纪了，吃块面包还要感恩吗？

这个故事在萧军《这是常有的事》中却是另一番模样。
"我"和"吟"准备从燃料场运木头时，门口成群结队地等着很多人想要揽锯木头的活儿干。萧红《小偷车夫和老头》中的"门"指的是商市街的门，这里指的是燃料场的门。这些人都瞄准着哪个车装的柴多，有两个老人一直紧追着我们的车子，我们就选了他们。"吟"表示不愿雇用自己祖父般年龄的人来干活儿，但是"我"对他们竭力喊叫的声音毫无抵抗之力。本想给老人们些钱让他们回去，但是老人们严词抗议说不能白白收别人的钱，于是就让他们锯木头。他们也有他们的自尊心。可是，以他们年迈的身体，锯木头显然是一件十分困难的事情。于是悲剧发生了。一个老人在竭尽全力举起斧头时，手一滑，斧头掉到腿上了。血四处飞溅，老人失去力气瘫倒在地。"我"慌忙拿来牙粉止血，两位老人拒绝了。

"先生！谢谢你！这是我们常有的事啊！牙粉是有毒的啦！"

他的伙伴也在补充着说道：

"是的，先生，这是我们常有的事啊！"

"这是常有的事？……"

吟，她眼的一刹闪光，就如滩流在地上的血，那样殷红！

他的伙伴，由他自己的衣襟上撕下些长短的布条，结连在一起，将那只血浸的袜子拉下来——当拉着袜子，那创口呈现在我们的眼前时候，我不相信——如果你也是血肉构成的人——你的心真的一些也不颤动！你的神经没一些儿痉挛？

那创口，就那样胡乱地由他的伙伴，撮些地皮上的土，撒在上面，而后用那接结的布条缠上。

受伤的老人还想继续工作，连同伴也来阻止他，于是他嘟囔着"这是常有的事"，坐在墙角下，灰心地看着他的同伴继续工作。渗在地上的血，被太阳晒着晒着就变成了黑紫色，狗们闻到气味争先恐后地舔着。"我"好像没有看完他们工作就出去了。

记得那天吟说给我，当我走后她已是不要他们劈下去了。

可是那个伤了脚的奇怪老人，他几乎变成命令式的说话：他是不许他的同伴不把桦子劈成细碎。他眼瞧着他的同伴，每块全劈好，堆成规矩的垛，院子遗下的木屑及烂皮扫得干净……他才肯一步一步地走去。他不独不要我们雇车，就连他同伴的扶掖几乎全不要！最奇怪是他们走去一刻，他那个同伴又走转回来。直到吟开门到院子里去，他还在默然地立着，吟问道：

"你们不是回去么？你怎么的又转来？是需要一乘车送那个伤了脚的老人吗？"

"不，太太，你是算错了钱哪！"

他们回来是因为发现没有扣除让他们吃下的面包钱。"吟"跟他们说那个是奉送的不要钱，让他们回去了。"吟"听到了他们边走边说的话，"'饭'不要钱吗？这不是常有的事啦"。

一个月后，"我们"又一起去买木头，想从聚集在门口的人群中找到那两位老人的身影，却没找到，这次雇了两个年轻人。他们从年轻人口中得知老人们的下落。那个叫张二的老人两个月前腿受了伤，后来听说伤口感染，或许已经死了吧。他的同伴周三由于上了年纪，没人愿意跟他搭伙，现在可能沦为乞丐了。

他们每一句关于那两个老人消息的话，就如那锐利而无情的锯齿锯着桦子那般锯着我的周身以及每颗神经细胞！……

——天啦，这是常有的事吗？

为了生活，老人们不顾自己年迈的身体不得不跟年轻人抢工作，后由于受了重伤而丢掉工作，甚至最终还丢了性命。这也是萧红喜欢的题材。不过《小偷车夫和老头》中完全没有提到上述情况。

发表时题目是《这不是常有的事》，为何又将其改为《这是常有的事》呢？"这不是常有的事"来自老人因没从锯木头的工钱中扣除餐费而说的话，而"这是常有的事"是"我"想帮助受重伤的老人治疗时老人对"我"说的话，是故事的最后当我得知老人们的悲惨下场时"我"的反问。"这不是常有的事"也是"我"对最后的反问的回答。与其高喊老人们的悲惨下场"不是常有的事"，不如将重点放在把他们日常的苦难看作"常有的事"。可以说，这正是改动题目的意图所在。

总而言之，萧军关注的是老人们的悲剧是常见的，萧红关注的是老人们的耿直与诚实。萧红无法忍受的是，为何他们的耿直和诚实会与贫困成正比，即便受伤的事情属实，也丝毫不会伤及他们的耿直。萧红可以一边感叹跳到地板上死去的鱼，一边冷静地观察那浸着血的鱼鳞和弄破了的一只眼睛，却没有理由无视老人的伤痛和他们的末路。

（3）萧红《搬家》《生人》与萧军《为了爱的缘故》[①]。

《为了爱的缘故》以与萧红相识之后，从她住院生产到搬入商市街这段时间发生的事情为题材写作而成。萧军原本就为自己是军人出身感到自豪，自己也有过好几次召集同伴奋起抗日的经历，好像他与当时在磐石设置据点的人民革命军也有联系。[②]对于"革命还是恋爱"这一二选一的命题，现在看来有些怀旧，不过《为了爱的缘故》的主旨在于描写在这两个选项中动摇，敢于选择恋爱的"我"的内心斗争。这部作品与（1）（2）中所列举的作品不同，从时间上来看，萧红的这两篇在先。

《搬家》中，这样描写搬入商市街时的情景：

搬家！什么叫搬家？移了一个窝就是罢！

（中略）

铁床露着骨，玻璃窗渐渐结上冰来。下午了，阳光失去了暖力，风渐渐卷着沙泥来吹打窗子……用冷水擦着地板，擦着窗台……等到这一切做完，再没有别的事可做的时候，我感到手有点痛，脚也有点痛。

[①] 《为了爱的缘故》于1936年9月30日在青岛完成，收录在《十月十五日》（上海文化生活出版社，1937年6月）中。

[②] 萧军在1925年十八岁时在吉林省参加过军阀的部队，当过骑兵。后来，对士兵们的无赖感到失望，转入张学良主办的东北陆军讲武堂的宪兵教练处，在沈阳接受训练。1931年，"九一八"事变发生后试图聚集同伴组织抗日游击队，失败后回到吉林试图组织抗日义勇军，又一次失败。随后来到哈尔滨，担任冯占海率领的抗日部队的联络员，负责宣传工作。第二年冯占海的部队撤退后，他仍然留在哈尔滨，参加中国共产党领导下的地下抗日活动（《萧军简历年表》）。

这里不像旅馆那样静，有狗叫，有鸡鸣……有人吵嚷。

把手放在铁炉板上也不能暖了，炉中连一颗火星也灭掉。肚子痛，要上床去躺一躺，哪里是床！冰一样的铁条，怎么敢去接近！

我饿了，冷了，我肚痛，郎华还不回来，有多么不耐烦！连一只表也没有，连时间也不知道。多么无趣，多么寂寞的家呀！我好像落下井的鸭子一般寂寞并且隔绝。肚痛，寒冷和饥饿伴着我，……什么家？简直是夜的广场，没有阳光，没有暖。

与此相对，《为了爱的缘故》中是这样描述同时期的事情的：

像春天的燕子似的：一嘴泥，一嘴草……我和我的爱人终于也筑成了一个家！无论这个家是建筑在什么人的梁檐下，它的寿命能够安享几时，这在我们是没有顾到的，也不想顾到的。我的任务，只是飞啊飞……寻找着可吃的食粮，好使等待在巢中病着的一只康强起来！我顾不了那整日盘旋在空中，呼啸着的苍鹰；也顾不了那专以射击燕雀而取乐的射手们。

"爱的！这就是人生吗？有了爱，有了家……"

每当她快乐的时候，就要勾紧我的脖子，逼着我解答她一些奇妙的问题。

"唔……这就是人生！"我为的要解脱这恐怕延缠到没有了结也没有端绪的问题的纠绕，便常这样像想逃避一肩掮负的狡猾的驴子似的，这样答复她。

"不，人生总不会就是这样简单……一定还有些别的？"

"再有的是……有了爱，有了家……再有的是……就该是孩子们了。"

"除开孩子。"

"没有了……"我作着思索的样子，接着说，

"这对于一个女人的需要，已经是够了！"

"我不是单独说的女人……'人生'并没有分别着男人或女人的……"

一方面是因获得可以守护的新家而喜悦，另一方面是因对自己仅仅是被守护的对象这一事实而焦虑，两种情绪交织在一起。

《生人》仅有两百字左右，短小程度在《商市街》中也是前所未有的。全文如下：

来了一个稀奇的客人。我照样在厨房里煎着饼，因为正是预备晚饭的时候。饼煎得糊烂了半块，有的竟烧着起来，冒着烟。一边煎着饼，一边跑到屋里去听他们的谈话，我忘记我是在预备饭，所以在晚饭桌上那些饼很不好吃，我去买面包来吃。

他们的谈话还没有谈完，于是家具我也不能去洗，就站在门边不动。

"…………

"…………

"…………"

这全是些很沉痛的谈话！有时也夹着笑声，那个人是从盘石人民革命军里来的……

我只记住他是很红的脸。

关于这件事情，《为了爱的缘故》中写得要稍微详细些，把之前发生的事情也写进去了。这篇作品一共有六个部分。第一和第四部分是关于住院生产的"芹"的故事，第二和第三部分是关于要去磐石的朋友A君的故事，第五部分是关于即使抱病在身也要去磐石的B君的故事，最后的第六部分写他们搬到商市街一年后，A君从磐石回来顺路到他们家时的情景，与萧红《生人》中的场景一致。萧军写这篇文章时，萧红在东京。下一章将详细论述她只身前往东京的原委，可以确定的是两人在感情上有些不和，或许萧军读了萧红的《商市街》之后，反思两人的不同，写下《为了爱的缘故》的吧。

"芹子，这里有一个客人……你如果高兴，可以出来见见……他是从远方来的……也许会有新的故事讲给你听。……"

她从那个门的中间出现了。她的头发还没有结好，只是任便地披散在肩后和肩前。她穿的是我的一件袍子和我的一双篮球鞋。当然她不是"安琪儿"，也没有适于"安琪儿"那样仙的装束，看起来她只是一个孤独的小幽灵，但是我爱她。

（《为了爱的缘故》）

将"芹"介绍给A君后，她像"一个怕羞的孩子似的"躲了起来。不知何时，又出现在房间的一角听两人谈话。A君回去后，恋人害怕"我"追寻A君从自己面前消失而责备"我"。萧军以A君和"我"、"芹"和"我"之间的对话为中心，花了接近两千字讲述他们之间发生的事情。《为了爱的缘故》中，A君回去后，"我"和"芹"进行了这样的对话。

"你几天来……是不是尽在思索着，怎样留下我……自己怎样走呀？"她的声音明显地有了软颤……最后我决定她是哭了！

"你就是为了这而忧愁么？"

"…………"她只有抽咽，没有声音。

"为什么你要想到这？"

"那天，那个人——就是那个从远方归来的人——他走了。你就开始思索着了……我知道，男人们在爱的漩涡里游泳得够了，就要想到他们的责任和事业……你是不是也是正在这样思索着？"

"也许别人是这样……"

"那么，你在恼恨我么？"

"为什么？"

"为了爱的缘故……"

"我没有理由恼恨你。"

"对于你自己呢？"

"这似乎也没有理由……如果一个人为了犯罪而得到刑罚，他就埋怨使他犯了罪的对象，这是愚蠢的；因而再谴责自己……这更是愚蠢的……他应该寻找这终极的根源。"

"那么你在忏悔着你的过去吗？"她的哭声又转成了笑声。

"我是没有忏悔的。"

"不，你是在掩藏着自己的苦痛，也掩藏着自己的忏悔……"

"你从书本子上学来智慧了！"于是我拍着她，轻轻地唱着：

"睡吧……姑娘……"

萧军写成《为了爱的缘故》，并将它寄给东京的萧红，一定是想要表达自己的心声。但是萧红的反应却很冷淡，她写道，"你真是还记得很清楚，我把那些小节都模糊了去"（萧红写给萧军的书简第二十七封信，1936年11月6日）。然而她也没有对那些写下的事情表示出不满。或许对于文中的那些事情，萧红已不愿回忆。

（四）

上面提到的每件事情，事实如何已无从确认，这也不是现在要解决的问题。既然他们的文章已经作为作品问世，他们就必然会意识到读者的存在，从而进行某种加工。比起确认事实，笔者更关心的是他们在对素材加工时表现出来的差异。

萧红和萧军都很关注充斥在他们身边的各种各样的悲剧，并将愤怒的矛头指向造成这些悲剧的社会。而且，两人一致认为，要想消灭这些悲剧，必须进行社会变革。但是，社会变革能否消灭每一个悲剧，对于这一点，两人的态度有些微妙的差异。

来到上海，刚刚踏上身为作家的独立之路，为何会忆起在哈尔滨的起点呢？《商市街》中所描述的，既有年轻的他们与贫困做斗争的纯粹的身姿，也同样有哈尔滨那些与贫困做斗争的不幸的人们。她写到星星剧团的事情，画会的事情，也写到牵牛房的集会和出版《跋涉》后接连不断的恐怖。可是，她为何会在那里？人们准备干什么？恐怖的根源是什么？对这些问题，她却几乎从未触及。并不是作者对此毫不关心，这可以从《生人》中由于太专心听别人谈话而把饼煎煳的记述中看出。然而萧红写作《商市街》的目的并不在此。她想要写的是，在那段时期，自己也曾作为一个人感受过、思考过。她在强烈地自我辩护，自己并非是一个在萧军庇护下的羸弱可怜的"安琪儿"。正因为如此，她才故意排斥那些萧军用心想起的甜言蜜语。然而萧军却有着很强的自负，他认为自己是由于与萧红共同生活才下定决心专注于文学创作的，是自己将萧红引上了创作的道路。他不但将所有的家务都交给萧红，而且将誊写原稿这样的杂事也委托给她。即使如此，萧军依然认为，与萧红一路走来，是自己在支持着萧红。反复回味过去，在萧军看来，十分必要，这是在确认他们生活的合理性。可是，在通过创作活动精神方面逐渐成长起来的萧红看来，将自己过去的幼稚拿出来反复确认的行为是屈辱的，这不过体现了男性的利己主义，他想要阻止妻子的个人成长，而将两人永远置于保护者和被保护者的关系之中。而且，最终，两人的关系没有得到修复的机会，不得不迎来离别的时刻。

四

东京时代——以萧红写给萧军的书简为中心

　　萧红在1936年（昭和十一年），抗日战争全面爆发前在东京生活过半年。这期间的资料，有萧红写给留在中国的萧军的三十五封信①和她自己写的两三篇散文。她在东京时参加过郁达夫（1896—1945）的讲演会，也当过东亚学校的学生。当时中国文学研究会的成员在该校担任讲师，但是没有记录显示她跟那些人有过交流。②从信上来看，萧红并不积极与他人交流，这或许是当时中日关系的一种反映，其中更有萧红自身精神层面的原因。而且，恐怕这也跟萧红来东京的目的密切相关。

　　萧红于1936年7月去东京，第二年1月回国。

　　二萧在上海得到鲁迅的知遇，分别凭借《八月的乡村》（萧军）和

---

① 萧红的书信可在萧军的《萧红书简辑存注释录》（1981年）中看到。后文简称《萧红注释录》。

② 据说昭和十年末的东亚学校教职员名单中有鱼返义雄、长濑诚、冈崎俊夫、竹内好的名字。参见冈田英树《孤独中的奋斗——萧红的东京时代》（「孤独の中の奮闘——蕭紅の東京時代——」）。此外，冈崎俊夫在1955年翻译了萧红的短篇《手》（『現代中国文学全集　十四』）。

《生死场》（萧红）一跃成为"轰动一时的人物"。在旁人看来，他们是幸运的，有伟大的鲁迅作后盾，取得了如此巨大的成功。然而，萧红的作家之路才刚刚打开，为何要匆忙离开上海呢？她好不容易才在上海站稳脚跟，此时前往海外，选择东京的必然性是什么呢？她没有学习过日语。而且，迫使她背井离乡的正是1932年日本扶植的傀儡伪满洲国。

　　由于她的身体和精神全很不好，黄源兄提议，她可到日本去住一个时期①。上海距日本的路程不算太远，生活费用比上海也贵不了多少；那里环境比较安静，既可以休养，又可以专心读书、写作；同时也可以学学日文。由于日本的出版事业比较发达，如果日文能学通了，读一些世界文学作品就方便得多了。黄源兄的夫人华女士（许粤华——引者注）就正在日本专攻日文，还不到一年，已经能够翻译一些短文章了。何况有华夫人在那里，各方面全能够照顾她……

　　经过反复研究商量，最后我们决定了：她去日本，我去青岛，暂时以一年为期，那时再到上海来聚合。

（［一］注②）

　　实藤惠秀在《中国人日本留学史》（くろしお出版，1960年3月，1970年10月增补版）中指出，"九一八"事变和第二年1月28日的第一次"上海事变"给当时的留日学生带来巨大冲击。尤其是东北出身的留学生对此十分震惊，据说有超过一百名学生立即抗议回国。留下的学生也通过集体罢课等方式进行抗议活动。不过这并没有持续很久，上海

---

① 黄源也在1928年到1929年的暑假期间住在东京学习日语（黄源《黄源回忆录》，浙江人民出版社，2001年9月）。
② ［　］内为收录在《萧红注释录》中萧红书简上的标号，"注"指萧军对书简所作的注释。

的战火结束后，不但有人重返学校，还有新来日本留学的人。这种现象一直持续到1933年以后，1936年、1937年留日学生达到顶峰，有五千到六千人。实藤氏认为其中的原因在于"中国人中兴起了日本研究热潮和汇率方面对中国人的利好"。1936年7月萧红来日时汇率是一百元兑一百零四日元。

萧红为何在这一时期孤身前往日本呢？一般认为，其中最重要的原因是她与萧军的爱情生活出现了裂痕。萧红身心状态都不太好，这也可以从前文所述许广平的回忆中看出。再次引用相关部分。

> 萧红先生文章上表现相当英武，而实际多少还富于女性的柔和，所以在处理一个问题时，也许感情胜过理智。有一个时期，烦闷、失望、哀愁笼罩了她整个的生命力，然而她还能振作一时，替刘军先生整理、抄写文稿。有时又诉说她头痛得厉害，身体也衰弱，面色苍白，一望而知是贫血的样子。（中略）萧红先生无法摆脱她的伤感，每每整天地耽搁在我们寓里。
>
> （《追忆萧红》）

即便在这种状况下，萧红依然认为一个人生活更好，这是为何呢？一般认为，萧红之所以将目的地选为日本，一方面是由于与自己亲近的黄源夫人在那里，另一方面还因为弟弟张秀珂作为伪满洲国留学生在日本留学。可是，实际上在萧红来到日本一个多月后的8月份，由于黄源父亲病重，黄源夫人难以得到经济资助，不得不迅速回国；而萧红最终也没有见到张秀珂。萧红被一个人留在陌生的东京，即便如此，她也想待够预期的一年时间。的确，萧红认为，对于此时的两人，暂时分居是最好的办法。但是与此同时，萧红在东京以几天一封信的频率频繁给萧军写信，信中表现出了对丈夫无微不至的关心，这份情感也很难让人觉得是虚伪的。

《萧红注释录》里收录了萧红回国三个月后孤身前往北京时给萧军写的七封信和萧军写给萧红的四封信。从注释中可以看出，萧军承认他们在爱情方面出现了些问题，但是他认为那些问题发生在萧红去东京之后。

在爱情上曾经对她有过一次"不忠实"的事——在我们相爱期间，我承认她没有过这不忠的行为的——这是事实。那是她在日本期间，由于某种偶然的际遇，我曾经和某君有过一段短时期感情上的纠葛——所谓"恋爱"——但是我和对方全清楚意识到为了道义上的考虑彼此没有结合的可能。为了要结束这种"无结果的恋爱"，我们彼此同意促使萧红由日本马上回来。

（［三十九］注1978年9月19日）

萧红回国之后不久就孤身前往北京，萧军在她从北京寄来的信（4月27日写，5月2日到）的回信里这样写道：

踏着和福履路并行的北面那条路，我唱着走回来。天微落着雨。

昨夜，我是唱着归来，
——孤独地踏着小雨的大街。
一遍，一遍，又一遍……
全是那一个曲调：
"我心残缺……"
我是要哭的！……
可是夜深了，怕惊扰了别人，
所以还是唱着归来：
"我心残缺！……"

我不怨爱过我的人儿薄幸，

却自怨自己的痴情！

吟，这是我作的诗，你只当"诗"看好了，不要生气，也不要动情。

在送你归来的夜间，途中和珂（萧红的弟弟张秀珂——引者注）还吃了一点排骨面。回来在日记册上我写了下面几句话：

"这是夜间的一时十分。

她走了！送她回来，我看着那空旷的床，我要哭，但是没有泪，我知道，世界上只有她才是真正爱我的人。但是她走了！……"

吟，你接到这封信，不要惦记我，此时我已经安宁多了。不过，过去这几天是艰难地忍受过来了！于今我已经懂得了接受痛苦，处理它，消灭它，……

（1937年5月2日）

从那时萧红的信中也可以看出那种激烈的挥之不去的焦躁。

昨天又寄一信，我总觉（得）我的信都寄得那么慢，不然为什么已经这些天了还没能知道一点你的消息？其实是我个人性急而不推想一下邮便所必须费去的日子。

（中略）

我虽写信并不写什么痛苦的字眼，讲话也尽是欢快的话语，但我的心就像被浸在毒汁里那么黑暗，浸得久了，或者我的心会被淹死的。

（中略）

这几天我又恢复了夜里害怕的毛病，并且在梦中常常生起死的那个观念。

痛苦的人生啊！服毒的人生啊！

197

（中略）

我哭，我也是不能哭。不允许我哭，失掉了哭的自由了。我不知为什么把自己弄得这样，连精神都给自己上了枷锁了。

这回的心情还不比去日本的心情，什么能救了我呀！上帝！什么能救了我呀！我一定要用那只曾经把我建设起来的手把自己来打碎吗？

（［三十九］1937年5月4日）

从北京到上海寄信要花好几天，写上面这封信时，应该还没有看到萧军2号写的信。另一方面，萧军5月8号的信应该是对上述第三十九封信的回复，里面这样写道：

对无论什么痛苦，你总应该时时向它说："来吧！无论怎样多和重，我总要肩担起你来。"你应该像一个决斗的勇士似的对待你的痛苦，不要畏惧它，不要在它面前软弱了自己，这是羞耻！（中略）只要你回头一想想，多少波涛全被我们冲过来了。同样，这眼前无论什么样的艰苦的波涛，也一样会冲过去，将来我们也是一样地带着轻蔑和夸耀的微笑，回头看着它们。——现在就是需要忍耐。（中略）

前信我曾说过，你是这世界上真正认识我和真正爱我的人！也正为了这样，也是我自己痛苦的源泉。也是你的痛苦的源泉。可是我们不能够允许痛苦永久啮咬着我们，所以要寻求、试验各种解决的法子。就在这寻求和解决的途程中那是需要高度的忍耐，才能够获得一个补救的结果。

（1937年5月8日）

冈田英树根据下述许广平的证言和萧红的诗《苦杯》，认为无可否认，两人之间存在着爱情问题，这是萧红去东京的原因之一（《孤独中的奋斗——萧红的东京时代》)。

但每天来一两次的不是他（萧军——引者注），而是萧红女士。因此我不得不用最大的努力留出时间在楼下客厅陪萧红女士长谈。她有时谈得很开心，更多的是勉强谈话，而强烈的哀愁时常侵袭上来，像用纸包着水，总没法不叫它渗出来。自然萧红女士也常用力克制，却转像加热在水壶上，反而在壶外面满都是水点，一些也遮不住。

终于她到日本去了。直至鲁迅先生死后才回到上海来。

（许广平《忆萧红》）

带着颜色的情诗，
一只一只是写给她的，
像三年前他写给我的一样。
也许人人都是一样，
也许情诗再过三年他又写给另外一个姑娘！

昨夜他又写了一只诗，
我也写了一只诗，
他是写给他新的情人的，
我是写给我悲哀的心的。

（中略）

泪到眼边流回去，
流着回去浸食我的心吧！
哭又有什么用！
他的心中既不放着我，

199

哭也是无足轻重。

(《苦杯》①)

冈田认为"这种延绵不断的抑郁的喃喃自语，正是许广平所说的'强烈的哀愁'"，"不过，不能将萧红渡日的动机全都归于与萧军的爱情问题"，他们"经由贫困和流浪最终获得的安定时期（上海时代）反而加大和加深了两人性格的差异"，由此所带来的裂痕才是最大的原因。而且，对于萧红从东京向萧军所寄的书信之多和写在其中的关心对方的话语之多，冈田认为"是萧红特有的不示弱的'好胜'的体现，或许应该将它理解为出自一个让萧军烦恼的嘴碎的'小大人'之口的话"，在此基础上，他对萧红出行东京的动机和实际生活下了如下结论。

由于与萧军精神上的纠葛，萧红感到疲惫不堪，为了构建被"自由和舒适""平静和安闲"所包围的微小的"黄金时代"来到日本。但是，语言不通，也没有亲近的朋友。本想依靠的华夫人早已离开日本，与弟弟张秀珂也没见成，而且身体一次次不适，然而萧红一味忍耐着孤独。不，甚至有些地方可以看出是她自己主动寻求孤独的。

（中略）

萧红通过工作反击偶尔袭来的刺骨的孤独和不安。拒绝与外界的一切接触，专心于日语学习与创作活动，这就是东京时代的萧红。

(《孤独中的奋斗——萧红的东京时代》)

如果将萧红去东京的原因全归于与萧军之间的爱情问题，就很难

---

① 上海沦陷后，萧红与萧军一同离开上海时寄存在许广平处的用日语写着"我的文集（私の文集）"的一个笔记本上写着的诗。虽不能断定，但这首诗很有可能是在东京完成的。

解释她从东京寄来的信件的数目和写在其中的关心萧军的话语之多。在这一点上，笔者基本赞同冈田的看法。

笔者与冈田见解有些不同的地方在于，鲁迅的去世给东京时期的萧红所带来的冲击的大小。上述引文中的"自由和舒适""平静和安闲""黄金时代"都是萧红第二十九封信（1936年11月9日）中可见的词语，但是考虑到第二十九封信写于萧红到东京大约四个月后，而且是自己敬爱的导师鲁迅死后，那么这些话所表明的并非她当初来到东京的目的，而应该将其视作无论如何都要从失去鲁迅这一精神支柱的强烈的哀愁中恢复过来的"好胜"。

从第七封信（1936年8月27日）可以看出，萧红来到东京后，住在距离现在的中央线饭田桥站往南三百五十米远的一个叫作"东京麹町区富士见町二丁目九一五　中村方"的地方。但是昭和九年（1934年）3月20日发行的《东京市麹町区详图》中没有"九一五"的牌号，笔者于1983年调查发现附近根本没有叫"中村"的住户（《有关萧红在东京事迹调查》）。

笔者在此想借助萧红书简和她在东京时代写的两篇散文《在东京》（1937年8月）、《孤独的生活》（1936年8月9日），再现萧红眼中"二二六"事件发生的这一年东京的情形。

来东京后，萧红住在民房二楼的一个有六张榻榻米大的房间，初次看到榻榻米的萧红形容说"像住在画的房子里面似的"。第十四封信（1936年9月10日）中附有萧红自己画的房间简图。角度是从房间里面看入口处，正面是日式拉门，左边是挂着珠帘的纸拉窗。本来房间里仅有一张桌子和一把藤椅（［二］1936年7月21日），纸拉窗旁边的柱子上挂着"我带来的镜子"。在日式拉门的拉手旁边标有注释：

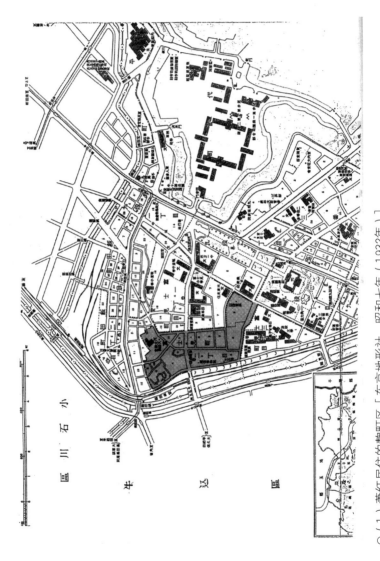

○（1）萧红居住的麴町区［东京地形社，昭和七年（1932年）］。

注：书中所引日本街区图为保留原貌，均未译出。——编注

（２）麹町区富士見町二丁目［内山模型製図社，昭和九年（1934年）］。

"这是纸门上的小坑，一拉即开"。后来，东西越来越多，先买了几张画挂在墙上（［二十三］1936年10月20日、［二十九］1936年11月19日），又买了草褥当沙发（［二十三］1936年10月20日），到11月天气渐冷，买了火盆（［二十九］1936年11月19日）。此外，从第二十九封信来看，小圆桌上好像还铺着桌布。这个房间的隔壁住着一个日本老妇人（［二十九］1936年11月19日），有时她会听到筝的声音（［二十五］1936年10月29日），或许就是这个老妇人弹的。楼下住着房东一家，最早和她成为朋友的是房东五岁的孩子（［七］1936年8月27日）。这张房间的简图画在"生长之家"（「生長の家」）的信纸上。"生长之家"是当时正在扩展势力的新兴宗教，战争时期宣扬天皇中心主义，全力鼓吹战争。萧红不可能同"生长之家"有什么关系，估计这信纸是房东给她的。

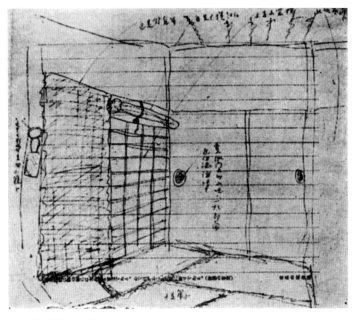

○ 萧红所画房间简图。

资料来源：萧红书简第十四封信。

房东待人亲切，时常给萧红一些方糖、花生、水果和一盆花等物（［十八］1936年9月19日）。另外萧红买来火盆后，从房东那里借来锅，跟房东的孩子一起煮饭吃（［二十九］1936年11月19日）。还有一次，警察过来找麻烦，房东为了萧红阻止他们进房间（［十五］1936年9月12日）。

从萧红的住处向南走过九段[①]的坡，是现在的北之丸公园一带。当时这里驻扎着近卫步兵第一、第二连队，周围有宪兵司令部、宪兵队宿舍和军人会馆等，但是她的文章却对此只字未提。她这样描述现在是外濠公

○（1）萧红弟弟张秀珂。

资料来源：曹，2015。

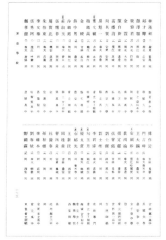
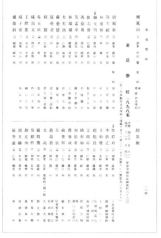

（2）东亚学校留日学生名单，内有张秀珂的名字。

---

① 日本地名，靖国神社附近。——译注

205

园一带的住所北边的风景。

> 在我住所的北边，有一带小高坡，那上面种的或是松树，或是柏树。它们在雨天里，就像同在夜雾里一样，是那么朦胧而且又那么宁静！好像飞在枝间的鸟雀羽翼的音响我都能够听到。

（《在东京》）

萧红为何将这里选作住处，我们不得而知。但是从书信的文字中，能够推测出黄源夫人好像住在附近（［三］1936年7月26日）。①而且，从这里步行至之后萧红就读的地处神保町的东亚学校的路程也不远。由于张秀珂在东亚学校学习，所以萧红可能最初就打算来这所学校。曹革成提到，张秀珂的家也在神保町，或许她心里也惦记着这个（曹，2005）。当时富士见町附近住着许多亚裔外国人，可能也有这方面环境的影响。

9月14日起，萧红开始去东亚学校学习日语。学校位于神田区神保町二-二〇号。平野日出男《松本龟次郎传》（『松本龟次郎伝』，静冈县出版文化会，1982年4月）中详细记录了东亚学校的历史。松本龟次郎是1866年出生在静冈县的教育家，曾执教于宏文学院。1914年，在神田猿乐町五番地投资设立"东京高等预备学院"。最初设立时叫作"日华同人共立·东亚高等预备学校"，好像是为了纪念湖南省留学生曾横海，松本是因为他的关系才从事留学生教育事业的［松本龟次郎《中华留学生教育小史》（『中華留学生教育小史』，东亚书房，1931年）］同年12月，东京府知事认定该校为私立学校，之后，在各方的支援和捐助下发展顺利，1920年3月受到财团法人支持。

---

① 根据曹革成的说法，萧红初到东京时，在富士见町与许（曹革成说是奥华）住在一起（曹，2005）。

常年在校生达到一千名以上。周恩来（1898—1976）也于1917年在这所学校学习过。但是，1923年关东大地震中校舍被烧毁，学校经济困窘；1925年，学校合并转让给财团法人日华学会。萧红来日本前一年，1935年，"东亚高等预备学校"改名"东亚学校"。

从萧红住的富士见町到当时的神保町二丁目步行需要二十分钟左右，途经一条"黑色的河"，这条河很像上海的徐家汇。① 学生们全是中国人（［十四］1936年9月10日），教师基本上用日语讲课（［三十二］1936年12月15日）。刚上学时，为了赶上进度，即使胃疼得厉害她也坚持上课（［十九］1936年9月21日），每天学习六七个小时（［二十二］1936年10月17日），后来成绩逐渐好起来（可是，她还没能读懂报道鲁迅去世的消息的日文报纸——［二十三］1936年10月20日），她得意地在信上写着能够听懂很多话，还可以跟房东交涉房子的事情（［三十二］1936年12月25日）。冈田英树对萧红就读时的东亚学校的情形做了详细调查（《孤独的奋斗——萧红的东京时代》序言）。据此，当时的东亚学校"占了全体预备学校学生总数的百分之六十八之多，是日语教育的中心"。而且，冈田依据《东亚学校沿革概评》（「東亜学校沿革概評」，〈日華学報〉55号）指出，学校的入学时间每年有4月和9月两次，进而详细比较了昭和十一年10月31日东亚学校的"年级学生人员"（〈日華学報〉57号）和萧红的书信记录，指出"萧红没有赶上9月5日开课的一班到五班的班级，应该是在14日开课的下午班中的七班或者八班中"。

----

① 她常常去神保町的书店街。沿途看见有条河，散发着黑水的气味，河上的破船中坐着身穿破衣服的女人和小孩，让她想起上海的徐家汇。这里现在成了东京高速公路五号线下的阴沟。"那地方（神保町——引者注）的书局很多，也很热闹，但自己走起来也总觉得没什么趣味，想买点什么，也没有买，又沿路走回来了。觉得很生疏，街路和风景都不同，但有黑色的河，那和徐家汇一样，上面是有破船的，船上也有女人、孩子。也是穿着破皮衣裳。并且那黑水的气味也一样。"（［五］1936年8月17日）

（三）

　　萧红每天早饭和晚饭都在外面吃，中午简单吃点面包什么的。每天去澡堂称体重，不知道有没有泡澡。到了晚上，夏天就吊着蚊帐睡觉。她在信中提到，东京的蚊子很大，之前从没见过这么大的（［七］1936年8月27日）。看过几次电影，好像没有去过银座等繁华的地方和观光胜地。到了9月，她一个人坐了几次高架电车（中央线或者总武线）去看朋友（［十九］1936年9月21日）。她天真地感叹说这种电车很快，而且还要钻好几次隧道。为了确认鲁迅去世的消息，她去见了住在东中野的自己唯一的熟人（《在东京》）。有一次她迷路了，就把东亚学校附近商店上空飘着的大气球当作目标，安全回家。她得意地向萧军讲了这件事情（［十九］1936年9月21日）

　　虽然她常常苦于头痛和腹痛，但是总体来看，过得还算舒适。她最喜欢的是这里的安静。

　　我很爱夜，这里的夜，非常沉静，每夜我要醒几次的，每醒来总是立刻又昏昏地睡去，特别安静，又特别舒适。早晨也是好的，阳光还没晒到我的窗上，我就起来了，想想什么，或是吃点什么。

（［十九］1936年9月21日）

　　刚来日本时，她非常介意木屐的声音。这或许也象征了她的不安和焦躁。

　　昨天到神保町的书铺去了一次，但那书铺好像与我一点关系也没有，这里太生疏了，满街响着木屐的声音，我一点也听不惯这声音。这样一天一天的我不晓得怎样过下去，真是好像充军西伯利亚一样。

208

比我们起初来到上海的时候更感到无聊，也许慢慢地就好了，但这要一个长的时间，怕是我忍耐不了。

（［三］1936年7月26日）

初来日本，萧红自然对城市还不熟悉，语言也不通，不能一个人随意外出。后来，萧红逐渐扩大了行动范围。来日本一个月之后，她"第一次自己出去走个远路"，来到神保町（［五］1936年8月17日）。9月4日的信（［十一］）中写着还没有坐过交通工具，步行也只去过神保町。9月8日的信中说去看了东亚补习学校，好像是一个人去的（［十三］1936年9月9日——提到自己看不懂招生广告上的内容）。不过，从她的住所到学校，应该比到神保町要近些。后来在21日的信（［十九］1936年9月21日）中，提到她已经一个人坐了好几次高架电车了。由此可见，萧红在逐步扩大行动范围。

信上还提到生活费等事情。萧军曾说，《八月的乡村》和《生死场》的版税有二三百元，两人分了这些钱，分别用作去青岛和去东京的资金（［一］注）。不过，萧红好像钱不够用，好几次写信要萧军寄钱。现存书信中，她要求寄钱的日期、萧军寄来的金额以及萧红的用途摘出如下：

9月10日　（向东亚学校交学费。三个月包括教材费在内是二十一到二十二日元。）①

9月21日　（小毛衣：两日元五十钱。）

10月13日　手头上还有三十多日元，想买外套，希望月底寄来钱。

---

① 昭和十一年（1936年）赤堀料理学院的学费为六日元，一个月四次课，材料费另计。参见《新价格风俗史》（『新値段の風俗史』，朝日新闻社，1990年）。

（看电影。[1]）

10月20日　（毛料洋装：六日元，草褥：五日元。）

现在手上仅有不到二十日元。需要把回国的路费留在手里，希望月底寄来钱。

10月21日　（前些日子买了一本画册。）

10月29日　四十一日元二十五钱的汇票收到。

买了外套。余下的钱，11月大概不够。需要把路费留在手中，请再寄一百日元。

11月6日　四十日元的汇票收到。

11月9日　（送萧军和黄源每人一副手套。）

11月17日　（买了火盆。）

11月19日　五十日元的汇票收到。

可以撑到明年1月末。

（买了三张画。）

11月24日　（讲演会：五十钱。）

12月2日　汇票收到（金额不明）。

　　萧红要求寄来一百日元，萧军在11月6日和19日分两次共寄来九十日元。由此可见，钱是萧军努力筹来的。信中记录的汇票金额合计大约一百四十日元，再加上12月2日寄来的钱和当初来日本时带来的钱，一共三百日元左右。她说一个月需要五十日元生活费（［三十］1936年11月24日），此外还需要学费和往返的路费，所以可能额外还有定期的汇款。[2]当时日本一般工薪阶层的实际月收入平均为九十二日元

---

① 昭和八年（1933年）电影院首轮放映的电影票价为五十钱，十四年（1939年）为五十五钱。参见《价格风俗史》（『值段の風俗史』，朝日新闻社，1981年）。

② 曹革成提到，黄源记下了当时萧红所得的稿费等情况，有10月29日41元、11月6日41元、11月19日50元等，可谓收入颇丰（曹，2005）。

二十三钱，月支出是八十二日元四十六钱［内阁统计局《家庭收支调查》(「家計費調査」，昭和十一年）］。关于当时的房租，有一个略旧的数据。按照昭和三年（1928年）6月1日东京市统计科所做的《关于市内营业公寓的调查》(「市内営業下宿に関する調査」)，六张榻榻米大小的房间租金为每月十二日元五十钱，一天两餐的伙食费是一个月十八日元九十三钱，三餐是二十二日元三十五钱，另外还有电费、木炭费，与当时的物价相比价格是相当高的。萧红好像没有要伙食，她说到早饭要一钱，晚饭要两钱或者一钱五厘（［七］1936年8月27日）。当时更级①的小笼屉荞麦面条据说要十到十三钱，一份咖喱饭要十五到二十钱，普通的炸虾大碗盖饭要四十钱［《昭和家庭史年表》(『昭和家庭史年表』河出书房新社，1900年）及《续价格风俗史》(『続値段の風俗史』)、《新价格风俗史》]。由此看来，萧红在伙食方面相当节俭。但是，她一边说生活费不够，一边又买了不少东西。特别是第一次请求寄钱后，或许是发出请求后放心了些，她在10月20日的信中提到总共花了十一日元买东西，剩下还不到二十日元。此外，还说学校第一学期结束后想请家庭教师（［二十六］1936年12月20日）。从这些事实来看，萧红好像是一个缺乏经济观念的人。另外信中还提到旧货店里的滑冰鞋是八到十一日元（她说这很便宜），滑冰场的费用是一个小时五十钱（她说这很贵）(［二十九］1936年11月19日）。

萧红在信上频繁提到想留下回国的费用，我们来计算一下当时从上海到东京的路费吧。一般认为，萧红乘坐日本邮船"长崎号"或者"上海号"，经长崎抵达神户，从神户坐火车来到东京。从上海到长崎大约要一天的时间，从长崎到神户也要一天，坐火车从神户到东京还要一天。那么，7月17日从上海出发，18日到达长崎（［一］1936年7月18日），20日左右就能到东京，21日可以找好住处（［二］1936

---

① 日本一有名的荞麦面馆。——译注

年7月21日）。如果是这条线路的话，按照最便宜的三等舱价格，上海
到神户是十八日元，神户到东京是六日元二十一钱，共计二十四日元
二十一钱〔《列车轮船旅行指南》（「汽車汽船旅行案内」第四九二号，
1935年10月）；《复刻版昭和战前时刻表》（『復刻版昭和戰前時刻表』，
新人物往来社，1999年3月）〕不过萧红回国好像没有走这条线路。按
照高原的回忆（《离合悲欢忆萧红》1980年12月），萧红1月12日在"秩
父号"上航行。"秩父号"也是日本邮船的客船，在香港和旧金山之间
航行，途中停靠上海和横滨。如果是这条船的话，从上海到横滨要花
五六天时间，最便宜的票要二十四日元。[①]

萧红在信中还多次提到"工作"。

第三封信（7月26日）　没有跟黄源夫人去图书馆，想在家写点
什么。

第四封信（8月14日）　向上海发出一篇小说，两篇短文。
计划再写一篇短文，结束后准备写长篇。

第七封信（8月27日）　开始写一个三万字的短篇，准备寄给《作
家》10月号。
写完童话。

第八封信（8月30日）　打算写满十页稿纸。

第九封信（8月31日）　打破纪录，超出十页稿纸，三万字的作品
已经写了二十六页。

---

① 不过从当时的时刻表来看，"秩父号"登记的航线只有从香港到旧金山单程，回行
时应该不载客吧（《列车轮船旅行指南》）。

第十封信（9月2日） 稿子写到了四十页，由于腹痛，只好停下。

第十一封信（9月4日） 写到五十一页。

第十二封信（9月6日） 黄源请求给《十年》写稿。

第十三封信（9月9日） 稿子已经寄出。

第十五封信（9月12日） 好久未创作。

第十六封信（9月14日） 十天写了五十七页稿纸。

第十八封信（9月19日） 全力投入童话创作。

第二十二封信（10月17日） 答应为《十年》写稿。

第四十三封信（10月24日）《海外的悲悼》。

第二十五封信（10月29日） 童话还未开始写，太难。

开始写一个两万字的作品。

第二十八封信（11月9日） 短篇还没写完。

第三十封信（11月24日） 有时写些短篇，打算寄给黄源。

以下是萧红在东京写成的作品。

题名	体裁	字数（大概数目）	执笔时间	初次发表	收录作品集
孤独的生活	散文*	1 900	1936年8月9日	《中流》1-1（1936年8月20日）	牛车上**
异国	诗	10行	1936年8月14日	未发表***	
王四的故事	小说	3 200		《中流》1-2（1936年9月20日）	牛车上
红的果树园	小说	1 800	1936年9月	《作家》1-6（1936年9月15日）	牛车上
牛车上	小说	7 300		《文季月刊》1-5（1936年10月1日）	牛车上
家族以外的人	小说	25 800	1936年9月4日	《作家》2-1、2-2（1936年10月15日、11月15日）	牛车上

续表

题名	体裁	字数（大概数目）	执笔时间	初次发表	收录作品集
海外的悲悼	书简	500	1936年10月24日	《中流》1-5（1936年11月5日）	
女子装饰的心理	散文	1 500		《大沪晚报》（1936年10月29、30日）	
亚丽	小说	2 700		《大沪联报》（1936年11月16日）	
永久的憧憬和追求	散文	800	1936年12月12日	《报告》1-1（1937年1月10日）	
砂粒	诗	113行	1937年1月3日	《文丛》1-1（1937年3月15日）	
感情的碎片	散文	600		《好文章》7（1937年1月10日）	
在东京	散文	2 900	1937年8月****	《七月》1-1（1937年10月16日）	

* 　两种《萧红全集》（1991版、1998版）都将其置于"小说"类下。

** 　文化生活出版社，1937年5月。

*** 　附在给萧军的书简第四封信后。

**** 　执笔时间依据《萧红全集》（1991版）。如果该日期属实，这篇文章是回国后在上海写成的。但是从内容来看，在东京时至少在某种程度上已经完成。

要想将信中的内容与目前所知的萧红作品一一对应是很难做到的，两者有诸多矛盾之处。比如在第四封信中提到的寄往上海的作品只有可能是散文《孤独的生活》（1936年8月9日）和9月发表在《中流》上的短篇《王四的故事》。另外第七封信中"三万字的短篇"从发表时间和投稿处来看，可以推测出应该是发表在《作家》（1936年10月、11月）上的大约二万六千字的《家族以外的人》。这部作品于9月4日脱稿，第八封信中的十页，第九封信中的二十六页，第十封信中的四十页，第十一封信中的五十一页可能指的就是它。但是萧红东京时代的作品中，篇幅第二长的作品是大约七千三百字的《牛车上》。第十六封信中写的"十天写了五十七页"虽然未必是一部作品，但是第二十五封信中"两万字的作品"指的是什么呢？而且，第十五封信中写了"好久未创作"，为何在仅仅两天后的第十六封信中又写"十天写了五十七页"呢？也有可能有因为这一天清晨有警察来找麻烦，所以"好久未创作"指的是"从早上开始一直未创作"的意思。也不能否认可能有在投稿前丢失或者投稿后还未被发现的作品。信中多次提到的"童话"指的又是什么呢？在中文中"童话"可以指"为小孩写的作品"，也可以指"小时候的故事"，如果是后者的话，那很有可能是《呼兰河传》之后写的《家族以外的人》和《王四的故事》①。

　　童话未能开始，我也不作那计划了，太难，我的民间生活不够用的。现在开始一个两万字的，大约下月五号完毕。之后，就要来一个十万字的了，在十二月以内可以使你读到原稿。

（［二十五］1936年10月29日）

　　为躲避战火，在武汉避难时写下的十四万字左右的《呼兰河传》或许在这时已经有了具体的构想。②第十二封信中和第二十二封信中提到的为《十年》写的稿件篇目不明。

（五）

　　在考虑萧红东京时代的创作活动时，应将1936年10月19日鲁迅的逝世，视为一个巨大的转折点。第二天，10月20日，日本的报纸报道

---

① 《王四的故事》中的主人公是在一户人家中工作的厨师，这让人想到《家族以外的人》中出场的有二伯的厨师伙伴。

② 蒋锡金说萧红来到武汉寄居他家时在写《呼兰河传》，由此推测她可能是在1937年12月左右开始写的（《萧红和她的〈呼兰河传〉》）。

了鲁迅逝世的消息。萧红在报纸上看到这则消息，但是由于看不懂日语，她怀疑是鲁迅要来日本（［二十三］1936年10月20日）。但还是觉得有些不安，第二天即21日，去找朋友确认，对方说她看错了，应该不是去世。即使如此，前几天买的那本准备送给鲁迅的画册她还是准备暂时留在手头（［二十四］1936年10月21日）。萧军推测说这或许就是预感。萧军在鲁迅逝世后，可能忙着葬礼的事情吧[1]，没有写信的心情，又或者他没有勇气直接将这个消息告诉萧红（［四十三］[2]注）。萧红到22日才在中国报纸上确认鲁迅逝世（［四十三］1936年10月24日）的消息。

我看到有一张报纸的标题是鲁迅的"偲"。这个"偲"字，我翻了字典，在我们中国的字典上没有这个字。而文章上的句子里，"逝世，逝世"这字样有过好几个，到底是谁逝世了呢？因为是日文报纸看不懂之故。

第二天早晨，我又在那个饭馆里在什么报的文艺篇幅上看到了"逝世，逝世"，再看下去，就看到"损失"或"陨星"之类。这回，我难过了，我的饭吃了一半，我就回家了。一走上楼，那空虚的心脏，像铃子似的闹着，而前房里的老太婆在打扫着窗棂和席子的噼啪声，好像在打着我的衣裳那么使我感到沉重。在我看来，虽是早晨，窗外的太阳好像正午一样大了。

（《在东京》）

得知鲁迅去世的消息之后，为了摆脱悲伤，萧红开始写一部两万字的作品。并说，写完了这篇，准备写篇十万字的（［二十五］1936

---

[1] 10月19日当天鲁迅的遗体被运往万国殡仪馆二楼。萧军是负责丧礼事务性工作的"治丧办事处"的一员，与胡风、黄源等共同守护在遗体旁边（《鲁迅先生纪念集》，上海书店，1937年初版复印，1979年12月）。

[2] 第四十三封信，由萧军命名为《海外的悲悼》，发表在《中流》上。

年10月29日）。但是实际上她似乎已经很难专心写作了。

以鲁迅的去世为界，将萧红在这一时期写的除去诗歌之外的作品比较后会发现，前三个月写作的总字数大约有四万字，后面两个半月的字数包括时间上无法确定是在东京完成的《在东京》在内也不过大约九千字而已。即使考虑到她9月开始上日语学校，这个差距也是巨大的。

接着来看看书简。前面提到，虽然每封信长短不一，但是萧红给萧军寄信的频率是很高的。在得知鲁迅去世的消息之后立即写的第四十三封信（《海外的悲悼》）之前，已经留下了二十四封信，而且据萧军说这段时间还收到两封信，记着收到的日期，但是内容已经丢失了，只剩下信封。萧军说海运需要大约一星期，由此推算，这两封信应该分别是在第六封信和第七封信之间以及第十二封信和第十三封信之间寄出去的。这样的话，每两封信的间隔时间就更短了。以下是书信之间的天数。[　]内的数字为间隔的天数（*为内容丢失了的信件的间隔时间）。

第一封信［2］　第二封信［4］　第三封信［18］　第四封信［2］　第五封信［4］

第六封信［4*］　第七封信［2］　第八封信［0］　第九封信［1］　第十封信［1］

第十一封信［1］　第十二封信［2*］　第十三封信［0］　第十四封信［1］　第十五封信［1］

第十六封信［2］　第十七封信［1］　第十八封信［1］　第十九封信［1］　第二十封信［19］

第二十一封信［3］　第二十二封信［2］　第二十三封信［0］　第二十四封信［2］

（鲁迅逝世）

217

第四十三封信（《海外的悲悼》）［4］　第二十五封信［7］　第二十七封信［2］

第二十八封信［9］　第二十九封信［4］　第三十封信［7］　第二十六封信①［3］

第三十一封信［9］　第三十二封信［2］　第三十三封信［13］　第三十四封信［3］　第三十五封信

由此可见，鲁迅逝世之后，每两封信之间的间隔时间比之前长了许多。

首先来看看得知鲁迅逝世的消息之前写的信。我们会发现，第三封信和第四封信之间有十八天，第二十封信和第二十一封信之间有十九天，与其他信的间隔时间相比，这两个间隔时间十分突出。第三封信是7月26日寄出的，里面汇报了弟弟张秀珂16日回国因而没能见到的事情②，还写到了25日去神保町书店的事情。这时，萧红来东京才几天，刚找到住处稳定下来。她抱怨说，"讲一句话的人也没有，看的书也没有，报也没有，心情非常坏，想到街上去走走，路又不认识，话也不会讲。（中略）好像充军西伯利亚一样"，而且"满街响着木屐的声音"，这让她更为焦躁。

---

① 第二十六封信中写到在日本听了郁达夫的讲演，经过铃木正夫的仔细考证，日期"11月2日"应该是"12月2日"的误记或者误读（《〈萧红书简辑存注释录〉和〈郁达夫词抄〉的编集错误》，载《中国文艺研究会会报》第四十号，1983年5月15日）。

② "高中毕业后，我于1936年到日本留学半年多，听说萧红当时也在日本，但我竟未敢去找她，怕特务发觉"（张秀珂《回忆我的姐姐——萧红》）。"她（萧红——引者注）一到东京，就给张秀珂的住处写信，约定第三天下午6点在某饭店见面。那天，萧红5点即等在那里，还穿了一件醒目的红衣裳。最后萧红失望了，早过了约定时间，还未见弟弟身影。萧红不甘心，第二天赶到神保町弟弟的住处，看到了那座小房子。不知是不是语言不通而误了老人的意思，一位日本老太太告诉她，张秀珂月初就离开了东京。"（曹，2005）

十八天之后发出的第四封信，也是对萧军从青岛发出的第一封信的回信，从中能够看出她过着充实的生活。这期间，她写作并发出了一篇小说和两篇"不成形"的散文，共计三篇作品。而且还讲到了自己的决心，"现在又要来一篇短文，这些完了之后，就不来这零碎，要来长的了"，对于萧军发给她的"挑战书（他在青岛有规律的作息表）"，她反驳道，"你以为我在混光阴吗"？附在这封信后的题为《异国》的诗中虽然仍写到了木屐的声音和蝉的鸣声，但是看上去她已经把这些当作异乡的东西接受了。

夜间：这窗外的树声，
　　　听来好像家乡田野上抖动着的高粱，
　　　但，这不是。
　　　这是异国了，
　　　踏踏的木屐声音有时潮水一般了。
日里：这青蓝的天空，
　　　好像家乡六月里广茫的原野，
　　　但，这不是，
　　　这是异国了。
　　　这异国的蝉鸣也好像更响了一些。

这十八天，她接受了异乡，专心写作，好像过得十分充实。

第二十封信写于9月23日。萧红逐渐适应东京的生活，有时会一个人去神保町（［五］8月17日），与房东五岁的孩子成了朋友，每天去澡堂量体重（［七］8月27日），看电影（［十一］9月4日）。不过貌似身体不适的日子有很多，最早写道，"近几天整天发烧，也怕是肺病的（样）子，但自己晓得，绝不是肺病。可是又为什么发烧呢？烧得骨节都酸了！本来刚到这里不久夜里就开（始）不舒服，口干、胃涨……

近来才晓是有热度的关系。（中略）假若精神和身体稍微好一点，我总就要工作的，因为除了工作再没有别的事情可做的。可是今天是坏之极，好像中暑似的，疲乏、头痛和不能支持。不写了，心脏过量地跳，全身的血液在冲击着"（〔六〕8月22日）。后来又断断续续地写道，"二十多天感到困难的呼吸，只有昨夜是平静的，所以今天大大的欢喜"（〔八〕8月30日），"这样剧烈的肚痛，三年前有过，可是今天又来了这么一次，从早十点痛到两点。虽然是四个钟头，全身就发抖了"（〔十〕9月2日），"身体不大好，将来或者治一治。那天的肚痛，到现在还不大好"（〔十二〕9月6日），"胃还是坏，程度又好像深了一些，饮食我是非（常）注意，但还不好，总是一天要痛几回"（〔十三〕9月9日）。终于，在9月17日的第十七封信中提到，由于身体不行，说不定哪天就要回国。

萧红本打算9月14日开始到日语学校学习（〔十四〕9月10日），可是不知经由什么途径，受到怎样的嫌疑，突然被日本的便衣警察找上门（〔十五〕9月12日），这件事情已经在前面提到过。早上，萧红还没起床，警察不顾房东的制止，强行闯入房间。萧红气愤地说："我主要的目的是创作，妨害它——是不行的。"另外还提醒萧军不要在信封上写青岛的地址，朋友写来的信也请萧军转寄。这个警察好像在此之后也纠缠着她，第二十三封信（10月20日）中提到大概被跟踪了些日子。

或许也有这件事情的影响，或许是对健康失去了信心，萧红在逗留和回国之间摇摆不定。第七封信（8月27日）中写道"我可不想你呢，我要在日本住十年"，这是因为萧军担心她在异国住不惯，让她如果忍受不了就回来（〔七〕注），她对此说的逞强的话。不过稍微适应了些之后，她也写了些文章，心情又变成了"我不回去的，既然来了，并且来的时候是打算住到一年"（〔十二〕9月6日）。第十七封信（9月17日）中，一方面说身体不好可能回去，一方面又说"我还很爱这里，假若可能我还要住到一年"。但是第二十封信（9月23日）中，萧红收到萧军的信后，流露出"既接到信，也总是想回的"的想法。

第二十封信（9月23日）和第二十一封信（10月13日）之间隔了十九天，是在东京期间最长的空白期，这是什么原因呢？根据萧军对第二十封信和第二十一封信所作的注释，他在收到第二十封信后，离开待了两个月的青岛，到北方旅行。本来打算立即回上海，不过得知有个老朋友在天津，就决定马上去见面。而且顺便又去了张店和北京，10月13日才回到上海。第二十一封信是18日在上海收到的。第二十一封信中萧红写道，"你的精神为着旅行很快活吧"，由此可见，萧红应该是了解萧军的计划的。在那之后10月17日写给黄源的信上，问到萧军有没有回上海，还写着自己一天学习六七个小时的日语。第二十一封信中，萧红一边写道"近一个月（或许指的是萧军去旅行的这段时间，也就是这十九天的空白期——引者注）来，又是空过的，日子过得不算舒服"，一边又下定决心说"我不回去了，来回乱跑，啰啰嗦嗦，想来想去，还是住下去吧！若真不得已那是没有法子。不过现在很平安"。这十九天，萧红一定是将精力全部投入到了日语学习中，因此很难有时间进行创作。

在她好不容易适应了环境［第二十四封信（10月21日）中提到，在一个地方住久了总是开心些，心情上想要去装点下房间］，即使没能进行创作也能在学习日语的目标中找到干劲的时候，传来了鲁迅的死讯。

开始学习日语后，萧红感到自己的世界逐渐打开了。比如在第十九封信（9月21日）中，她得意地说，自己已经一个人坐了几次高架电车，有一次迷路了，按照朋友告诉她的标志，又一个人回来了。第二十三封信（10月20日）中提到自己有心情装饰房子。第二十四封信（10月21日）中提到在夜市的小摊子上自己带的钱不够，欠了六钱。鲁迅去世后，也提道"日语懂了一些了"（［二十五］10月29日），"自己以为日语懂了一些，但找一本书一读还是什么也不知道"（［二十八］

221

11月9日），还讲到向不懂中文的房东借来锅，用刚买来的火盆烧了菜，与房东的孩子一起吃的事情，以及发生大地震时隔壁老太婆来唤她的事情（［二十九］1936年11月19日）。不过，这些事情就好似一种排遣。由于失去了鲁迅，而且自己不能在场与朋友们一起分担悲伤，她有种被甩下了的感觉。为了从这种情感中挣脱出来，她转而拿笔写作，可是又不顺利，不得已通过勤奋学习日语来排遣悲哀。

下面这篇文章提到萧红虽然隐约察觉到了鲁迅去世的消息，但是仍然不敢相信，从外面回来时的情景。

那天，我走在道上，我看着伞翅上不住地滴水。

"鲁迅是死了吗？"

于是心跳了起来，不能把"死"和鲁迅先生这样的字样相连接，所以左右反复着的是那个饭馆里下女的金牙齿，那些吃早餐的人的眼镜，雨伞，他们好像小型木凳似的雨鞋；最后我还想起了那张贴在厨房边的大画，一个女人，抱着一个举着小旗的很胖的孩子，小旗上面就写着："富国强兵"；所以以后，一想到鲁迅的死，就想到那个很胖的孩子。

我已经打开了房东的格子门，可是我无论如何也走不进来，我气恼着：我怎么忽然变大了？

女房东在瓦斯炉旁斩断一根萝卜，她抓住了她白色的围裙开始好像鸽子似的在笑："伞……伞……"

原来我好像要撑着伞走上楼去。

她的肥胖的脚掌和男人一样，并且那金牙齿也和那饭馆里下女的金牙齿一样。日本女人多半镶了金牙齿。

（《在东京》）

对女房东抱有的好感，至此烟消云散。萧红这时对她只有厌烦。

萧红的焦躁，甚至也转向了女房东那长着"很可爱，黑的，好看的大眼睛"（［七］1936年8月27日）的孩子。

我知道鲁迅先生是死了，那是二十二日，正是靖国神社开庙会的时节。我还未起来的时候，那天天空开裂的爆竹，发着白烟，一个跟着一个在升起来。隔壁的老太婆呼喊了几次，她阿拉阿拉地向着那爆竹升起来的天空呼喊，她的头发上开始束了一条红绳。楼下，房东的孩子上楼来送我一块撒着米粒的糕点，我说谢谢他们，但我不知道在那孩子脸上接受了我怎样的眼睛。因为才到五岁的孩子，他带小碟下楼时，那碟沿还不时地在楼梯上磕碰着。他大概是害怕我。

（《在东京》）

她还提到了学校里的事情。有一次，有位日本老师问大家对鲁迅的意见。这位老师曾学过中国的古文和诗，而且能讲一口流利的北京话。有一个常常写旧诗、以文人自居的男学生立即站起来，这样回答：

"我说……先生……鲁迅，这个人没有什么，没有什么了不起的，他的文章就是一个骂，而且人格上也不好，尖酸刻薄。"

他的黄色的小鼻子歪了一下。我想用手替他扭正过来。

一个大个子，戴着四角帽子，他是"满洲国"的留学生，听说话的口音，还是我的同乡。

"听说鲁迅不是反对'满洲国'的吗？"那个日本教员，抬一抬肩膀，笑了一下，"嗯！"

（《在东京》）

文章中还提到一个女学生，班上只有她一个人参加了日华学会举办的鲁迅追悼会。

过了几天，日华学会开鲁迅追悼会了。我们这一班中四十几个人，去追悼鲁迅先生的只有一位小姐。她回来的时候，全班的人都笑她，她的脸红了，打开门，用脚尖向前走着，走得越轻越慢，而那鞋跟就越响。她穿的衣裳颜色一点也不调配，有时是一件红裙子绿上衣，有时是一件黄裙子红上衣。

这就是我在东京看到的这些不调配的人，以及鲁迅的死对他们激起怎样不调配的反应。

（《在东京》）

上述内容让人联想到萧红在《回忆鲁迅先生》中提到的平时不大注意别人衣服的鲁迅有一次评价"我"的服装的情景。那天萧红穿着一件大红色上衣和咖啡色格子裙，鲁迅认为这两个颜色不搭，显得很浑浊。第二天，鲁迅还提到了萧红之前穿过的一双靴子。

那天鲁迅先生很有兴致，把我一双短统靴子也略略批评一下，说我的短靴是军人穿的，因为靴子的前后都有一条线织的拉手，这拉手据鲁迅先生说是放在裤子下边的……

我说："周先生，为什么那靴子我穿了多久了而不告诉我，怎么现在才想起来呢？现在我不是不穿了吗？我穿的这不是另外的鞋吗？"

"你不穿我才说的，你穿的时候，我一说你该不穿了。"

《在东京》中提到的那个唯一参加鲁迅追悼会的女生恐怕就是萧红自己吧。

萧红显然是焦躁的。在刚得知鲁迅去世的消息之后寄出的信中写道，"是那么痛苦的一刻。可惜我的哭声不能和你们的哭声混在一道"（［四十三］1936年10月24日）。但是她的这种痛切之情，既不能指望在异国他乡得到消除，甚至也不能在同胞之间得以排遣。这或许就是她所敬爱的鲁迅曾经在日本体验过的"病的灵魂"吧。

萧红"随时记下来一些短句",同时,由于对绘画有兴趣,她希望将来到法国留学([三十]1936年11月24日)。此外,她自我安慰道:"这两个月什么也没有写,大概也许太忙了的缘故。"为了节约时间,她准备在日语学校第一学期结束之后到一个私人教授的地方学习,还表明决心说,鲁迅没有完成的事业由我们来承担([二十六]1936年12月2日)。然而,仅仅在此三天后,她在信中这样写道:

我孤独得和一张草叶似的了。我们刚来上海时,那滋味你是忘记了,而我又在开头尝着。

([三十一]1936年12月5日)

刚来东京时,她在信中提到,她的心情又仿佛回到了初来上海时的"无聊"([三]1936年7月26日)。在第三十一封信寄出九天之后写的第三十二封信(1936年12月15日)中,一面逞强说"没有回去的意思",一面又说道"这地方,对于我是一点留恋也没有,若回去就不用想再来了""这里短时间住住则可,把日语学学,长了是熬不住的"。在这封信里,她还少见地强硬地批判了日本社会。

这里短时间住住则可,把日语学学,长了是熬不住的,若留学,这里我也不赞成,日本比我们中国还病态,还干苦(枯),这里没有健康的灵魂,不是生活。中国人的灵魂在全世界中说起来,就是病态的灵魂,到了日本,日本比我们更病态。既是中国人,就更不应该来到日本留学。他们人民的生活,一点自由也没有,一天到晚,连一点声音也听不到,所有的住宅都像空着,而且没有住人的样子。一天到晚歌声是没有的,哭笑声也都没有。夜里从窗子往外看去,家屋就都黑了,灯光也都被关在板窗里面。日本人民的生活,真是可怜,只有工作,工作得和鬼一样,所以他们的生活完全是阴森的。中国人有一种民族的病态，我们想改正它还来不及，再到这个地方和日本人学习，这是一种病态上再加上病态。我说的不是日本没有可学的，所差的只是它的不健康处也正是我们的不健康处，为着健康起见，好处也只得丢开了。

（［三十二］1936年12月15日）

以前多次说过喜欢的安静，现在却变得可恨了。这份剧烈的焦躁从何而来？

（六）

萧红显然是焦躁的。而且，与此同时，对萧军的态度也发生了微妙的变化。

刚来日本时，写道"因为我听不到你那登登上楼的声音"所以写不下去（［三］1936年7月26日），害怕地震"也许是因为'你'不在旁边"（［九］1936年8月31日），"既接到信，也总是想回的，不管有事没有事。（中略）因为下雨所以你想我了，我也有些想你呢"（［二十］1936年9月22日）。这期间，还穿插着对萧军细心的嘱咐。比如：

你的药不要忘记吃，饭少吃些，可以到游泳池去游泳两次，假若身体太弱，那么到海上去游泳更不能够了。

（［二］1936年7月21日）

现在我庄严地告诉你一件事情，在你看到之后一定要在回信上写明！就是第一件你要买个软枕头，看过我的信就去买！硬枕头使脑神经很坏。你若不买，来信也告诉我一声，我在这边买两个给你寄去，不贵，并且很软。第二件你要买一张当作被子来用的有毛的那种单子，就像我带来那样的，不过更该厚点。你若懒得买，来信也告诉我，也为你寄去。还有，不要忘了夜里不要（吃）东西。没有了。以上这就是所有的这封信上的重要的事情。

（〔五〕1936年8月17日）

西瓜不好那样多吃，一气吃完是不好的，放下一会再吃。

（〔七〕1936年8月27日）

我临走时说要给你买一件皮外套的，回上海后，你就要替我买给你自己。四十元左右。我的一些零碎的收入，不要（把）它们寄来，直接你去取好了。

（〔十六〕1936年9月14日）

（写给要离开青岛的萧军——引者注）船上买一点水果带着，但不要吃鸡子，那东西不消化。饼干是可以带的。

（〔十九〕1936年9月21日）

在初期的信件中，萧红一面逞强说"你说我滚回去，你想我了吗？我可不想你呢，我要在日本住十年。（中略）你等着吧！说不定哪一个月，或哪一天，我可真要滚回去的。到那时候，我就说你让我回来的"（〔七〕1936年8月27日），一面又叹息萧军怎么总不来信。虽然在逞强，但从句中不难看出她对丈夫和中国的思念，当然其中也有还不习惯"异乡"的原因。但是，鲁迅去世后，她的信中提到两人差异的内容逐渐多了起来。

（或许萧军找她商量搬家的事情——引者注）我主张你是不必再搬的，一个人，还不比两个人，若冷冷清清地过着冬夜，那赶上上冰山一样了。也许你不然，我就不行，我总是这么没出息，虽然是三个月不见了，但没出息还是没出息。

（〔二十五〕1936年10月29日）

（读了萧军寄来的《为了爱的缘故》之后——引者注）在那《爱……》的文章里面，芹简直和幽灵差不多了，读了使自己感到了颤栗，因为自己也不认识自己了。我想我们吵嘴之类，也都是因为了那样的根源——就是为一个人的打算，还是为多数人打算。从此我可就不愿再那样妨害你了。你有你的自由了。

（〔二十七〕1936年11月6日）

与上封信相隔十天左右的第三十四封信（1936年12月末）短得只有六十字左右，而且跟之前的信都不同，是用文言文写的。其中写道：

你亦人也，吾亦人也，你则健康，我则多病，常兴健牛与病驴之感，故每暗中惭愧。

在此之后直到回国仅发出一封信（〔三十五〕1937年1月4日）。但那只是一篇仅有七十多字的近况报告。萧红离开日本是在1月9日，在写第三十四封信时可能已经确定了回国的意向。之前的第三十三封信（1936年12月18日）中，还写着"学校只有四天课了，完了就要休息十天，而后再说"。由此来看，虽说"你们忙一些什么？离着远了，而还要时时想着你们这方面"，但并不能从中看出回国的意思。恐怕是在第三十三封信和三十四封信之间，也就是12月18日到月末的十多天里突然决定归国的吧。

萧军在注释中提到了两人的共同点。比如：

那时（开始同居时——引者注）我们的年龄也全不能算太小了，人生的辛苦和折磨……经过得也不算少了，但还能够保持一种孩子气的天真，彼此要说什么就说什么，要做什么就做什么……并无顾忌。

（［二］注）

尽管那时期（开始同居时——引者注）我们的生活是艰苦的，政治、社会……环境是恶劣的，但我们从来不悲观，不愁苦，不咳声叹气，不怨天尤人，不垂头丧气……我们常常用玩笑的，蔑视的，自我讽刺的态度来对待所有遇到的困苦和艰难以至可能发生或已发生的危害！这种乐观的习性是我们共有的。

（［十八］注）

但是，比起这些共同点，他花了更多字数写了两人的不同之处。比如：

由于她的身体素质的孱弱，生活上的折磨和锻炼不多，因此能够心胸开阔，斗志坚强，无畏与乐观……坦率地说，她全是不能和我相比的。同样一种打击，一种生活上的折磨……在我是近于"无所谓的"，而在她却要留下深深的、难于平复的伤痕！

（［六］注）

由此可见，或许两人来到上海后，创作活动即将进入正轨时，两人在创作态度上微妙的差异反而触怒了彼此。虽然这也证明了萧红作为一个作家开始踏上了独立的道路。

萧军在第三十七封信的注释中写道，别人认为他是"很厉害的人物，并且很有派（魄）力"，可是萧红却不喜欢他这一点，自己也不喜欢萧红"多愁善感，心高气傲，孤芳自赏，力薄体弱"的地方。

而且，在第二封信的注释中说两人"人生的辛苦和折磨……经过得也不算少了"，可在第六封信的注释中又说"由于她的身体素质的孱弱，生活上的折磨和锻炼不多"，上述矛盾的表述虽说承认两人"拿起笔与共同的敌人战斗"，即作为发誓要进行民族抵抗的同志互相理解、互相帮助，但也表明了两人在内心深处的不同。这种差异或许是受到比如前面讲到的从萧红的经济观念也可看出的两人不同的成长环境的影响。而且，传统观念认为，女人是无法独自站立起来的弱者。不可否认，在这种观点的影响下，萧军想要将萧红作为一个女子来保护，即想以保护之名对其进行支配。

似乎两人在生活习惯与创作习惯上也有很大不同。萧军是"像办'公事'那样"非常循规蹈矩地进行创作。在固定的时间写作，在固定的时间搁笔。不管在哪里都能立即开始书写，从不等待灵感来创作（［九］注）。而且，萧军晚上睡得很晚，好像总是萧红睡了一觉醒来一看，他还在做着什么（［十］注）。萧军用乐器来比喻自己和萧红个性的差异。

如果按音乐做比方，她如用一具小提琴拉奏出来的犹如萧邦的一些抒情的哀伤的，使人感到无可奈何的，无法抗拒的，细得如一根发丝那样的小夜曲；而我则只能用钢琴，或管弦乐器表演一些Sonata（奏鸣曲）或Sinfonia（交响曲）！这与性别和性格的区分是有一定关系的。

钢琴和小提琴如果能够很好地互相伴奏、配合起来当然是很好的；否则的话，也只有各自独奏合适于自己的特点和特性的乐曲了。无论音量、音质或音色，……它们全是不相同的。

（［二十九］注）

尽管如此，他说自己仍然很爱萧红，"如两个刺猬在一起，太靠近了，就要彼此刺得发痛（因为彼此身上全有刺）；远了又感到孤单"（［七］注），强调自己曾经为萧红付出了令人感动的努力。在前文引用过的萧红将两人比作"健牛"和"病驴"的信的注释中，萧军这样写道：

> 健牛和病驴，如果是共同拉一辆车，在行程中和结果，总要有所牺牲的，不是拖垮了病驴，就是要累死健牛！很难两全的。若不然，就是牛走牛的路，驴走驴的路，……
>
> （［三十四］注）

萧军还写了自己迄今为止有多么克制，一直努力想在精神上支持萧红。

> 我总愿意说一些愉快的事情去影响她，用以冲淡她那种容易感到孤独和寂寞的心情，所以总是说这样好，那样好……免得她大惊小怪，神经过敏，浪费精力来关心我！
>
> （［五］注）

> 我通常是接信即复的，首先是回答问题，其次是说些别的，而且要说得多，说得仔细些，"敷衍成篇"，否则又要抱怨、发牢骚了，说我不给她写信。
>
> （［十七］注）

但是，据萧军回忆，他的良苦用心好像并没有被萧红理解。

> 我的灵魂比她当然要粗大、宽宏一些。她虽然"崇敬"，但我以为她并不"爱"具有这样灵魂的人，相反的，她会感到它——这样灵魂——伤害到她的灵魂的自尊，因此她可能还憎恨它，最终要逃开

它……她曾骂过我是具有"强盗"一般灵魂的人！这确是伤害了我，如果我没有类于这样的灵魂，恐怕她是不会得救的！

（［九］注）

她最反感的，就是当我无意或有意说及或玩笑地攻击到女人的弱点、缺点。（中略）我有时也故意向她挑衅，欣赏她那认真生气的样子，觉得"好玩"。（中略）那时自己也年轻，并没想到这会真的能够伤害到她的自尊，她的感情！

（［十九］注）

而且，因为自己的真情没有得到理解，他对此十分焦躁。

我从来没把她作为"大人"或"妻子"那样看待和要求的，一直把她作为一个孩子——一个孤苦伶仃、瘦弱多病的孩子来对待的。尽管我是个性情暴烈的人，对于任何外来敢于侵犯我的尊严的人或事，常常是寸步不让，值不值就要以死相拼的。但对于弱者我是能够容忍的，甚至容忍到使自己流出眼泪，用残害、虐待自己的肢体——例如咬啮自己——来平息要爆发的激怒，这痛苦只有自己知道。有时也会不经意地伤害到她或他们，事后憎恨自己的那种痛苦也只有自己知道。

（［三十三］注）

一个不敢于杀人的人，一个连树叶落下来全怕砸到自己头上那种绝对利己的所谓老鼠一般的"人"……他们是不会冒着任何可见的损害和危险而去救别人的。——虽然敢于杀人的人，不一定就是肯于救人的人。

我曾经有自知之明地评价过自己，我是一柄斧头，在人们需要使用我时，他们会称赞我；当用过以后，就要抛到一边，而且还要加上一句这样的诅咒：

"这是多么蠢笨而蛮野的斧头啊！……"

（［九］注）

本章第一节中已经提到过上海人对他的评价。这样看来，他的焦躁，或许不仅指向萧红一人吧。

萧军一方面充分承认萧红是自己无可替代的伴侣，另一方面也意识到两人的痛苦是不同的。

这无怪后来在我们分离以前不久，她曾经和我说：

"三郎，我知道我的生命不会太久了，我不愿在生活上再使自己吃苦，再忍受各种折磨了！……"

在当时我并不能十分理解，也不同意她这种对于自己寿命如此悲观的预言和判断。因为我是个健康的人，顽强的人……是不容易深刻理解和确切体会到一个"病人"的心情和心理的，我总是希望，甚至是"苛求"她在主观上能够增强生命的意志，战斗的意志……从各方面强健起自己来……

（［六］注）

由于自己是健康的人，强壮的人，对于体弱的人，有病的人……的痛苦是难于体会得如何深刻的。所谓"关心"，也仅仅是理性上的以至"礼貌"上的关心，很快就会忘掉的。我和她之间就是这种情况。俗语所谓"同病相怜"，只有是"同病"才能够做到真正的"相怜"，这话是对的。

（［八］注）

两人"不同的痛苦"不仅体现在健康方面。前面讲到，萧红在第二十七封信（11月6日）中写道，"从此我可就不愿再那样妨害你了。你有你的自由了"。萧军在那封信的注上写道，"从这一封信中可以看出，我们到一九三八年永远分离的历史渊源，早在相结合的开始就已经存在了"。

1938年1月，萧红与萧军从上海到武汉避难，应李公朴之邀，两人与端木蕻良、聂绀弩等好友一起到山西省临安的民族革命大学任教。[①]然而，一个月后，大学被迫撤退，萧军决定与大学共进退，而萧红决定参加丁玲率领的战地服务团。后来两人在西安相遇，正式决裂。

我们是一九三八年永远诀别于西安，也可说是早在山西临汾我们分别的时期——我留在临汾，而她去了西安。问题还是老问题，我要随着学生们去打抗日战争的游击战；而她却希望我仍然继续做一个"作家"（她也不能算错），但是那时我已经失却了作为一个"作家"的心情了！对于"笔"已经失却了兴趣，渴望是拿起枪！……

坦率地说，尽管我从事文艺写作已经有了几十年的历史，在起始是由于偶然的情况，但我却一直"不安心"也不"甘心"，……似乎觉得这并非是我应干的终生"职业"，做一个"作家"也不是我终生的目的。而觉得自己并非是一个适于做这类工作的人或这类"材料"。我就是这样矛盾了几十年……

她最后提出和我分开，这可能是她曾说过的，要给我"自由"了，也可能我也给了她的"自由"？……因此说这完全是双方情愿的，彼此并无"遗憾"！

（[二十七]注）

---

① 笔者在1981年采访端木蕻良时，他说，得知朋友在找民族革命大学文化系的老师后，他立即将这个消息告诉朋友们，大家都很高兴。

萧军在《侧面》注释①中认为，或许两人的别离是某人（后来成为萧红丈夫的端木蕻良）所导致的，那时萧红和某人已经确定了"关系"。但是，从前文所引萧军的注释（［二十七］注）中也可以看出，萧红一定早就下定决心，不能与选择弃笔从戎的萧军一道走下去。这也可以从前文所引《为了爱的缘故》等的记述中看出来。

萧军还这样写道：

我和她之间，全是充分认识、理解到我们之间具有不可调和的诸种矛盾存在着的。后来的永远诀别，这几乎是必然的、宿命性的悲剧必须演出：共同的基础崩溃了，维系的条件失去了！……在我所余下的只是一些历史的怀念而已！在萧红或者连这点"怀念"也不愿或不敢再保存于自己的记忆中或表现于什么形式上——她恐惧它们，憎恨它们，她要做一个超历史的，从而否认历史的，光荣独立的人！

（［三十四］注）

在上一节中，笔者提到过萧红对于萧军的《为了爱的缘故》的反应，结束时提到，笔者认为，萧军不顾萧红精神方面的成长，总想将她置于自己的保护之下的这种男性利己主义使得两人之间的裂痕难以修复。看了萧军的上述文章之后，笔者的看法依然没有改变。只要他还停留在"历史的怀念"之中，就不会理解"超历史的，从而否认历史的"萧红的斗争和苦恼。如果他不执着于"历史的怀念"，也就不会有"必然的、宿命性的悲剧"般的永远的决裂。不，只要他将他们的

---

① 萧军的《侧面》于1941年10月由香港海燕书店出版。1983年12月，改名为《从临汾到延安》，由山西人民出版社再版。《萧红注释录》中作为附录引用了《侧面》第一章的一部分，并附有萧军的注释（1978年9月28日）。

分离当作"必然的、宿命性的悲剧"来看待，他所说的知道和理解他们之间的"不可调和的诸种矛盾"就不会是真的。或许这种看法对萧军太过严苛了吧。

小　结

当时，上海是文化艺术的发祥地和中心。二萧出人意料地在这里取得了成功，但是他们的作家经验还不够成熟，无法写出完全符合人们期待的作品。而且，萧军回忆当时的生活说，两人来到上海后，为了生活一天也不能停止写作（萧红书简第六封信注）。不难想象，这种状况一定会使既无成绩又无经验的年轻作家在精神上倍感疲惫。

住在上海的人们尚未对民族敌人形成具体认识，萧红等东北作家的出现，帮助他们形成反抗的精神基础，这也是东北作家的巨大成果所在。然而，这一方面使得他们实现了通过笔为全中国而战的愿望，另一方面也成为他们进行创作活动的桎梏。下出铁男在《"抗战"与"逃战"之间》[「『抗戦』と『逃戦』の間」，见小谷一郎、佐治俊彦、丸山升编《转型时期的中国知识分子》（『転換期における中国の知識人』），汲古书院，1991年]中指出，萧红关注的是"我"和"我们=中国人"的问题。这一看法十分有趣。萧红在《骨架与灵魂》（1941年5月）中发出宣言，"我们"要将灵魂注入二十多年前五四运动的遗骸之中，下出先生引用这一宣言时这样说道：

五月四日这个日期唤起的是人们作为"国民"团结起来进行抵抗的记忆，这是记忆中光辉的一页。在需要更加团结的今天，

236

必须将这一记忆复苏。而要实现这一点，只有让人们意识到每个人都是共同承担民族存亡的责任的"我们"。

萧红的作品意在号召人们成为"我们"，然而由于她忠实于"我"的眼睛，因此免于受到"抗日文学"言说制度的束缚，其作品至今仍保持着生命力。

对于萧红着眼于"我们＝中国人"展开创作活动这一主张，笔者没有异议。但是与下出意见不同的是，笔者认为，萧红与她所着眼的"我们＝中国人"这一焦点是不是渐行渐远了呢？这并非由于她对这个焦点失去了希望，而是出现了别的障碍。她开始怀疑"我们＝中国人"这一构图中是不是一开始就不包括自己。这并非下出所说的"在想要成为'我们'的时候，不知不觉中变得隶属于别人，蒙蔽了自己的眼睛和理智，排他性地作为'我们'来行动"。她认识到，要成为"我们"，首先要承认"我"的存在。《浮出历史地表》中所说的"个人（女性）生存的危机"或许说的就是这个。

萧红在给萧军的书简中写道，"我想我们吵嘴之类，也都是因为了那样的根源——就是为一个人的打算，还是为多数人打算"（第二十七封信）。这正是在讲上述问题。所以萧红才写出《商市街》，想借此表达与萧军不同的见解。而且，萧红将目光投向了自己周围的人们的"我"。只有在那些人都成为各自的"我"之后，他们的集合"我们"才能作为"我们＝中国人"发挥力量。

萧红在萧军的影响下走上文学创作道路，同时也是在与他的生活中（或者说正是因为与他的生活）获得了精神上的独立。因此，必须迎来与萧军离别的时刻。

第四章

后期文学
活动

一

抗战时期的文学活动

萧红是通过胡风认识端木蕻良的。①

1935年端木在北京参加"一二·九"运动后来到上海。1936年，在上海写作长篇小说《大地的海》（1936年6月18日），之后前往青岛，不久后再次回到上海。1937年，上海的众多左翼文艺刊物被迫停刊，茅盾等人决定将《中流》《文学》《文丛》《译文》四刊合并，

---

① 端木蕻良是辽宁省昌图人，本名曹京平。生于大地主家庭，曾祖父为清末官吏。以下是关于端木蕻良的资料：《中国当代作家自传》（中国现代文学研究中心，1979年10月）；李兴武《端木蕻良传略》《端木蕻良年谱》《端木蕻良创作道路初探》（《东北现代文学史料》第七辑，1982年12月）；钟耀群编《端木蕻良》（香港三联书店，人民文学出版社，1988年11月）；钟耀群《端木蕻良小传》（1998年5月，见《端木蕻良文集》第一卷，北京出版社，1998年6月）；孔海立《忧郁的东北人——端木蕻良》（上海书店出版社，1999年12月）。此外，笔者曾经发表《端木蕻良初探——关于他的初期文学活动》（『端木蕻良初探——その初期文学活动について』，『大正文学研究纪要』第八十九号，2004年3月）一文探讨端木蕻良初期的文学活动。据胡风《参加左联前后》（《新文学史料》1985年第一期）记述，他曾在鲁迅那里见过端木送给鲁迅的《大地的海》。鲁迅去世后，他将《大地的海》读了一遍，把文章推荐给了出版社。这是他与端木最初的往来。

策划发行新刊《呐喊》①。同一时期，胡风也在考虑筹备主张抗战的刊物，他召集田汉、彭柏山、萧军、萧红、聂绀弩和端木等人，在家里举行了第一次讨论。端木和萧红就是这样认识的。这次讨论主要围绕新刊物的名称展开，胡风建议取名"战火文艺"，萧红提议叫"七月"以寓意"七七抗战"（1937年7月7日的卢沟桥事件），结果萧红的提议赢得了大家的赞同。以上为端木的回忆，胡风的回忆稍有不同。根据《胡风回忆录》中的记述，胡风在离开上海前拜托自己武汉的老朋友熊子民②以《战火文艺》的名字在国民党市政府登记。但是来到武汉之后，发现该申请早已被批驳，于是正式以《七月》的名字再次登记，发行人用熊子民的名字。

再回到端木的回忆。之后，大家在上海又见了几次，就刊物的内容和性质进行了商讨。萧红说觉得胡风很奇怪。

1981年6月笔者采访端木和他的夫人（钟耀群）时，他说，胡风在那之前从未在萧红他们的面前说过端木的名字，用萧红的话来说，胡风是故意不让他们认识的。按照端木的解释，胡风想当他们的中心人物负责组稿和稿件发表，故意不让他们彼此认识。不管怎样，《七月》创刊了。③根据胡风的回忆，第一期发行的那个上午，总代理生活书店很快就卖出四百多本。

---

① 《呐喊》于1937年8月25日发行第一期。第二期出版后，9月5日起改名为《烽火》。此外，这时茅盾出面举办"月曜会"，端木蕻良、罗烽和舒群也都参加了（曹，2005）。

② 据端木说，熊曾经在大革命时投身革命，不以文学为业（1981年笔者采访）。

③ "自筹印费编辑出版了《七月》（小旬刊），坚持通过生活实际反映人民性的真实和历史动向的现实主义道路，抵制了所谓标语口号的教条公式主义的浮嚣文风。当年（1937年——引者注）十月，移到武汉改出《七月》半月刊。这时起，一直受到周恩来副主席的关注和指导。（中略）《七月》上从实际生活中（特别是共产党所领导的部队和地区中）来的作者，主要地以诗和报告文学冲破了文坛上热烈但却浮嚣的、正统的但却陈腐的文风，为现实主义开拓了道路，得到了读者的接受。"（胡风《我的小传》1979年10月5日，《新文学史料》1981年第一期）

《七月》第一期于1937年10月16日在汉口发行。不过根据端木的回忆，《七月》本计划在上海发行，当时胡风手里已经收了两期的稿件。但是局势恶化，人们纷纷撤离上海。这时，胡风说他武汉的朋友（熊子民）一定会愿意出资支持他们发行《七月》，建议大家离开上海后在武汉集合。由于大家在武汉都没有可以依靠的朋友，所以众人对此提案欣然赞同。当时端木还是独身，暂时住在胡风家里等去武汉的船票。胡风到达汉口的日子是10月1日，熊子民把他接入自己家中（《胡风回忆录》）。10月16日，《七月》创刊。

萧军在《周年祭》（1937年10月9日）[①]中提到，9月28日，他们从上海西站乘坐列车经过虹桥路。萧红在《火线外二章·小生命和战士》（1937年10月22日）中提到，看着前方的黄鹤楼，与受伤的士兵们一同乘船。《萧红生平年表》中写的两人离开上海的时间是10月，《萧军简历年表》提到两人是在10月10日到达武汉。端木比大家动身都要晚些，他在中途风湿症发作，行动不便。比他先到武汉的胡风、萧军、萧红等人都写信关心他的身体，鼓励他。茅盾11月离开上海前往长沙[②]，中途在金华的旅店给端木写信约他碰面。但是端木到达金华时，由于日军开始轰炸，茅盾已经离开了。到达武汉后，端木从萧红那里得知，茅盾后来经过武汉时表示很担心他。

在武汉，端木与萧军、萧红等人共同生活在武昌水陆前街小金龙巷二十一号蒋锡金的家中。20世纪30年代中期以来，蒋锡金一边在武昌负责湖北省农村合作委员会和省财政厅的工作，一边与严辰等人编辑《当代诗刊》。1935年，他与蒋有林合编《中国新诗》，抗日战争爆发后在汉口与孔罗荪、冯乃超（1901—1983）等人合编旬刊《战斗》，与穆木天（1901—1971）合编诗歌半月刊《诗调》和

---

① 该文载于《七月》一卷一期（1937年10月16日）。
② 参见楼适夷《茅公和〈文艺阵地〉》（《新文学史料》1981年第三期）。

242

《诗歌综合丛刊》等。1938年，蒋锡金任《抗战文艺》主编，同年5月受茅盾邀请参与创办半月刊《文艺阵地》，担任武汉联络处负责人（《中国文学家辞典》，四川人民出版社，1979年）。根据端木晚年的回忆，小金龙巷二十一号的房子是新建的，呈凹字形。蒋租住北侧两个单间，分别用作书房和卧室。萧军他们住在那间卧室里。南侧住着一对夫妇，男的频繁进出妓院，院子里的人们都不与他们来往。南面的另外一间和东侧的正房里住着一户姓梁的人家，其中一间住着叶以群（1911—1966）、梁文若夫妇，与萧红他们交往密切。10月下旬端木到达武汉，端木三哥的未婚妻刘国英的父亲（刘秀瑚，当时交通部邮政总务司司长）已经帮他安排好了住处，但是端木没有先去刘家，而是先去拜访萧军和萧红。在两人的建议下，端木搬进了蒋锡金的家，与萧军、萧红成了邻居（曹，2005）。他们的房间里面有内门可以通达，门牌上写着他们三个人的名字（梅林《忆萧红》）。端木和蒋锡金是第一次见面。

《七月》的同人们再会后，多次相聚讨论，并举行了两次座谈会。端木个人与萧红的意见最为接近，觉得萧红是个开朗的女性，而且萧红比端木大一岁，端木对她感到一种有如对姐姐般的亲密。据说，萧红对他也直率，一点儿也不客气。有一天，萧军提到中国一个古老的谚语："瓜田不纳履，李下不整冠，叔嫂不亲爱，君子防未然。"听后端木想要搬家，但是当时很难找到合适的房子，后来萧军和萧红搬了出去。据说之后萧红回来看端木，说他一个人肯定很多不便，他们还是搬回来吧。端木在1981年接受采访时提到，对于萧军搬出的古代谚语，萧红用《陌上桑》中的一节来回复，那一节讲的是人妻毅然拒绝别的男人的故事。

不久，武汉的形势越来越紧张。1937年11月2日，激战之后日军强渡苏州河。11月15日占领昆山，19日占领苏州，27日占领无锡，29日占领常州，12月2日占领金檀，13日占领南京。南京国民政府开始往武汉、重庆分散撤退。这种情形下，萧军和萧红于12月10日被国民党特务抓捕，押送至公安分局。后来，八路军办事处的董必武把他们救了出来。①这时，端木北方左联时代的朋友臧运远②来到武汉，召集作家到山西临汾的民族革命大学文化系任教。端木立刻约朋友商谈，大家一议即合。因为他们都很清楚，在当时的状况下，能找到一个稳定的好工作并不容易，而且当时临汾抗日气氛十分浓厚，民族革命大学内部集结了许多进步人士。③1938年1月末，《七月》的同人们留下胡风，前往临汾，并与胡风约定会从当地寄来稿件和信件。在临汾，他们受到了当地学生的热烈欢迎。除此之外，丁玲率领的西北战地服务团也来迎接他们。丁玲他们是在1937年的一个晴朗的秋日从大宁来到临汾的。④这是丁玲和萧红第一次见面。后来丁玲回忆说，虽然两人在思想和性格上存有差异，然而彼此都能理解，不会因此争论或者嘲笑对方，每天都谈笑到很晚才睡觉（《风雨中忆萧红》）。

然而，没过多久，民族革命大学被迫撤退到乡宁。《萧军简历年表》中提到，来到临汾不久，萧军发现民族革命大学的校长阎锡山反共，便想立即辞职参加五台山的抗日游击队。

---

① 参见《萧红生平年表》及《萧军简历年表》。根据端木的回忆，这个时候端木与他们一并被捕。刚好艾青（1910—1996）目睹了当时的情形，就去找胡风（曹，2005）。胡风通过熊子民见到董必武，之后一直与他保持着密切联系（《胡风回忆录》）。

② 端木于1932年成为北方左联成员，编辑机关杂志《科学新闻》，详见《端木蕻良初探》。端木还说这时来武汉的这位朋友现在是南京医学学院的副院长（1981年采访）。

③ 《萧军简历年表》中提到，为避免被国民党反动派刺杀或者拘留，受李公朴之邀，他于1月27日离开汉口，2月6日到达山西临汾的民族革命大学，负责"文艺指导"。

④ 参见陈明《塞克同志与西北战地服务团》（《新文学史料》1980年第一期）及陈明《西北战地服务团第一年纪实》（1981年7月，载《新文学史料》1982年第二期）。

"人总是一样的，生命的价值也是一样的。战线上死了的人不一定全是愚蠢的……为了争取解放共同奴隶的命运，谁是应该等待着发展他们的'天才'，谁又该去死呢？"

"你简直……忘了'各尽所能'这宝贵的言语；也忘了自己的岗位，简直是胡来！……"

"我什么全没忘。我们还是各自走自己要走的路吧，万一我死不了——我想我不会死的——我们再见，那时候也还是乐意在一起就在一起，不然就永远地分开……"

"好的。"

（萧军《从临汾到延安》）

有一天，萧红问端木是否愿意与萧军一起走。后来，端木问萧军是否可以跟萧军同行，他说"我谁也不用陪"。按照萧军的话说，"让他们去运城，我留在临汾，一定要看个水落石出才能甘心，我比他们强壮"（《从临汾到延安》）。萧军于1938年2月27日离开临汾。3月初，端木与萧红等人加入西北战地服务团前往西安（《塞克同志与西北战地服务团》）。丁玲也十分欢迎他们的加入，并对端木说："端木，为我们写一个剧本吧。可以在火车上写，在旅途中写。我们来演出。"[1]丁玲想在西安的八路军办事处演出这个剧。[2]端木想起自己在临汾遇到的一个朋友年幼的弟弟，准备以他为主人公来写。但是，端木和萧红以及同行的聂绀弩都没有写作剧本的经验。于是，他把故事告诉当时西北战地服务团的团员塞克，由塞克执笔完成了剧本，据说塞克的这个剧本在西安的演出取得巨大成功。关于当时的情况，陈明这样回忆道：

---

[1]　原文未见，根据日语内容翻译而成。——译注

[2]　根据曹革成的记述，西北战地服务团原本计划去延安，横渡黄河到达潼关后，突然收到上级命令，不去延安，转而去西安。坐在开往西安的列车上，望见窗外荒乱的景象，团员们很泄气，为了给大家打气，丁玲提议创作一部反映抗战的话剧（曹，2005）。

剧本由临时住在西战团的萧红、聂绀弩、端木蕻良协助塞克集体创作。他们讲，西战团的陈正清、何慧等笔录①，写一幕排一幕。负责布景道具的同志们也日夜设计制作。（中略）

经过两个星期的紧张排练，三月底，在日本帝国主义的飞机濒临西安轰炸骚扰的时候，《突击》上演了。公演三天七场，场场客满，座无虚席。（中略）

（中略）预演时，国民党省党部曾派人来挑剔审查，妄图阻挠推迟我们的演出。临演出时又派特务来暗地捣乱。我们依靠陕西省委、八路军驻西安办事处、陕西学联和广大观众的帮助支持，采取了预防措施，使整个演出期间，没有发生事故。那时有敌机威胁，人心惶惶，但观众踊跃，特别是星期天的早场，我们招待国民党的伤兵，受到极热烈的欢迎。

（《塞克同志与西北战地服务团》）

剧本《突击》发表在《七月》第十二期（1938年4月1日）上。

3月11日，萧军手持第二战区司令官阎锡山签署的去延安的通行证只身横渡黄河，步行进入延安（18日）。他准备从延安前往五台山，但是由于交通中断，在延安耽搁了半个多月，与碰巧前来延安做报告的丁玲和聂绀弩再会，他们邀请他加入西北战地服务团。4月初，萧军与他们一道来到西安（《从临汾到西安》）。萧红与萧军在西安再会。有一次，萧军当着萧红和端木的面说"萧红，你和端木结婚！我和丁玲结婚"，萧红立即还口说"我结不结婚与你无关"。端木当时还不打算跟任何人结婚，于是回答说"你又不是我的家长，有什么权力？我与谁结婚，与你无关"。当时，端木住在八路军的宿舍里。某天晚上，萧军脸色大变，要求和端木决斗。经历这些事情之后，端木的心逐渐向

---

① 据端木回忆，做记录的人叫李今村（1981年采访）。

萧红靠近了（1981年的采访）。后来，萧军和萧红正式离婚。萧军这样回想当时的情景：

> 正当我洗涤着头脸上沾满的尘土，萧红在一边微笑着向我说：
>
> "三郎——我们永远分开吧！"
>
> "好。"我一面擦洗着头脸，一面平静地回答着她说。接着很快她就走出去了，……
>
> 这时屋子里，似乎另外还有几个什么人，但当时的气氛是很宁静的，没有谁说一句话。
>
> 我们的永远"诀别"就是这样平凡而了当地，并没任何废话和纠纷地确定下来了。
>
> （《〈侧面〉第一章摘录》注释，见《萧红注释录》）

此外，萧军在《〈侧面〉第一章摘录》注释中还提到，两人在临汾分手时，约定"我们分手以后，万一我不死，我们还有再见的一天，那时候你如果没有别人，我也没有别人，如果双方同意，我们还可以共同生活下去"，但是再会的时候萧红已经有了"别人"，是她首先提出了"永远诀别"，按照他们之前的约定分手的。这时萧红已经怀上了萧军的孩子，萧军提议等孩子出生后再离婚，如果她不想养育这个孩子可以由自己来养。但是萧红对此没有回应（《萧军简历年表》）。

这个时机是不适合怀孕的，关于这一点，许广平留下了下面的回忆。或许是由于劳累，许广平患上了妇科病，看了医生也不见好转，于是偷偷吃了白凤丸，结果让人烦恼了几个月的顽疾竟然好了。

> 鲁迅先生是总不相信中医的，我开头不敢告诉他，后来医生叫我停止不用去疗治才向他说。再看到我继续服了几粒白凤丸居然把患了

几个月的宿疾医好，鲁迅先生对于中国的经验药品也打破成见，而且拿我这回的经验告诉一些朋友。他们的太太如法炮制，身体也好起来了。像讲故事似的把前后经过告诉了萧红先生，而且我还武断地说，白凤丸对妇科不无效力，何妨试试？过了一些时候，她告诉我的确不错，肚子每个月都不痛了，后来应该痛的时候比平常不痛的日子还觉得身体康强，她快活到不得了。等到"八一三"之后她撤退到内地，曾经收到她的来信，似埋怨似称谢的，说是依我的话服过药丸之后不但身体好起来，而且有孕了。战争时期生小孩是一种不容易的负担，是不是我害了她呢？后来果然听朋友说她生过一个孩子，不久又死去了。

（《追忆萧红》）

曹革成介绍了3月30日萧红写给胡风的信。信中写道"萧军到延安了。聂也去了，我和端木尚留在西安，因为车子问题"，还提到端木说"（萧红——引者注）不愿意丢掉的那一点（指萧军），现在丢了；不愿意多的那一点（指怀孕），现在多了"（曹，2005）。

之后，萧红与端木来到武汉，并在武汉结了婚。1981年笔者采访端木时，他说，当时大家都想去延安，但是萧红不愿意与萧军去同一个地方，由于萧军去了延安，他们就决定去武汉。然而实际上，萧军并不打算去延安，而是来到兰州，准备去新疆。他在新疆有许多老朋友在从事抗日救亡的文艺工作。萧军在那里认识了王德芬（1919——　），并与她结婚。6月6日，萧军与新婚妻子结伴重返西安，前往成都（《萧军简历年表》）。

后来丁玲说，那时无论如何都该带上萧红去延安（《风雨中忆萧红》）。据说萧红和端木去武汉还有一个原因是萧红的朋友池田幸子频繁写信劝她来武汉。根据《萧红生平年表》，两人在四月份来到武汉，萧红借住在鹿地、池田夫妇家中，端木租住在别的地方。据说萧红还在报纸上公开发表与萧军分手的声明。萧红准备在武汉把孩子打掉，但是孩子月份已大，而且端木也反对，只好作罢（曹，2005）。他们在武汉的一个相对比较大的酒店大同饭店（或者大同酒家）举办了婚礼。胡风、池田幸子、蒋锡金、刘国英等大约十人出席婚礼。关于那时的情景，刘国英是这样回忆的：

在大同饭店内，我父亲（刘秀瑚——引者注）是代表端木家长的。（中略）大家坐在一个圆桌边共12人左右，还有胡风坐在我父亲旁边，还有我的同学窦桂英（现在在美国任教）等。举杯相祝，非常热闹。饭后，我父亲走了，我们也就更自由些，打打闹闹说说笑笑，又逛了一会儿大街。

（曹，2005）

萧红身穿她自己做的紫红色连衣裙，脚穿黄色高跟鞋。在刘国英看来，"文化人的穿戴总是怪怪的"。她说，与萧红认识以来，"没有见过她穿一件正式旗袍，总是中不中西不西的"（曹，2005）。池田送来一块衣料作贺礼，端木在《鲁迅先生和萧红二三事》（1981年4月28日）中也提到过这块布料。里面提到，池田初来上海时，为生计所迫在舞场工作过一段时间。那时她与孙文的儿子孙科一同跳过舞，第二天孙科又点她当伴舞，并把这块昂贵的衣料送给了她。后来池田摆脱了那种生活，把这块衣料丢在一旁，没再动过。萧红默默地接过这块承载了池田辛酸过往的衣料，并不打算把它做成衣服。

在两人举行婚礼之前，端木给茅盾写了一封信。由于流亡生活，两人钱已花完，而且也没有新的工作赚钱，想找茅盾借钱办婚礼。这时茅盾往来于广州和香港之间，在编辑《文艺阵地》。他通过生活书店，辗转弄来一百元钱。婚礼结束后，两人又搬回蒋锡金的家。蒋锡金当时已搬至汉口，很少回武昌的家。蒋锡金在《萧红和她的〈呼兰河传〉》中提到，7月，萧红独自找到他，说想搬到汉口来住，他就在楼梯口打了一个地铺。或许是因为萧红与端木的婚姻生活过得并不如意吧。

但是，武汉也不是安居之地。6月15日，日军决意在汉口、广东作战，华中派遣军主力部队于8月下旬进军汉口，10月26日占领汉口。人们相继逃离武汉，端木和萧红也计划离开，但是很难弄到票。后来，罗烽给了他们一张多余的票。①那时罗烽的妻子白朗和孩子以及罗烽的母亲都已离开武汉，剩下的那张票可以给萧红或者端木用。田汉夫人（安娥）也在准备离开武汉的船票，她对端木说："我跟萧红一起走，你就和罗烽先走吧。男两人，女两人，方便些。"这样，端木听了她的话才与罗烽一道来到重庆。

关于去重庆的经过，除了上述端木的证言之外还有许多其他说法。比如梅林这样说，他们本约好一同去重庆，但是到了8月初上船时，萧红说自己有直达船票，留了下来。她便同罗烽和未实现充当某报战地记者愿望的端木②三人先去重庆（《忆萧红》）。此外，《萧红生平年表》中这样写道：

① 罗烽、白朗夫妇到武汉的时间不明。不过根据白朗《西行散记》（1939年6月）中的记述，上海事变发生前两人从上海来到南京避难，上海事变后，白朗在武汉写下《西行散记》。上海事变后，罗烽任上海文艺界战时服务团宣传部长（《中国现代作家辞典》），在武汉编辑半月刊《哨岗》。此外，同时期舒群也在武汉，编辑半月刊《战地》（曹，2005）。《文艺阵地》一卷七期的书报述评中提到了由王莹、舒群、楼适夷、蒋锡金、罗烽和孔罗荪等人共同创作的剧本《台儿庄》，里面介绍说附在剧本中的孔罗荪的序中提到，1938年4月7日夜，他们参加了武汉市民为庆祝台儿庄大捷举行的火炬游行，十分感动，因此想将此事写成剧本。
② 根据曹革成的记述，端木想作为《大公报》的记者到前线采访，萧红也对此表示支持。但是由于战局时刻都在变化，很多地方已经开始撤退，《大公报》取消了该计划（曹，2005）。

八月，武汉遭到大轰炸，战局越来越紧张。D·M突然去重庆，他不但没带萧红走，甚至连一点应急用的旅费也没有留给她！亏得蒋锡金从生活书店替她借得了一百元钱的"预支稿费"，答应以后补写文稿抵账，总算维持了生活。此时萧红已近临产，贫困难行，借宿于"文协"会址的楼廊……

其中提到的蒋锡金从生活书店借来一百元钱一事，与上述端木通过茅盾借来一百元钱在金额与出处上一致。

之后事情的经过如何，我们不得而知。萧红后来与冯乃超夫人（李声韵）一道离开武汉。孔罗荪在《忆萧红》中提到，武汉大轰炸的第二天，萧红和声韵带着简单的行李来到他位于汉口特三区的家中避难。她们在等船，但是由于没有弄到票，不得不先在他家住了下来。根据《萧红生平年表》的记述，9月，两人从汉口来到宜昌。在宜昌，声韵病重住院，萧红独自前往重庆。

萧红来到重庆时，端木住在《大公报》的宿舍里，当时是几个人共住一间房，而且也没有别的空房，他就暂时把萧红安顿在自己南开中学时的朋友的弟弟范世荣家里。后来，通过复旦大学教务长孙寒冰，端木搬到苍坪街的黎明书店（复旦大学的一个出版部）。以上内容根据端木蕻良的第二任妻子钟辉群所著《端木与萧红》（1998年1月）①整理而成。端木哥哥的儿子曹革成热心收集与端木相关的资料，他提供的信息（曹，2005）与此略有不同。根据曹的记述，8月中旬，萧红拜托罗烽去买到重庆的船票，但是罗烽只送来一张票。端木想把票转让了，等待机会两人一起走。但是萧红让端木先一个人过去找个落脚的地方。这时恰好田汉夫妇也打算去重庆，田汉在第三厅主管文艺宣传工作，

---

① 著者钟耀群是萧红去世后端木的再婚对象，端木与她共度余生。端木死后，她将端木生前说过的话加以整理，著成此书。

田汉夫人说田汉办法多，女性之间也便于照顾，端木才只身前往重庆。端木来到重庆后，通过孙寒冰的帮助在黎明书店找到住处，而且还得到了在复旦大学新闻系教书的机会，与复旦大学教授靳以合编《文艺战时旬刊》，这才在重庆安顿下来。端木拜托自己二哥在南开大学时的朋友范世荣为萧红安排住处，之后给萧红写信，催促她早点来重庆。萧红这边，田汉由于工作关系不能离开武汉，夫人转道去了南方，她只好与冯乃超夫人（李声韵）共同行动。8月10日，武汉大轰炸，第二天萧红搬到全国文协临时机关（孔罗荪家）。冯乃超夫妇和鹿地亘、池田幸子夫妇也住在这里。8月末，池田去了衡阳，端木担心萧红，每天都与她通信。9月，终于买到了船票，萧红与李结伴离开武汉。途中，李身体不适，在宜昌住院，大约十天后，萧红安全到达重庆，如约住进范世荣家中。

11月，萧红到了预产期，住进罗烽和白朗在江津的家中，产下一个男婴，不过据说孩子出生几天后便夭折了。《萧红生平年表》中提到这发生在1939年春。据说萧红生产时端木没能守在她身边。绿川英子在《忆萧红》[①]中提到，萧红在重庆时，与绿川夫妇和池田幸子共同生活在米花街的一个小胡同里，那里终日不见阳光。萧红像姐姐对妹妹一般照顾即将临盆的池田。根据鹿地的回忆，池田是在1938年末坐飞机来到重庆的［《"抗日战争"之中》（『「抗日戦争」の中で』），新日本出版社，1988年11月］。萧红写与池田谈论"牙粉医病法"是在1939年1月9日，大概就是这段时间与绿川等人生活在一起的。结合曹革成的记述，这应该发生在萧红生产之后（曹，2005）。绿川说，后来萧红离开她们与端木住在一起，但是端木在朋友面前始终否认与萧红

---

① 上海事变后，绿川曾与萧红在法租界的同一屋檐下生活过一个多月，但是当时两人并没有说过话。一年多后，1938年末，两人在重庆再会后才开始亲密起来（绿川英子《忆萧红》）。

的婚姻。此外张琳在《忆女作家萧红二三事》中提到，萧红在江津生产后，曾经与端木一起来张家住过。

之后，萧红和端木来到重庆郊外的歌乐山，住进云顶寺里的一间空房间里。萧红在那里写下《滑竿》（1939年春）、《林小二》（1939年春）等作品。根据《萧红生平年表》，1939年夏，两人住进北碚嘉陵江畔的复旦大学文摘社内。不过根据端木的回忆（1981年笔者的采访），由于他在复旦大学任教，他们搬到沙坪坝（北碚）的复旦大学农场苗圃。虽然环境很好，但是由于是四人间，不久后他们又搬到王家花园（秉庄）的教授宿舍。[①]萧红在那里写下了《呼兰河传》（1940年12月20日）和《回忆鲁迅先生》（1939年12月）。散文《长安寺》（1939年4月）也是在那里完成的。据说萧红经常带着端木到长安寺喝茶。此时，端木与曹靖华等人筹备发行《文学月刊》，《新华日报》主编华岗[②]为他们提供了全面帮助。但是由于王明解除了华岗的职务，杂志最终没能发行。萧红也在筹划在上海发行的杂志《鲁迅风》的姊妹版《鲁迅》。萧红在3月14日（1939年）写给许广平的信中提到，鲁迅喜欢装订精美的书，所以也计划把这本杂

---

① 据《萧红生平年表》记述，他们冬天搬进黄桷树镇上名为秉庄的房子里，住在靳以楼下。根据曹革成的记述，搬到苗圃之前，为了生计，端木每天穿梭在自己的住处歌乐山、《文艺战时旬刊》编辑所沙坪坝和在复旦大学的宿舍黄桷树镇三处地方（曹，2005）。靳以是端木南开中学时的同学，1938年10月搬到重庆，成为复旦大学国文系教授（《中国现代文学家辞典》）。

② 华岗字西园，笔名华少峰、华石峰、林石父等。1925年加入中国共产党。1932被任命为中共满洲特委书记，赴任途中在青岛被捕。1937年10月获释，年底来到武汉任《新华日报》主编。被王明解职后住在大田湾"养病"，继续从事研究和创作（曹，2005）。根据《胡风回忆录》所述，他是胡风在南京东南大学附属中学时的共产主义青年团指导员，1937年12月初从山东的国民党监狱被释放后，与党取得联系来到武汉。受党任命，成为1938年1月11日在汉口创刊的《新华日报》总编辑长。丁言昭在《爱路跋涉》中提到，萧红和华岗的第一次见面是在武汉文艺界的聚会上。皖南事变（1941年1月）后，华岗离开重庆，中断了与萧红的联系，直到1942年2月重回重庆时才得知萧红去世的消息。

志做得漂亮些。不过这也由于战火没能实现。9月10日，胡风等发起成立"中华全国文艺界抗敌协会北碚联谊会"。武汉成立"中华全国文艺家抗敌协会"时，萧红没有参加；这次，萧红参加了（曹，2005）。

萧红与端木蕻良结伴飞往香港是在1940年1月19日。①根据《端木与萧红》中的记述，端木担任复旦大学新闻系教授后，有人告诉他，北碚大学宿舍附近有个弹药库，他们担心那里会成为重点轰炸对象，感到很危险，而且他们身边也开始出现国民党文化特务，于是两人开始商讨避难。当时，大多数文学工作者去了桂林，但是萧红反对去桂林。书中提到，萧红说无论到哪里都有轰炸，无法进行写作，干脆去香港算了。关于这一点，端木的回忆与萧红众多朋友的记述之间差异较大。萧红的朋友们都认为在去香港一事上主导权在端木，或许是因为他们认为萧红到了香港之后写出的以《呼兰河传》为代表的作品是在走"下坡路"（石怀池《石怀池文学论文集》1945年），想把责任推给端木。此外，《端木与萧红》中还提到，香港《大公报》的杨刚约端木创作长篇，而且他们听说香港急需文化方面的人才，这些也是他们决定去香港的原因。他们把去香港的决定向孙寒冰报告后，孙非常高兴，说复旦大学计划在香港开办大时代书店，请他们与他继续保持联系。到香港后，他们先是住在九龙乐道八号大时代书局的二楼，不久戴望舒招待他们住在自己的住处林泉居。林泉居位于一处山坡上，环境幽静，但是端木的风湿病复发，两人又搬回大时代书局。2月5日，中华全国文艺界抗敌协会香港分会（香港文协）在大东酒店为萧红他们举行欢迎会，有四十多人参加。4月，两人正式成为香港文协成员，端木被选

---

① 根据《端木与萧红》。曹革成记录的时间为1月17日（曹，2005）。

为候补理事，与施蛰存（1905—2003）一同成为"文艺研究班"的负责人（曹，2005）。端木一边编辑"大时代丛书"一边进行创作，萧红专心创作。此外，萧红还参加了3月3日的"纪念三八劳军游艺会"，在座谈会上踊跃发言，积极参加各种社会活动。不过，此时萧红在写给华岗的信上提到，她来到香港才几个月，就开始希求回到"本土"。

　　香港是比重庆舒服得多，房子吃的都不坏，但是天天想回重庆。（中略）
　　我来到了香港，身体不大好，不知为什么，写几天文章，就要病几天。大概是自己体内的精神不对，或者是外边的气候不对。

（1940年6月24日）

　　正如兄所说，香港亦非安居之地。近几天正打算走路，昆明不好走，广州湾不好走，大概要去沪转宁波回内地。

（1940年7月7日）

　　但是她没有实行上述计划，除去这两封之外还有四封写给华岗的信，里面没再提及这件事。①

　　萧红在香港仅仅生活了两年就去世了，而且两年里她基本上是在病床上度过的，因此，能够帮助我们了解她在香港的活动和交友关系

---

① 留下的有日期为7月28日、8月28日、1949年1月29日和2月14日的信。内容涉及祝贺华岗执笔的书（《中国民族解放运动史》）的出版，讲述自己的写作计划以及要给他寄《马伯乐》的原稿，希望他看。

的线索很少。1940年6月，萧红应香港文协要求写作的哑剧《民族魂鲁迅》的创作经过便是为数不多的线索中的一个。香港《大公报》分十次连载了这部作品。[①]萧红死后，该作品被收录在香港《明报》一六七（1979年11月）、《东北现代文学史料》第四辑（1982年3月）及《萧红全集》（哈尔滨出版社，1991年5月）中。不过，丘立才指出（《〈民族魂鲁迅〉之错漏》），《东北现代文学史料》与《萧红全集》中收录的版本都是北京的鲁迅博物馆所藏版本，与《大公报》刊载的内容有若干出入。关于这一点后面还将提到。

从鲁迅去世（1936年10月）至1941年末香港沦陷，香港几乎每年都举行纪念鲁迅的活动。其中，1938年10月的"纪念鲁迅逝世两周年"和1940年8月的"鲁迅六十诞辰纪念会"尤为盛大（刘登翰主编《香港文学史》，人民文学出版社，1999年4月）。香港文协计划在纪念会上上演纪念鲁迅的戏剧，邀请萧红来写剧本。因为在当时的香港，萧红是与鲁迅最为亲近的人。据当时香港文协成员之一冯亦代（1913—2005）回忆，萧红花了好几天完成了"严密周到的创作"，但是"可惜由于文协的经济情况，人力与时间的局促，这剧本竟不能与观众见面。文协、漫协（漫画协会）会员参照萧红那个原剧本，改编成一个适合当时演出物质、人力条件的一幕四场剧本"[②]。《萧红全集》将这部作品收录其中一定有自己的判断，但是否能将其视为萧红的原创，我们必须谨慎看待。

前面提到，萧红在学生时代支援五卅运动的活动时参演过话剧，

---

① 连载是1940年10月21日—26日，28日—31日（丘立才《〈民族魂鲁迅〉之错漏》1983年4月）。

② 《哑剧的试演〈民族魂鲁迅〉》（1982年3月）。但是文中有些不正确的地方。比如引用部分的"一幕四场"本应为"四幕"，此外将"第四场"设定为从"九一八"到"七七""八一三"的时代姑且不论，将"第一场"解说为1918—1929年，将描写鲁迅在日本留学前后的"第二场"解说为1930年以后，将描述鲁迅搬到上海之前时期的"第三场"解说为上海时代是明显的错误。

而且在哈尔滨参加过金剑啸组织的星星剧团。撤离上海后，与朋友们合作过剧本《突击》。但是，她所参与的这些戏剧恐怕都是"话剧"。冯亦代就为何采用"哑剧"这一形式这样写道：

> 香港文协在筹备庆祝鲁迅先生六十诞辰时，就立意用一种最庄严的戏剧形式，将先生一生的奋斗史表现出来。哑剧的形式在中国似乎尚未见采用，但在西方演剧史上特别是宗教演剧方面它却有过它的地位的。
>
> 它以沉默、庄肃，表情动作的直接简单取胜，最适宜于表现伟大端严，垂为模范的人格。
>
> （《哑剧的试演〈民族魂鲁迅〉》）

冯亦代说，这是哑剧在中国最早的尝试。然而，虽然当时话剧十分流行，却并非完全没有哑剧。据王正华《抗日战争期间哑剧编目》（《抗战文艺研究》1984年第三期，四川省社会科学院）中的记述，抗日战争期间创作的哑剧一共有九出。最早的是1937年11月尹庚的《锄头就是武器》，上海职业青年战时服务团在浙江省和江西省的农村多次演出该剧。此外，尹庚于1938年2月完成的《打胜仗的游击队》发表在《七月》武汉版（刊载期号不明）。意味深长的是，萧红与该杂志关系密切，她很有可能看过这部作品。根据王的记述，《民族魂鲁迅》是抗日战争时期的第五部哑剧。据说这些作品多次在东南战区和桂林、香港及越南上演。有趣的是，1945年夏衍（1900—1995）所属的艺术剧团演出了题为《逸题》的剧目，夏衍也参与了《民族魂鲁迅》的制作，这点我们随后会讲到。

《端木与萧红》中提到，香港文协理事杨刚是当时香港中共地下党分管宣传工作的负责人和香港《大公报》的主编。他找到萧红，对她说，只有你见过鲁迅，只有你能做这件事情。你来写剧本，我们排演出，以此来纪念鲁迅。

萧红从未写过剧本，不知从何下手。

端木也觉得话剧不易体现。鲁迅先生要在台上说话，除了他演讲，其他的场面说什么呢？

这可难坏了萧红……

端木猛然想起他在南开上学时，曾经看过一位外国哑剧大师的表演，不如用"哑剧"的形式来写鲁迅先生。他马上把这个想法告诉萧红。

萧红高兴地说好！但具体怎么写，也还是没法下笔。

<u>端木看着萧红发愁的样子，禁不住怜爱地自告奋勇，要萧红提供素材，由他来起草。不到两天时光，他就将提纲写出来了，两人再互相研究、补充后定稿。</u>

端木的终生遗憾是没有见到鲁迅先生。但送葬时，鲁迅先生遗体上盖的"民族魂"却深深印在他的脑海中。因此，哑剧写成后，他脱口而出，说应以《民族魂》命名。萧红很赞成。第二天就向杨刚交卷了。

（《端木与萧红》）

《端木与萧红》中还提到，杨刚看了他们完成的剧本后，很高兴，硬要端木来演鲁迅。这让没有表演经验的端木十分为难，后来还是萧红帮他解了围，说端木即使化了妆也不像鲁迅先生。端木在1928年十六岁时进入南开中学学习，在校三年时间里，很有可能看过哑剧。但是，如果画线部分属实的话，似乎把这部作品归于端木更为合适。而且，钟耀群在文中没有提到文协成员对剧本再度讨论和修改。

1940年8月3日举行的鲁迅纪念会由上海文艺界提案，"文协香港分会""中国青年新闻记者学会香港分会""政府华人文员协会""漫画协会""中华全国木刻协会香港分会"等文化团体主办。概要如下：

活动分为木刻展览、纪念大会和纪念晚会三部分举行。展览会展出木刻作品近百幅，另有宣传抗日、木刻刊物及私人收藏西洋木刻作品数十种，还有有关木刻运动史料百余件等。纪念大会在孔圣堂举行，由会议主席许地山致开会词，萧红作鲁迅事迹报告，徐迟朗诵鲁迅作品等，参加者三百余人。纪念晚会上演出了由田汉编剧的话剧《阿Q正传》，冯亦代等根据萧红所作同名剧本改编的哑剧《民族魂鲁迅》，以及冯亦代导演的话剧《过客》[1]。

（《香港文学史》）

进行朗读的文协理事徐迟（1914—1996）也参与了改编剧本。他的回忆是这样的：

为纪念鲁迅先生的诞生，我们在一九三九年（应为一九四〇年）的香港孔圣堂里办了一个纪念会。萧红写了一个哑剧台本《民族魂》。因为有些部分不很适合于舞台演出，丁聪、冯亦代和我几个人约她在阁仔的咖啡座内研究台本的修改。修改后演出了。演出成功。我还记得萧红闪着满意的泪花向我们表示高兴。我们得到了安慰。

（丁言昭《爱路跋涉》[2]）

此外，丁言昭还采访了上面引文中出现过的丁聪。

纪念会一开始，唱了首纪念鲁迅先生的歌，歌词他（丁聪——引者注）还能记得，第一句是这样的："欢呼今天八月三日革命人道主义诞生……"那时萧红已写好《民族魂鲁迅》，内中人物众多，无法演。丁聪和徐迟就把它改编了搬上舞台。鲁迅由银行职员张宗祜扮演，张

---

[1] 鲁迅作，《野草》所收。

[2] 文中收录了徐迟受丁言昭之邀写下的话。

正宇给他化的妆。那时演青年的演员找不到，丁聪就临时顶了上去。这天萧红、杨刚、乔冠华、端木蕻良等都在台下观看演出。演出结束后，萧红激动地跑上台来，和演员紧紧握手。这天晚上还演唱了香港何君谱曲的鲁迅诗："惯于长夜过春时，挈妇将雏鬓有丝……"徐迟也上台表演了朗诵。

（《爱路跋涉》）

上述人们的回忆多少有些差异，综合来看，基本上应该是由萧红负责整体构思，起草剧本，然后再由通晓戏剧的人进行修改。冯亦代指出，这部剧与夏衍也有关系。

那时，夏公（夏衍——引者注）在广州办《救亡日报》，有时到香港来。（中略）

只要他在香港，我们差不多每天都见面，见面总是在咖啡店里。那时这两家咖啡店简直成了文艺工作者的会议室。

许多工作都是在这里创议和决定的，如鲁迅逝世纪念会演出的哑剧《鲁迅》，当香港文协要我写演出的剧本时，最后一稿，便是根据夏公的意见定稿的。

（《又见香港》1981年7月2日，见《冯亦代散文选集》，百花文艺出版社，1997年2月）

如果画线部分记述属实，上演的剧本应属冯亦代的作品。不过，第二幕中描写鲁迅在坟场与"鬼"相遇的情景，在萧红的《回忆鲁迅先生》中有十分相似的记述。

鬼到底是有的没有的？传说上有人见过，还跟鬼说过话，还有人被鬼在后边追赶过，吊死鬼一见了人就贴在墙上。但没有一个人捉住一个鬼给大家看看。

鲁迅先生讲了他看见过鬼的故事给大家听：

"是在绍兴……"鲁迅先生说，"三十年前……"

那时鲁迅先生从日本读书回来，在一个师范学堂里也不知是什么学堂里教书，晚上没有事时，鲁迅先生总是到朋友家去谈天。这朋友住的离学堂几里路，几里路不算远，但必得经过一片坟地。谈天有的时候就谈得晚了，十一二点钟才回学堂的事也常有，有一天鲁迅先生就回去得很晚，天空有很大的月亮。

鲁迅先生向着归路走得很起劲时，往远处一看，远远有一个白影。

鲁迅先生不相信鬼的，在日本留学时是学的医，常常把死人抬来解剖的，鲁迅先生解剖过二十几个，不但不怕鬼，对死人也不怕，所以对坟地也就根本不怕。仍旧是向前走的。

走了不几步，那远处的白影没有了，再看突然又有了。并且时小时大，时高时低，正和鬼一样。鬼不就是变幻无常的吗？

鲁迅先生有点踌躇了，到底向前走呢？还是回过头来走？

本来回学堂不止这一条路，这不过是最近的一条就是了。

鲁迅先生仍是向前走，到底要看一看鬼是什么样，虽然那时候也怕了。

鲁迅先生那时从日本回来不久，所以还穿着硬底皮鞋。鲁迅先生决心要给那鬼一个致命的打击，等走到那白影旁边时，那白影缩小了，蹲下了，一声不响地靠住了一个坟堆。

鲁迅先生就用了他的硬皮鞋踢了出去。

那白影噢的一声叫起来，随着就站起来，鲁迅先生定眼看去，他却是个人。

鲁迅先生说在他踢的时候，他是很害怕的，好像若一下不把那东西踢死，自己反而会遭殃的，所以用了全力踢出去。

原来是个盗墓子的人在坟场上半夜做着工作。

鲁迅先生说到这里就笑了起来。

"鬼也是怕踢的，踢他一脚就立刻变成人了。"

我想，倘若是鬼常常让鲁迅先生踢踢倒是好的，因为给了他一个做人的机会。

这一幕原封不动地写在《民族魂鲁迅》中。

鲁迅一个人在荒野上夜行。

远远有一座坟场，有一个鬼影子时高时低，时大时小……

鲁迅踟蹰了一会儿，怀疑着是人是鬼呢，莫能决定，自然莫睹一样地走向前去。走到那鬼的跟前，用脚猛力一踢，原来蹲在那儿的是个掘墓子的人。被这一踢，踢得站起来，露出是个人样儿来。把他的铁锤吓得当啷落地，瘸着腿儿逃走了。

鲁迅目送之，下。

这证明至少创作《民族魂鲁迅》时参考了萧红的想法。

前面提到，丘立才指出，《东北现代文学史料》和《萧红全集》中收录的剧本与原始刊载的剧本内容有些差异，其中差异最大的一点是，原稿中在作品最后附有萧红自己写的大约七百字的"附录"，而转载时将其中约占三分之二篇幅的关于舞台装置的注意事项写在了"附记"中的项目内。除此之外，还有一个比较大的不同是只有原稿有以下内容：

鲁迅先生一生，所涉至广，想用一个戏剧的形式来描写是很困难的一件事，尤其用不能讲话的哑剧。所以这里我取的处理的态度，是用鲁迅先生的冷静，沉定，来和他周遭世界的鬼祟跳嚣作个对比。

这里也许只做了个简单的象征，为了演出者不能用口来传达，只能做手语，所以这形式就决定了内容，这是要请读者或观者诸君原谅的。

如果上述内容出自萧红之手，那么也就是说，哑剧的形式是别人建议的，她按照别人给定的形式尽自己最大努力完成了写作。如此一来，与冯亦代《哑剧的试演〈民族魂鲁迅〉》中的记述也是一致的。

要想以戏剧的形式将鲁迅紧张、浓烈的一生表现出来，哑剧无疑是一个很好的选择。鲁迅的文章曲折、晦涩，难以转换成口语的形式，因此，要将他的思想，哪怕只是一个大概的内容，在有限的时间和空间中以话剧的形式表现出来，未免有些莽撞。如果将鲁迅走过的路用一听就懂的口语来表达的话，恐怕会落入俗套或者词不达意。哑剧《民族魂鲁迅》极力控制主角鲁迅的出场，通过对比鲁迅对周遭动静持有的态度成功地塑造了鲁迅的形象。到底缘何采用哑剧的形式我们不得而知，但是从结果上看，或许只有这一形式是合适的。通过"映象"来表现鲁迅的人生，恐怕会让观众更受感染。或许这一"无言的映象"的想法也受到了当时已经被介绍到中国的卓别林的作品的影响。此外，冯亦代所说的"庄肃"恐怕也起到了很大的作用，鲁迅崇高的一生一定给在场的三百多观众留下了深刻的印象。人们对这部据说成功的哑剧的具体反响我们不得而知，但是不难看出，躲避战火相继南下的文学家们给当时的香港文坛注入了不小的活力，也可由此了解当时的人们是如何看待萧红的。

二

《呼兰河传》的世界

　　萧红完成《呼兰河传》的时间是1940年12月20日。一年多后，她便在战火纷飞的年代里结束了自己的一生。

　　序章中讲到，茅盾以"寂寞"为关键词来评价这部作品（《〈呼兰河传〉序》），这一评价几乎代表了迄今为止国内外所有对《呼兰河传》的看法。受此影响，人们从《呼兰河传》中众多宁静的充满乡土气息的小故事中读出了作家的寂寞，此种解读加深了萧红身上的悲剧色彩。然而，近年来，通过许多人的努力探求，萧红幼年时代的真相逐渐明朗起来。与《呼兰河传》之前的作品对比阅读不难发现，这部作品绝非萧红的"自传"，而是她巧妙创作出的一部伪装成自传的虚构故事。也有学者提到过《呼兰河传》之前的作品，然而或许是因为人们过于看重《呼兰河传》的分量，或许是因为对萧红境遇的同情占了上风，这些作品仅被视为写作《呼兰河传》的习作。而且，故事中的舞台并非萧红现实中的故乡"呼兰"，而是一个虚构的小城"呼兰河"，据笔者所知，还未有学者注意到这一点。

　　除去尾声，《呼兰河传》由七章组成，内容可以分为以下三个部分。

第一部分由第一、二章组成，从现实生活和精神生活两个方面讲述了呼兰河这个小城的变迁和住在城里的人们的变化，试图为读者勾勒出一个整体轮廓。接下来的第二部分由第三、四章组成，该部分将视线转向个人层面，描述了生活在小城呼兰河里年幼的"我"和"我"的家人。第三部分由第五到七章组成，通过几个代表人物描述了"我"所熟悉的老百姓的生活。

作品没有贯彻全篇的主人公，没有一个主体故事情节。这种结构十分不可思议，就像散文和小说的组合，迷惑读者的双眼，让人以为小说中记述的一切都是事实，不自觉地被卷入作者的世界。实际上，这种没有故事框架、没有中心人物的结构延续了《生死场》以来的写法，是萧红独特的文体。但是，所谓的"抗日"色彩在《呼兰河传》中完全消失了，作者将目光投向了充满怀旧气息的深远浓厚的思绪和市井人们内敛的生活。从中不难看出萧红柔和又敏锐的观察力和独特的表现力。然而，迄今为止，这部作品没有得到相应的评价。从后来写成的《马伯乐》的长度和其中表现出的作者对新文风的尝试来看，这时萧红的精神状态毋宁说是充实的，未必像茅盾说的那样被"寂寞"打败了。甚至可以说这是她精心策划的一次挑战。曹革成提到，《呼兰河传》发表前，杨刚提出不要一味书写思念故乡的作品（《反新式风花雪月——对香港文艺青年的一个挑战》，载《文学青年》第2期，1940年7月1日），这一言论影响很大。曹说，杨刚的这一提法虽然不是针对萧红，但是必定会影响人们对《呼兰河传》的评价（曹，2005）。萧红不顾杨刚的发言，堂堂正正地发表与此相反的作品，笔者从中看到了她强烈的意志。

萧红实际生活过的呼兰，是一个怎样的小镇呢？

根据姜世忠主编的《黑龙江省呼兰县志》(中华书局,1994年12月),呼兰县城始建于雍正十二年(1734年),原本没有城郭。光绪二十六年(1900年),为防止沙皇俄国入侵开始挖沟建堤。县城中心为十字大街,东南方向有贸易市场、蔬菜市场、鱼市和饲料市场。伪满洲国成立后,城内的街道没有太大变化。根据《伪满洲国各县视察报告》(1933年11月30日)中的记述,1928年12月,连接马船口与海伦,长达二百二十一千米的呼海铁路开通,一直以来连接哈尔滨和呼兰并在"输出农作物方面发挥重要作用"的道路干线和哈尔滨街道"失去了大半价值。而且,也给一直以来的马车交通路线带来了巨大变化"。《黑龙江省呼兰县志》中说,民国时期,商业持续发展,东北沦陷后,由于日本人对生活必需品进行统管,接连不断有人破产。

1933年编写的《伪满洲国各县视察报告》中所描述的呼兰应该与1931年萧红离开呼兰时的情形相差不多。上面这样写道:"这里是县城所在地。位于呼兰河上流北岸大约三十八支里,面积约一千多平方里,人口有四万三千六百三十三人,是省内屈指可数的都市。"访问呼兰的调查队还做了如下记述:

7月8日(中略)到达呼兰。(中略)

(中略)呼兰公园或许是江北唯一的公园。在这样的小城里竟然会有如此气派的花园。从小山丘上可以遥望到哈尔滨的烟雾。轮船航行在弯弯曲曲的呼兰河上,消失在烟雾与绿色之间。听说这里距离哈尔滨仅有十邦里,然而却拥有如此地势,让人不禁想说,真是一个和平乡!

此外,昭和十二年(1937年)来过呼兰的水野清一等人,这样写道:

8月5日,(中略)总算在黄昏时到达呼兰。

从呼兰车站到镇上有一段相当长的距离。马车在可怕的泥泞路上摇摇晃晃地走着，天主教堂的塔高高耸立，从哪里都能望见它。（中略）

呼兰的确是一个朴素、安静的旧式小镇。路经北满时，满眼都是荒芜，来到这里，却让人倍感亲切。房屋古旧，墙壁的破损处很是显眼。或许可以将这里看作北满的奈良。来到南边的郊外（石公祠），古树参生，林中有一条小路，走下这条缓坡就来到水边了。现在是洪水。从呼兰到哈尔滨全被水淹了。

[水野清一、驹井和爱、三上次男《北满风土杂记》（『北満風土雑記』，座右宝刊行会，1938年6月）]

此处提到的"石公祠"距离坐落在呼兰南端的萧红老宅很近。或许这里是从萧红家到呼兰河的必经之地。水野一行人被突如其来的洪水困住，在呼兰度过了五天。这期间"参观了一个叫做广信当的当铺，游览了关帝庙，看了搭起帐篷表演的乡村戏剧"。当时在关内抗日战争已经拉开序幕，"滞留期间没有哪个晚上听不到枪声。甚至在公园一角还吊着苍白的头颅以示众。数目不等，面容也时常发生变化"。萧红这时已经离开东北许久了[①]，不过她的父亲和弟弟们应该还住在呼兰，他们就这样每天看着自己同胞的尸首生活着。

1937年12月由佐藤定胜编写的《伪满洲国大观》（『満州帝国大観』，诚文堂新光社）里是这样描述呼兰的：

从三棵树途经徐家二十五公里到达呼兰。这是本线路上的主站，人口有五万人（其中包括六十名日本人）。呼兰历史悠久，是在北满屈

---

① 萧红最后离开呼兰的日子最迟是在1931年10月，与萧军共同离开东北是在1934年6月。

指可数的古都。在金代就有关于它的记录，一直以来都是北满重镇，是经济文化的中心。哈尔滨发展起来后，呼兰就逐渐衰落了。呼海铁路开通后，变得更加衰落。如今，它作为以农产品为主进行交易的集散市场的名气已经不大了，更多人将它看作一个旅游城市。

市区在车站东边三公里处。连接两处的交通主要是马车。这是一座典型的满洲旧日的中国式都市，街头充满了朴素的趣味，这是其他新兴都市所不及的。那具有奇特形式的百货商店和旧中国式看板等都是民俗研究的宝贵资料。残留在这里的许多东西在关内已不见踪迹。此外，还有我们的独立守备队。城市西面的西岗公园①是少见的设备齐全的公园，成为哈尔滨市民郊游的目的地。园内竖立着石人城传说中有名的石人。②

石公祠坐落在风光明媚的呼兰河沿岸的一个稍高的丘陵上，千里平原尽收眼底。市民为了纪念一生施行仁政的石中将（镇守使）而修建。环境优雅，雄伟壮观，称得上是全满屈指可数的胜地。

市内的关帝庙是前清建筑，庙宇结构尽善尽美，可以说是当时建筑美术的结晶。娘娘庙与关帝庙一样是前清建筑，庙会（阴历四月十八日前后五天）隆重，广为人知。天主教堂壮观气派，里面的塔是呼兰的代表性建筑。伊斯兰清真寺气势雄伟，可现在已经相当荒废了。

被水野清一等人称作"北满的奈良"的古都，在萧红笔下，改名为"呼兰河"，呈现出不同的趣味。

---

① 民国五年（1916年）购买民间土地建成，民国十六年（1927年）年增设设备，1934年增建温室，建成猴子园和鹿园，配备各种运动器材。公园位于呼兰河的高岗处，由英国人设计而成（《滨江省呼兰县情况》）。

② 石人城在县城郊外，据说建于金代。因城外坡上有两尊石人得名。石人后来被搬到西岗公园（《滨江省呼兰县情况》）。

故事中的"呼兰河"是一个怎样的小城呢？

"呼兰河"是一个"并不怎样繁华"的小县城。大街只有东西方向和南北方向两条，也仅有两条街的交叉口称得上热闹。"拔牙的洋医生"门口挂着一个奇怪的招牌，招牌上画着斗大的一排牙齿，在这个小城里显得十分突兀，没有人知道那是什么东西。后来，女牙医只好兼做产婆以维持生计。

除去这两条大街之外还有两条街，叫作东二道街和西二道街，都是南北方向。西二道街上有城隍庙，里面有个清真学校。东二道街上有一个火磨，南端和北端各有一所小学。龙王庙里的那个学校教的是养蚕，叫农业学校。祖师庙里的学校有高级班，所以叫高等小学。除此之外，东二道街上还有一个五六尺深的大泥坑，一下雨就变成大水洼，要是一直晴天，那泥就会变得比糨糊还黏。好在还没有人或者动物在这里丢了性命，可是这给大家的通行带来很多麻烦。然而，这一带没有一个人提出把这个坑填上。除了这些，东二道街上还有几家碾磨房，几家豆腐店，一两家机房和一两家染缸房默默地经营着各自的生意。另外还有一家扎彩铺。

对照《滨江省呼兰县情况》内附的1933年的呼兰县城地图不难发现，《呼兰河传》中所提到的街道基本都在里面。不过小说中有几处改动。比如东二道街南边的确有萧红就读的龙王庙初级小学，但是没有提到教授养蚕的事情；北面的城隍庙内的两级小学在地图上无从确认，恐怕是萧红转校之后的小学[1]。《呼兰河传》中也没有提到从呼兰车站过来首先映入眼帘的天主教堂。

---

[1] 萧红上的第一初高两级小学在县城北关（《伪满洲国各县视察报告》）。

○（1）呼兰商业街。"煞有介事的招牌，没有橱窗的店面使用夸张的装饰吸引顾客，由此可以看出国民性中喜好稀奇与夸大的一方面。飘扬在房顶上的是广告，这是通过招牌进行宣传的销售战术。在一些旧街道，仍有这番景象。图为滨北线呼兰的商店装饰"。

资料来源：《伪满洲国大观》，1937年12月。

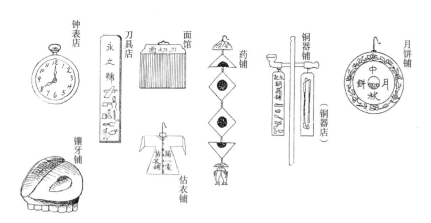

（2）独特的招牌。

资料来源：《滨江省呼兰县情况》，1936年4月。

《黑龙江省呼兰县志》中提到，当时南北大街南北两方各有一个牌楼，十字大街是商业中心。哈尔滨建成之前，呼兰一直是"北满"的商业中心，保留着中国独特的招牌文化。关于这些独特的招牌，《滨江省呼兰县情况》中介绍了在市街中经常能看到的几个主要招牌，写道"此等装饰目的在于通过自身形状表现商品性质，形式简单明了，却百分百具有装饰价值，极具雅趣"。比如，钟表店的招牌就是一块大怀表，刀具店的招牌是各种刀具的图片，面馆的招牌是切面的菜刀，服装店是将服装直接挂在那里当招牌。这其中还有"镶牙铺"，让人想起《呼兰河传》中描写的"洋医生"的招牌。从这些招牌可见现实中的"呼兰"涉及各行各业的买卖，这与"并不怎样繁华"的"呼兰河"的街景略有不同。

与此同时，故事中还如实记录了节日庆典和风俗习惯。其中，萧红不惜笔墨地描述了跳大神、放河灯、河边上唱的野台子戏和四月十八日的娘娘庙大会。对于这些《滨江省呼兰县情况》中是这样记述的：

现在，可称为娱乐设施的东西几乎没有，过年时不论县城村落都盛行太平歌（秧歌）、旱船、灯官、撅官、龙灯、狮子和高脚等活动，可以说是居民唯一的娱乐。然而，社会各个阶层人们都打麻将；在求雨时，附近村落里男女老少一起跳秧歌直到深夜；还有一种原始的有如幻灯照片般的拉洋片；过年时有人放风筝，但是不多。

阴历四月十八前后三天的娘娘庙会上会有戏剧表演，搭起各种小棚子玩乐，这是一年之中民众娱乐的高潮。

荒漠的原野上经历了漫长的隆冬，春天来了，大地复苏。农民们从穴居般黑暗的生活中出来开始播种，此时播种结束，正是可以休整一下的时候，娘娘庙就来了。

而且列举了各种戏剧，其中未见《呼兰河传》提到的在河边上唱的野台子戏①。同书中还这样写道：

七月十五日

称作鬼节（鬼即灵魂的意思）。要带上酒肴、冥币（为死者烧的纸钱）等去祭坟，举行盂兰会，放河灯。这在当地十分隆重。

关于跳大神，《伪满洲国风俗》（『満州国の風俗』，满洲事情案内所，1935年9月15日）中有这样的记述：

一种自然崇拜。人们相信，神与人截然不同，巫介于两者之间充当媒介。（中略）古代多是女巫，现在普遍为男巫。巫除了参与祭礼，还会利用神鼓、神铃、神镜、神刀等请来神灵附身，进行加持、祈祷和诅咒。有时会采用十分原始的做法。

《呼兰河传》中写的是个女大神。穿着一件平常人不穿的红裙子，带着一个男同伴，在贴着红纸的牌位前点上香，香点到一半的时候神就来了，她一边敲鼓一边站起来乱跳。到了半夜，要送神归山，"那时候，那鼓打得分外地响，大神也唱得分外地好听；邻居左右，十家二十家的人家都听得到，使人听了起着一种悲凉的情绪"。

总而言之，《呼兰河传》在精神层面强烈地意识到了现实中呼兰的存在，并试图将其作为重点。为此，萧红在现实层面对呼兰做了某种程度的加工润色。这也可以从以下对家人和周围人们的描述中看出来。

---

① 水野清一等著的《北满风土杂记》中提到对在棚子里演出的乡下戏很感兴趣。

（四）

第三章描述的是"我"的家人，第四章描述的是借住在"我"家的人们。

最初登场的是"祖父"。"我"出生时，"祖父"已经六十多岁了，他总是笑着，那笑容就像个孩子。"祖父"长得很高，身体健康，手里总是拄着拐杖，嘴上抽着旱烟管。"我"还不会走路时他抱着"我"走，会走了他就牵着"我"的手走。由于不怎么会理财，家中的一切都由"祖母"管理。他一整天都待在广阔的后院里摆弄菜园子，或者捉弄附近的孩子们。"祖母"骂"祖父"是"死脑瓜骨"，总是责备他。"我"总是跟着"祖父"，"祖母"就叫"我""小死脑瓜骨"。"祖母"死后，"我"搬进"祖父"的房间睡，跟"祖父"学习《千家诗》。萧红在"祖父"身上花了最多的笔墨。

描写第二多的就是"祖母"了。"祖母"的形象不似"祖父"那么清晰，虽然给"我"吃过糖和一些好吃的东西，但是为了惩戒"我"在纸窗上面戳洞的行为，她用针刺过"我"的手指，还总爱训斥"我"最喜欢的"祖父"，所以"我"喜欢不来"祖母"。"祖母"很爱干净，她房间里有很多稀奇的东西，但是"我"每次进去，她都会用眼瞪着我。

文中没有特别提及父母和弟弟们。

等我生来了，第一给了祖父的无限的欢喜，等我长大了，祖父非常地爱我。使我觉得在这世界上，有了祖父就够了，还怕什么呢？虽然父亲的冷淡，母亲的恶言恶色，和祖母的用针刺我手指的这些事，都觉得算不了什么。

（《呼兰河传》第三章-三）

人们根据《呼兰河传》的这一部分和发表在1935年《大同报·大同俱乐部》上的《祖父死了的时候》（1935年7月28日）[①]的以下部分推测，幼年的萧红缺乏亲情。

我联想到母亲死的时候。母亲死以后，父亲怎样打我，又娶一个新母亲来。这个母亲很客气，不打我，就是骂，也是指着桌子或椅子来骂我。客气是越客气了，但是冷淡了，疏远了，生人一样。

（中略）

过去的十年我是和父亲打斗着生活。在这期间我觉得人是残酷的东西。父亲对我是没有好面孔的，对于仆人也是没有好面孔的，他对于祖父也是没有好面孔的。因为仆人是穷人，祖父是老人，我是个小孩子，所以我们这些完全没有保障的人就落到他的手里。后来我看到新娶来的母亲也落到他的手里，他喜欢她的时候，便同她说笑，他恼怒时便骂她，母亲渐渐也怕起父亲来。

母亲也不是穷人，也不是老人，也不是孩子，怎么也怕起父亲来呢？我到邻家去看看，邻家的女人也是怕男人。我到舅家去，舅母也是怕舅父。

但是，《呼兰河传》中也有这样的记述："祖父"蹲在地上拔草，"我"把红色的花插到他的帽子上，一直插了二三十朵，帽子变得红彤彤的，他却毫无察觉，还说玫瑰花香是因为今年春天雨水大，戴着插满鲜花的帽子就进屋了。

那满头红彤彤的花朵，一进来祖母就看见了。她看见什么也没说，

---

① 萧红离开东北是在1934年6月，1935年已在上海。这篇稿子是如何在东北发表的呢？

○（左上）萧红老宅东门（现在萧红纪念馆正门），（右上）东侧萧红出生的房间，（左下）从后院望去的正房，（右下）祖父母的房间。

资料来源：左上图和右上图出自曹革成的书（曹，2005）。

就大笑了起来。父亲母亲也笑了起来，而以我笑得最厉害，我在炕上打着滚笑。

祖父把帽子摘下来一看，原来那玫瑰的香并不是因为今年春天雨水大的缘故，而是那花就顶在他的头上。

他把帽子放下，他笑了十多分钟还停不住，过一会一想起来，又笑了。

祖父刚有点忘记了，我就在旁边提着说：

"爷爷……今年春天雨水大呀……"

一提起，祖父的笑就来了。于是我也在炕上打起滚来。

（第三章-二）

由此不难看出，一个女孩子正在苗壮成长，全家人守护着她，享受着她带来的小小的幸福，家庭氛围和睦温馨。说起萧红的家庭对她如何冷淡时，总会提到"祖母"用针扎"我"的手指这个证据。但是不要忘记，在这之前还有这样一段内容。

我家的窗子，都是四边糊纸，当中嵌着玻璃。祖母是有洁癖的，以她屋的窗纸最白净。别人抱着把我一放在祖母的炕边上，我不假思索地就要往炕里边跑，跑到窗子那里，若不加阻止，就必得挨着排给捅破。若有人招呼着我，我也得加速地抢着多捅几个才能停止。手指一触到窗上，那纸窗像小鼓似的，嘭嘭地就破了。破得越多，自己越得意。祖母若来追我的时候，我就越得意了，笑得拍着手，跳着脚的。

（第三章-二）

关于这一"事件"，异母弟张秀琢的回忆是这样的：

和祖父感情深厚的另一面，反映了她对这个家庭生活的不满。和祖母、父亲、母亲不亲近，是因为他们不能真正地理解她，或在哪件事情上招惹了她。父亲有时严厉些，母亲遇事爱唠叨几句，祖母则像书中所说的用针扎过她的手指，为这事儿我问过父亲，父亲笑着回答说："哪能真用针扎她，奶奶看她用手指头捅窗户纸，就在她的对面拿针比画着，她就记住了，多少天不理奶奶。"

（《重读〈呼兰河传〉，回忆姐姐萧红》）

在年幼的"我"眼里，"祖母"的房间充满了魅力。《呼兰河传》中是这样描写的：

祖母的屋子，一个是外间，一个是内间。外间里摆着大躺箱，地长桌，太师椅。椅子上铺着红椅垫，躺箱上摆着朱砂瓶，长桌上列着座钟。钟的两边站着帽筒。帽筒上并不挂着帽子，而插着几个孔雀翎。

我小的时候，就喜欢这个孔雀翎，我说它有金色的眼睛，总想用手摸一摸，祖母就一定不让摸，祖母是有洁癖的。

（中略）

还有祖母的大躺箱上也尽雕着小人，尽是穿古装衣裳的，宽衣大袖，还戴顶子，带着翎子。满箱子都刻着，大概有二三十个人，还有吃酒的，吃饭的，还有作揖的……

我总想要细看一看，可是祖母不让我沾边，我还离得很远的她就说：

"可不许用手摸，你的手脏。"

祖母的内间里边，在墙上挂着一个很古怪很古怪的挂钟，挂钟的下边用铁链子垂着两穗铁苞米。铁苞米比真的苞米大了很多，看起来非常重，似乎可以打死一个人。再往那挂钟里边看就更稀奇古怪了，有一个小人，长着蓝眼珠，钟摆一秒钟就响一下，钟摆一响，那眼珠就同时一转。

那小人是黄头发，蓝眼珠，跟我相差太远，虽然祖父告诉我，说那是毛子人，但我不承认她，我看她不像什么人。

所以我每次看这挂钟，就半天半天地看，都看得有点发呆了。我想：这毛子人就总在钟里边待着吗？永久也不下来玩吗？

（中略）

祖母的屋子除了这些东西，还有很多别的，因为那时候，别的我都不发生什么趣味，所以只记住了这三五样。

母亲的屋里，就连这一类的古怪玩意也没有了，都是些普通的描金柜，也是些帽筒、花瓶之类，没有什么好看的，我没有记住。

（第三章-三）

萧红有一篇名为《蹲在洋车上》（1934年3月16日）的小文章。文中那个经常坐人力车上街的"时髦"的"祖母"形象与《呼兰河传》中的"祖母"形象一致。

> 有一天，祖母又要进街，命令我：
>
> "叫你妈妈把斗风给我拿来！"
>
> 那时因为我过于娇惯，把舌头故意缩短一些，叫斗篷作斗风，所以祖母学着我，把风字拖得很长。
>
> 她知道我最爱惜皮球，每次进街的时候，她问我：
>
> "你要些什么呢？"
>
> "我要皮球。"
>
> "你要多大的呢？"
>
> "我要这样大的。"
>
> 我赶快把手臂拱向两面，好像张着的鹰的翅膀。大家都笑了！

文中将这时的"我"设定为四岁，实际上她没有给"我"买过球，对于"我"和"祖母"而言，这一对话就像一种仪式。

下面是张秀琢关于幼年的萧红的回忆。他出生时，萧红已经十几岁，并且离开了家，在他的记忆中，没有和萧红一起生活过。这些都是他从亲戚那里听到的事情。

> 姐姐从小性格倔犟。父亲曾对我讲述过这样一件有趣的事儿：姐姐出生后不久，母亲在她睡前照例要用裹布缠住她的手脚以便使她安睡，她却拼力挣扎着不让人抓她的胳膊。来串门的大婶看到这个情形笑着说："这小丫头真厉害，长大准是个'碴子'。"由此，亲友们都说她这种倔犟劲儿是"天生的"。

（《重读〈呼兰河传〉，回忆姐姐萧红》）

此外，《蹲在洋车上》中的"祖父"与《呼兰河传》中的"祖父"形象也略有不同。《蹲在洋车上》中说，"我"六岁了，很想要个新皮球，但是大家都说旧的那个足够了。于是"我"想到一个办法，想把旧皮球踩破，但是怎么也踩不破。"我"只好设计让"祖父"替我踩破，"祖父"发现后，变了脸色，"我"差点儿因此挨打。可是"我"实在受不了那个旧皮球了，决定自己悄悄溜出街买新皮球，结果迷路了。后来一个路过的洋车夫把"我"送回了家。坐在车上，"我"想起了以前"祖母"讲过的乡巴佬的故事。有个乡巴佬不知道怎么坐洋车，他不坐在座位上，而是蹲在放脚的位置，因为他觉得那样拉车的人轻松些。"祖母"和邻居的奶奶因此笑了半天。"我"很快想到这件事情，想学一下那个"乡巴佬"。

拉车的回头来：

"你要做什么呀！"

我说："我要蹲一蹲试试，你答应我蹲吗？"

他看我已经偎在车前放脚的那个地方，于是他向我深深地做了一个鬼脸，嘴里哼着：

"倒好哩！你这样孩子，很会淘气！"

车子跑得不很快，我忘记街上有没有人笑我。车跑到红色的大门楼，我知道家了！我应该起来呀！应该下车呀！不，目的想给祖母一个意外的发笑，等车拉到院心，我仍蹲在那里，像耍猴人的猴样，一动不动。祖母笑着跑出来了！祖父也是笑！我怕他们不晓得我的意义，我用尖音喊：

"看我！乡巴佬蹲东洋驴子！乡巴佬蹲东洋驴子呀！"

只有妈妈大声骂着我，忽然我怕要打我，我是偷着上街。

洋车忽然放停，从上面我倒滚下来，不记得被跌伤没有。祖父猛力打了拉车的，说他欺侮小孩，说他不让小孩坐车让蹲在那里。没有给他钱，从院子把他轰出去。

所以后来，无论祖父对我怎样疼爱，心里总是生着隔膜，我不同意他打洋车夫，我问：

"你为什么打他呢？那是我自己愿意蹲着。"

祖父把眼睛斜视一下："有钱的孩子是不受什么气的。"

当然，也不能将这里描述的"祖父"和其他家人的形象完全等同于实际生活中萧红的家人。但是值得我们注意的是，萧红的作品中也有这种对"祖父"持轻微批判态度的记述。

张秀琢的文章中也提到了寄居在萧红家的有二伯，他是《呼兰河传》第六章的主角。有二伯的乳名叫有子，大家叫惯了，都忘记了他的真姓。他三十岁时来到萧红家，形式上是家人，实际上是个长工。有二伯从未拿过家里的工资，待遇也绝不算好。他的主要工作是管理后院的菜园子。

我家房后有个菜园子，种着蔬菜、苞米、黄烟等作物。虽然忙时大家也到菜园里干点活儿，但主要劳动却落在有二伯身上。他每天很早就起来，侍弄菜园子，供给家里食用的相当一部分蔬菜。（中略）

姐姐常常和有二伯在一起。有二伯到后菜园干活，她也去。有二伯锄地，她拿着一把小铲子挖草；有二伯浇水，她提起小喷壶弄水玩儿。有二伯挺喜欢她，干活时常常主动地把她带着。有时嫌她碍事儿让她躲开，她立刻撅起小嘴儿生起气来，弄得有二伯没有办法，不得不放下手里的活儿哄她。

（《重读〈呼兰河传〉，回忆姐姐萧红》）

这里写到的有二伯与《呼兰河传》中描写的"祖父"形象一致。

祖父一天都在后园里边，我也跟着祖父在后园里边。祖父带一个

280

大草帽，我戴一个小草帽。祖父栽花，我就栽花；祖父拔草，我就拔草。当祖父下种，种小白菜的时候，我就跟在后边，把那下了种的土窝，用脚一个一个地溜平。哪里会溜得准，东一脚地，西一脚地瞎闹。有的把菜种不单没被土盖上，反而把菜子踢飞了。

（中略）

祖父铲地，我也铲地。因为我太小，拿不动那锄头杆，祖父就把锄头杆拔下来，让我单拿着那个锄头的"头"来铲。其实哪里是铲，也不过趴在地上，用锄头乱勾一阵就是了。（中略）

玩腻了，又跑到祖父那里去乱闹一阵，祖父浇菜，我也抢过来浇。

（第三章－一）

白执君在《〈呼兰河传〉几个人物的原型》（1989年3月）中对出现在《呼兰河传》中的人物原型进行了考察。里面提到，现实中的有二伯姓张，名延臣，属于张氏系谱第五代，排行老二，萧红的父亲在同一辈分排行第二十一位。有二伯的乳名叫有子，叫惯了人们就忘记了他的真名。比他年长的叫他有子，比他年幼的叫他有二伯。在有二伯出生三个月和七个月时，母亲与父亲相继去世，他在叔父家喝羊奶长大。三十岁时，他随萧红祖父从巴彦过来，年轻有力，来到张家之后一直当长工干活。张家把后院的菜园子交给他来照料。他每天都在工作，却没拿过工资，张家只供他吃穿。他虽然和萧红的父亲属于同一辈分，但是身份不同，待遇也不同。他干活在先，吃饭在后，一般都跟厨子一起吃，穿的也破旧不堪。他孤身一人在萧红家生活了三十几年。1941年前后，六十多岁时去世了。

萧红的生母在1919年8月26日（农历七月初二）萧红八岁时就去世了，《呼兰河传》中几乎没有关于她的记述也很正常。萧红在《感情的碎片》（1937年1月10日）中一边说"母亲并不十分爱我"，一边又说"但也总算是母亲"，表达了母亲去世时的悲伤。

"母亲就要没有了吗？"我想。

大概就是她极短的清醒的时候：

"……你哭了吗？不怕，妈死不了！"

我垂下头去，扯住了衣襟，母亲也哭了。

关于父亲张庭举的说法很多。综合来看，萧红为反对父亲包办的婚姻离家出走是事实，父女俩因此决裂，一生没再见面。但是张庭举作为父亲似乎时常挂念萧红。例如，张秀琢在文中提到，抗日战争胜利后父亲才自豪地告诉他们"你姐姐（萧红）、你哥哥（秀珂）都参加了革命"（《重读〈呼兰河传〉，回忆姐姐萧红》）。根据王连喜《萧红被开除族籍前后》中的记述，1946年，张庭举支持共产党，主动向人民政府交出自己珍藏多年的《呼兰府志》，而且把自己的房屋和财产也交了出去，只留下自家人住的五间房。由此，张庭举被选入松江省参议院，1947年正月，他亲笔写了一副对联。据姜世忠《萧红父亲自署门联》（《黑土金沙录》，上海书店出版社，1993年7月）中的记述，这是为了庆祝参加新四军的张秀珂于1948年春节前回乡而写的。"惜小女宣传革命粤南殁去；幸长男抗战胜利苏北归来。"其中，"小女"指萧红，"长男"指张秀珂。此外铁峰在《萧红生平事迹考》中介绍了张庭举友人的说法：1960年，张庭举在从呼兰去沈阳的途中拜访了一位哈尔滨的朋友，朋友的女儿在哈尔滨市图书馆工作，他便让人帮忙在图书馆的书库中寻找萧红的作品，一边喝酒一边谈论关于女儿的回忆。

无疑，在《呼兰河传》中出场的"我"的家人是以现实中萧红的家人为原型写作而成的。但是，根据近年来弄清的事实和调查结果，我们会发现，两者之间又有一些细微的差别。虽然每一处差别都不大，但是积少成多，故事距离现实越来越远。

（五）

第四章到第七章描述了借住在"我"家的贫困的人们。

萧红在《呼兰河传》中提到，"我"家有三十间房子，而且还有"院子"。综合这些叙述不难发现，萧红家的屋舍相当气派。[①]第四章中介绍了借住在"院子"中的人们，无一例外都是些贫困、无知的人。萧红用"荒凉"一词来形容他们所居住的"院子"。

第五章叙述了居住在"院子"西侧赶车的胡姓一家的故事。胡家以老太太为中心，住着两个儿子、两个儿媳妇、两个孙子和一个孙媳妇三代八口人。两个媳妇间略有不和，不过也没有什么大问题，两人都努力工作，孝敬老人，周围的人们称赞她家媳妇孝顺。这家的老太太喜欢跳大神，儿媳两人一有机会就为她请来跳大神的。人们都说，老胡家一家人心地善良，人丁兴旺，将来一定会成大器。可是，另一个孙媳团圆媳妇来了之后，胡家却出人意料地走上不幸的下坡路。

来到胡家做童养媳的是一个才十二岁的少女。为了给她一个"下马威"，婆婆从早到晚动不动就打她骂她。团圆媳妇始终没有一个名字。她头发又黑又长，梳着大辫子，被晒黑的脸上总是带着笑容。说起来她整天挨打的原因是，"一点也不害羞，坐在那儿坐得笔直，走起路来，走得风快""头一天来到婆婆家，吃饭就吃三碗"，为了惩戒而拧她大腿时她会反抗，"她咬你；再不然，她就说她回家"。团圆媳妇怎么都不听话，胡家只好为她跳大神。

（团圆媳妇——引者注）虽然不哭了，那西南角上又夜夜跳起大神来，打着鼓，叮叮地响；大神唱一句，二神唱一句，因为是夜里，听

得特别清晰，一句半句的我都记住了。

（中略）

大神差不多跳了一个冬天，把那小团圆媳妇就跳出毛病来了。那小团圆媳妇，有点黄，没有夏天她刚一来的时候，那么黑了。不过还是笑呵呵的。

（第五章-三）

但是一点儿好转都没有。周围的人们也都忍不住了，向胡家介绍各种"偏方"。有人主张给她吃一只全毛的鸡，这个主意想必不会被采纳。有人主张把二两黄连和半斤猪肉切碎后烘干压成面给她吃下，胡家试了这个办法。老太太都四五个月没有吃荤了，可见胡家一定下了很大的决心。恐怕他们接来团圆媳妇花了不少钱，刚开始不想浪费这些钱，可是眼看着团圆媳妇一点儿好转都没有，治疗她的方法也逐渐升级。为了教训团圆媳妇，大媳妇作为婆婆经常对其打骂。她只有在这件事情上是权威的，是自由的。她不想丧失自己这点权威。

有娘的，她不能够打。她自己的儿子也舍不得打。打猫，她怕把猫打丢了。打狗，她怕把狗打跑了。打猪，怕猪掉了斤两。打鸡，怕鸡不下蛋。

唯独打这小团圆媳妇是一点毛病没有，她又不能跑掉，她又不能丢了。她又不会下蛋，反正也不是猪，打掉了一些斤两也不要紧，反正也不过秤。

（中略）

可是这都成了以往的她的光荣的日子了，那种自由的日子恐怕一时不会再来了。现在她不用说打，就连骂也不大骂她了。

（第五章-四）

此时，大媳妇殷切希望团圆媳妇能够恢复"正常"状态，这样才能证明她迄今为止的做法是正确的。她试了所有能想到的办法，但是团圆媳妇丝毫没有恢复"正常"。后来婆婆说她是个"妖怪"，要把她休掉，结果还没等到被休，她就死了。团圆媳妇还太小，不懂得要保护自己的生命就必须遵从习俗。

萧红老家的"西南角"确实住着胡姓一家，接到他家的团圆媳妇死了的事情好像也是事实。白执君在《〈呼兰河传〉几个人物的原型》中提到，80年代末期，团圆媳妇曾经的"丈夫"仍然住在"西南角"。团圆媳妇死后，他结了婚，生下一子，过着儿孙满堂的幸福生活。

现实中胡家的团圆媳妇是怎样死去的我们不得而知，但是萧红在故事中塑造了一个反抗到底的团圆媳妇的形象。她为何要这样做呢？团圆媳妇的反抗并非有意识的反抗，只是因为她尚且年幼，忠于自己的意志。胡姓一家的依据是"习惯=传统"。要想作为社会一员生活下去，必须在传统面前将自己扼杀掉。这样做是正确的，因为大家都是这样做的。结果团圆媳妇没有在传统面前屈服，那些标榜传统的人试图让她屈服，作者要让这些人对此负责。周围的人们原本都在夸赞胡家的和睦，团圆媳妇死后，胡家开始败落。先是大孙媳妇跟人跑了，后来老太太也去世了，大媳妇为着花在团圆媳妇身上的钱哭瞎了一只眼，二媳妇因为自己的儿媳妇跟人跑了十分烦恼发了疯，"老胡家从此不大被人记得了"。团圆媳妇自始至终坚持反抗，最后不惜通过死亡这一终极手段从人世间的羁绊中解脱出来。可是作者并没有让她安息。传说龙王庙东角的东大桥下聚集着那些不能成佛的冤魂野鬼。

据说，那团圆媳妇的灵魂，也来到了东大桥下。说她变了一只很大的白兔，隔三差五地就到桥下来哭。

有人问她哭什么？

她说她要回家。

那人若说：

"明天，我送你回去……"

那白兔子一听，拉过自己的大耳朵来，擦擦眼泪，就不见了。

若没有人理她，她就一哭，哭到鸡叫天明。

（第五章-十一）

团圆媳妇没有意识到她的反抗是在反抗，她的死是"非命之死"。她不理解自己为什么会死，不管有没有人理睬，她的鬼魂每晚在东大桥下出没。无论是其他人还是团圆媳妇，只要不能将反抗作为反抗来认识和评价，只要不能将这一行为从被传统观念掩饰下的众多虚伪中暴露出来，那么仅靠同情既无法救团圆媳妇也无法救人们自己。

（六）

第六章是关于有二伯的故事。

前面提到，在此之前萧红以有二伯为人物原型写过一篇《家族以外的人》（1936年9月4日）。此文主要写的是有二伯的偷盗行为，可以将《呼兰河传》第六章全十四段中的第十一段看作它的翻版。两篇文章既有相同点又有不同点。

《家族以外的人》以"我"与"母亲"的关系为主线，其中关涉到有二伯。"我"当时七八岁，正是调皮捣蛋的时候，总想做被"母亲"禁止的事情。拿馒头，偷来鸡蛋跟附近的孩子一起烤着吃，为了一些新发现爬进储藏室。被"母亲"发现之后就会挨打或者挨饿，但是依然阻止不了"我"的好奇心。不知为何，有二伯总是出现在我的周围，于是"我"对他怀有亲近感，把他当作自己的伙伴。有时候那种心情还会变成尊敬。"我将来也敢和他这样偷东西吗？"家里人也知道他总偷盗，却不直接责备他，而是在三道门上都上了锁。因为入口堵住了，有二伯只好翻墙。害得"我"不敢再在墙根捉蟋蟀,"我"对此很不满。

"不跳墙……说得好,有谁给开门呢?"他的脖子挺得很直。

"杨厨子开吧……"

"杨……厨子……哼……你们是家里人……支使得动他……你二伯……"

(《家族以外的人》)

杨厨子是这个家里唯一理解有二伯的人。有一次有二伯发牢骚,"你杨安……可不用欺生……姓姜的家里没有你……你和我也是一样,是个外棵秧"。

根据白执君的调查,厨子也有原型。在萧红家工作的厨子姓刘,没有大名。因为在张家当了很长时间的厨子,人们都叫他刘师傅。后来,又叫他老厨子。他与有二伯身世相似,一生孤身一人,没有成家。由于是张家的亲戚,一直在张家做菜,每年只拿很少的一点工资。他个子不高,眼睛也不大好,所以菜做得不怎么好,而且水平也不高,只能做家常菜,如果来了客人就得另雇厨师。他一有时间就跟有二伯一起到后院,采很多樱桃和山丁子,拿到街上去卖。土地改革后,工作队禁止雇用长工,张家辞退了他,他回老家山西了(《〈呼兰河传〉几个人物的原型》)。

每天都得翻墙的有二伯,在一次翻墙中受了伤。之后他就无法再工作了,不能工作也就意味着不能再在这里待下去了。"母亲"对有二伯说话毫不留情。

"开门!没有人吗?"

我要跑去的时候,母亲按住了我的头顶:"不用你显勤快!让他站一会吧,不是吃他饭长的……"

那声音越来越大了，真是好像用脚踢着。

"没有人吗？"每个字的声音完全喊得一平。

"人倒是有，倒不是侍候你的……你这份老爷子不中用……"母亲的说话，不知有二伯听到没有听到？

但那板门暴乱起来：

"死绝了吗？人都死绝啦……"

"你可不用假装疯魔！……有二，你骂谁呀……对不住你吗？"母亲在厨房里叫着："你的后半辈吃谁的饭来的……你想想，睡不着觉思量思量……有骨头，别吃人家的饭？讨饭吃，还嫌酸……"

（《家族以外的人》）

后来"我"和有二伯之间也有了裂痕。"我"拿着满手的柿子跑到厢房给有二伯，有二伯像"空着的大坛子一样"正在烤火，用些"我"不懂的话骂我，把"我"从房间赶了出来。从此，有二伯一天到晚看到什么就骂什么，被"父亲"打了一顿。有二伯想走也无处可走，在"我"上小学的那个春天，"不见了"。

与此相对，《呼兰河传》中有二伯和"我"的家人几乎没有交集。《家族以外的人》中的有二伯是从墙上掉下来之后变得奇怪起来的，但是《呼兰河传》中的有二伯一开始就是个怪人。

有二伯的性情真古怪，他很喜欢和天空的雀子说话，他很喜欢和大黄狗谈天。他一和人在一起，他就一句话没有了，就是有话也是很古怪的，使人听了常常不得要领。

（第六章-二）

这一人物设定与《家族以外的人》中的人物设定略有不同。顺便指出，出现在《家族以外的人》中的不是"大红狗"而是"大白狗"。

前文所引张秀琢回忆（《重读〈呼兰河传〉，回忆姐姐萧红》）中的那个带着小孩在菜园子里干活的老好人形象，在《家族以外的人》和《呼兰河传》中都没有出现。傍晚出来乘凉的人们嘴里不停地讲着闲话，而有二伯一声不响地坐着，手里拿着蝇甩子两边挥。这时的有二伯虽说是个长工，却带着一种超脱的没落知识分子的气质。

> 若有人问他的蝇甩子是马鬃的还是马尾的？他就说：
> "啥人玩啥鸟，武大郎玩鸭子。马鬃，都是贵东西，那是穿绸穿缎的人拿着，腕上戴着藤萝镯，指上戴着大攀指。什么人玩什么物。穷人，野鬼，不要自不量力，让人家笑话。……"
>
> （第六章-二）

此外，

> 我跑到了有二伯坐着的地方，我还没有问，刚一碰了他的蝇甩子，他就把我吓了一跳。他把蝇甩子一抖，嚎唠一声：
> "你这孩子，远点去吧……"
> 使我不得不站得远一点，我说：
> "有二伯，你说那天上的大昴星到底是个什么？"他没有立刻回答我，他似乎想了一想，才说：
> "穷人不观天象。狗咬耗子，猫看家，多管闲事。"
>
> （第六章-二）

有二伯身上穿着一件"我"家压箱底的清朝时的衣服，很是奇怪。走路时拖着掉底缺跟的鞋子，"耍猴不像耍猴的，讨饭不像讨饭的"，可是"一走起路来，却是端庄、沉静"，"而且是慢吞吞地前进，好像一位大将军似的"。或许是这个原因，房户、地户都叫他"二东家"，卖酒的、油房和肉店都叫他"二掌柜的"。有二伯在"我"面前总逞强，可是看到"祖父"立刻就会老实起来。

《家族以外的人》和《呼兰河传》中都提到了有二伯带"我"逛公园，可是两个场景差异很大。《家族以外的人》中有二伯说好了要带"我"去公园，但是一直不履行，于是"我"催促他强迫他带"我"去了公园。而《呼兰河传》中没有提到这一经过。到了公园也什么都不买给"我"，"我"想看什么他就说没钱也不给"我"看，这一点在两文中是一样的。但是《家族以外的人》中有二伯把"我"带进一个席子搭成的小房，听了"关公斩蔡阳"的故事，还流下了眼泪。然后在抽签子的地方用两个铜元让"我"抽中了五个糖球（但是有二伯不认得"五"字），这一场景《呼兰河传》中没有。《呼兰河传》中，"我"央求有二伯带"我"看马戏时，有二伯这样对"我"说：

"你二伯也是愿意看，好看的有谁不愿意看。你二伯没有钱，没有钱买票，人家不让咱进去。"

在公园里边，当场我就拉住了有二伯的口袋，给他施以检查，检查出几个铜板来，买票这不够的。有二伯又说：

"你二伯没有钱……"

我一急就说："没有钱你不会偷？"

有二伯听了我那话，脸色雪白，可是一转眼之间又变成通红的了。他通红的脸上，他的小眼睛故意地笑着，他的嘴唇颤抖着，好像他又要照着他的习惯，一串一串地说一大套的话。但是他没有说。

（第六章-十一）

《家族以外的人》中没有画线部分的内容。

此外，《家族以外的人》中对于有二伯不吃羊肉一事虽没有给出明确理由，但花了很大篇幅描述此事。而《呼兰河传》中只写了一句"有二伯不吃羊肉"①。

《家族以外的人》中的有二伯晚上在外面过，白天在家里。而《呼兰河传》中的有二伯每天挑着被子，到"我"家的房户家睡觉。后来，"我"家在正房旁边又增建了房间，有二伯就搬回家里住了。"这时候就常常听到厢房里的哭声"，不知道那哭声为何而来。之后，两部作品中的有二伯都挨了"父亲"的打。挨打的经过并不清楚。不过，《家族以外的人》中有很多人围着看，而《呼兰河传》中看热闹的人站得远远的，杨厨子装作没看见。两作中都出现了啄食有二伯淌在地上的血的"一个绿头顶的鸭子和一个花脖子的"的鸭子。

被"父亲"打了之后，《家族以外的人》中的有二伯变得越来越奇怪，后来"不见了"。而《呼兰河传》中的有二伯又是上吊又是跳井，"演出"给人看，后来大家都知道了，也就没有在意。之后有二伯又"上吊"了好几次，"跳井"了好几次，可是"有二伯还是活着"。我们要讨论的并非上述两种形象中哪一种更接近现实中的有二伯。要关注的是《家族以外的人》中那个性格鄙俗、粗鲁的有二伯在《呼兰河传》中转变成了一个具有没落知识分子气质的人。两部作品中的有二伯后来都疯了。《家族以外的人》中那个鄙俗、粗鲁的有二伯自作自受，破罐子破摔，可以说这是他应得的下场。而《呼兰河传》中具有知识分子气质的有二伯身上带有一种哀愁。他不会给任何人带来危害，却也帮不了任何人，为了活下去无奈偷盗。两部作品中的有二伯都潜入仓库，没有发现"我"的存在，在"我"眼前实施偷盗的情形，在内容和写法上都极为相似，可以说基本上是同文。但是，一个连"五"都看不懂的有二伯的偷盗和蝇甩子不离手的有二伯的偷盗，即便在行为上是一致的，导致他们走上偷盗之路的原因和他们为此承受的精神负担恐怕也是不同的。一般认为，先

---

① 一般认为，这与有二伯年幼失母，喝羊奶长大有关。

写的《家族以外的人》中的有二伯形象或许与作者在现实中接触到的有二伯更为接近。《呼兰河传》中，作者通过给他添加旧式知识分子的风范，加深了他身上的悲剧性，表现了在新时代的洪流中不知所措、随波逐流的旧知识分子的悲哀。对此，萧红在《呼兰河传》中是同情的态度，而在之后写成的《马伯乐》中却是对其强烈揶揄的态度。

第七章写的是冯歪嘴子的故事。萧红写的团圆媳妇、胡姓一家、有二伯都有着悲惨的人生，唯独在写冯歪嘴子时给了他些许光明。由于之前的故事太过悲惨，这微弱的光明显得分外明亮。

冯歪嘴子恐怕和《后花园》中的人物是同一个原型。这部作品早于《呼兰河传》（1940年9月1日起连载于香港《星岛日报》），从1940年4月5日起在香港《大公报》和《学生界》上连载。①这两部作品，也在相当重要的部分上存在差异。

《后花园》中的主人公叫冯二成子，是个贫困的磨倌，到了三十八岁还没有结婚。他每天在沉闷的磨房里拉磨，后花园里的景色再美，再生机盎然，都与他不相干。一个下雨的日子，他偶然听到邻居赵老太太女儿的笑声，心情无法平静。虽然已经做了两年多的邻居，可是在此之前他甚至没有注意到隔壁还有人。他试着回忆自己搬到这间房屋之后的事情，可是能想到的只有母亲来看他，以及母亲去世时还挂记着他和哥哥成家的情景。每天都是如此单调。已经快要四十岁的男人对邻家不到二十岁的小姑娘抱有的爱慕是十分苦闷的。

---

① 《后花园》连载到4月25日。此外，铁峰《萧红生平事迹考》中认为连载是在4月10日—25日，续篇发表在《中学生》战时旬刊三十二号。包括续篇在内，笔者未曾确认。

但冯二成子看着什么都是空虚的。寂寞的秋空的游丝，飞了他满脸，挂住了他的鼻子，绕住了他的头发。他用手把游丝揉擦断了，他还是往前看去。

他的眼睛充满了亮晶晶的眼泪，他的心中起了一阵莫名其妙的悲哀。

他羡慕在他左右跳着的活泼的麻雀，他妒恨房脊上咕咕叫的悠闲的鸽子。

他的感情软弱得像要瘫了的蜡烛似的。他心里想：鸽子你为什么叫？叫得人心慌！你不能不叫吗？游丝你为什么绕了我满脸？你多可恨！

（中略）

从这以后，可怜的冯二成子害了相思病，脸色灰白，眼圈发紫，茶也不想吃，饭也咽不下，他一心一意地想着那邻家的姑娘。

（《后花园》）

但是他顾及自己的身份，最终没能表明心意。不久，姑娘就嫁给他人了。后来他经常去和老太太攀谈，待她同亲人一般。可是老太太也要搬到女儿家了。他帮老太太搬家，把她送到半路。不知为何，他觉得与老太太分别比与自己亲生母亲分别还要难受。这份空虚，让他产生了之前从未有过的想法。

人活着为什么要分别？既然永远分别，当初又何必认识！人与人之间又是谁给造了这个机会？既然造了机会，又是谁把机会给取消了？

回来的路上，他看着那些劳动着的普通人想：

你们是什么也不知道，你们只知道为你们的老婆孩子当一辈子牛马，你们都白活了，你们自己还不知道。你们要吃的吃不到嘴，要穿的穿不上身，你们为了什么活着，活得那么起劲！

他发现自己与赵老太太女儿之间的所有联系都中断了，便像个幽灵一般回到磨房。他没心思干活，在街上游荡到半夜，大家都回去睡觉了，三十多岁的寡妇老王家里还亮着灯。老王是靠帮人缝衣服过活的。他之前把自己的单衫放在这里缝，老王看到他意志消沉，就给他买来烧饼、酱肉和酒。她一边喝酒一边说：

人活着就是这么的，有孩子的为孩子忙，有老婆的为老婆忙，反正做一辈子牛马。年轻的时候，谁还不是像一棵小树似的，盼着自己往大了长，好像有多少黄金在前边等着。可是没有几年，体力也消耗完了，头发黑的黑，白的白……

不可思议的是，两人一拍即合。冯二成子回去时，感到自己的心已经完全解放了。他看到老王家的灯还亮着就折了回去，又叩开了老王家的门。当晚两人就结婚了。

他并不像世界上所有的人结婚那样：也不跳舞，也不招待宾客，也不到礼拜堂去。而也并不像邻家姑娘那样打着铜锣，敲着大鼓。但是他们庄严得很，因为百感交集，彼此哭了一遍。

第二年，冯二成子当上了父亲。两年后，孩子的母亲去世，不久孩子也死了。后来，园主人上了年纪也去世了，他依旧在这里推磨。

这个故事，在《呼兰河传》中变动很大。《呼兰河传》中的冯歪嘴子天天在磨房里拉磨，一到夏天，黄瓜秧和南瓜秧的枝蔓爬满磨房，他就隔着窗户跟外面的人讲话。有时候外面都没人了他也没发现，继续讲着。到了秋天，新鲜黏米熟了的时候，他就做粘糕出去卖。"祖父"和"我"都非常喜欢吃粘糕。有一次，"母亲"让"我"去买粘糕。到了后"我"发现冯歪嘴子的小炕上拉着布帘，"我"掀开一看，里面有一个女人和一个小孩。《呼兰河传》中没有提到冯歪嘴子和这个女人相识、生子的经过。

或许是由于妻子的事情暴露了，冯歪嘴子来央求"祖父"。

冯歪嘴子坐在太师椅上扭扭歪歪的，摘下那狗皮帽子来，手里玩弄着那皮帽子。未曾说话他先笑了，笑了好一阵工夫，他才说出一句话来：

"我成了家啦。"

说着冯歪嘴子的眼睛就流出眼泪来，他说：

"请老太爷帮帮忙，现下她们就在磨房里呢！她们没有地方住。"

（中略）

祖父答应了让他搬到磨房南头那个装草的房子里去暂住。冯歪嘴子一听，连忙就站起来了，说：

"道谢，道谢。"

一边说着，他的眼睛又一边来了眼泪，而后戴起狗皮帽子来，眼泪汪汪地就走了。

（第七章-二）

冯歪嘴子的"掌柜的"夫妇不允许他结婚生子，但他毫不屈服。冯歪嘴子的老婆本是附近口碑很好的一个姑娘，但是当大家知道她跟了冯歪嘴子，都翻脸开始说她的坏话。"好好的一个姑娘，看上了一个磨房的磨倌"。这时团圆媳妇已经死了很久了，人们终于又多了一个谈资。每天都有人在他家门口"探访"，说些有的没的。有说孩子死了的，有说冯歪嘴子上吊了的，还有说他去买了一把菜刀准备自刎。但是，这都不过是流言蜚语。过了一年，孩子仍然好好地活着。周围的人虽然嘴上说他，实际上都会把多出来的吃的留给他家"大少爷"。每次他都不觉羞耻，欣然接受。后来第二个孩子也要出生了，可是孩子出生不久，妻子就去世了。妻子死后，大家都觉得这回冯歪嘴子算是完了，等着看他的不幸。

可是冯歪嘴子自己，并不像旁观者眼中的那样地绝望，好像他活着还很有把握的样子似的，他不但没有感到绝望已经洞穿了他，因为他看见了他的两个孩子，他反而镇定下来。他觉得在这世界上，他一定要生根的，要长得牢牢的。他不管他自己有这份能力没有，他看看别人也都是这样做的，他觉得他也应该这样做。

于是他照常地活在世界上，他照常地负着他那份责任。

（中略）

他在这世界上他不知道人们都用绝望的眼光来看他，他不知道他已经处在了怎样的一种艰难的境地。他不知道他自己已经完了，他没有想过。

（第七章-十）

冯歪嘴子的两个孩子，想必成长得不会很好，可是仍然活着。

在别人的眼里，这孩子非死不可。这孩子一直不死，大家都觉得惊奇。

到后来大家简直都莫名其妙了，对于冯歪嘴子的这孩子的不死，别人都起了恐惧的心理，觉得，这是可能的吗？这是世界上应该有的吗？

（第七章-十）

冯歪嘴子的行为是对社会和历史的大胆挑战。但是他却辜负了大家的"期待",一次又一次挺过难关,取得了胜利。他的行为和成功粉碎了人们的既成观念。萧红在上一章中描述了一个没落的知识分子有二伯的悲伤,在这一章中向读者暗示了这个没有任何教养和知识的随处可见的甚至可以说是被人蔑视的磨倌明亮的未来。据白执君《〈呼兰河传〉几个人物的原型》,好像现实中的确有冯歪嘴子,主人死后,他就行踪不明了。无论是有二伯还是冯歪嘴子,我们通过将《呼兰河传》和以同一人物为原型写作的其他作品进行比较,发现记述在《呼兰河传》中的内容与现实情况绝非完全相同,作者有意对其进行了加工。

（八）

迄今为止,人们认为萧红在《呼兰河传》中以独特的表现手法描述了生活在北方大地的人们亘古不变的生活方式,暴露了他们的封建意识,以此对《呼兰河传》进行正面评价。同时,人们认为洋溢在文中的乡愁是由于萧红思乡所致。不能否定,笔者曾经也抱有同样的看法。的确,"严冬一封锁了大地的时候,则大地满地裂着口"这一开头,"生、老、病、死,都没有什么表示。生了就任其自然地长去;长大就长大,长不大也就算了"这一北方人的生活方式,的确深入人心。据说第一章第八节被命名为"火烧云",并用作中国作文教育的范本。但是就像我们在诸多人物的故事,尤其是有二伯和冯歪嘴子的故事中所看到的那样,这部作品并非仅以萧红幼年时期的乡愁为基础写作而成。

团圆媳妇和冯歪嘴子的活法绝非自觉的选择。他们之所以与其他人的活法不同,是因为他们尽管不自觉,却一直希望作为一个"人"活下去。在其他人眼中,这是在鲁莽地挑战社会和传统,这甚至让他们感到恐惧。想要通过超越人的"神"来制服年幼的团圆媳妇也是这个原因。但是她却对此毫不屈服，最终搭上了性命。在周围的人们看来，这一定是她应得的下场。但是她死后，降临到其他人身上的各种不幸，人们果真都能预测到吗？

冯歪嘴子和冯二成子这一阶层的人，想与女性结合，却不得不在对这种理所当然的情感的压抑下活着。他们任由自己的冲动行事，这是在向世界宣告自己也是"人"。冯二成子和老王结合的那个晚上，很是"庄严"，"百感交集，彼此哭了一遍"，也是由于上述原因。对于他们而言，这是他们赢得了作为"人"的尊严的庄严瞬间。

然而，由于这一挑战过于巨大，很难取得完全的胜利。冯二成子失去了妻子和孩子，又回到了独身状态。而冯歪嘴子虽然失去了妻子，却还有孩子。冯二成子想得却没得到的那个东西，作者给予了冯歪嘴子。那就是希望。

或许萧红写这部作品就是为了描写冯歪嘴子的希望。故事中有个大泥坑，不管它多危险，多碍事，都没有人提起要填上它；故事中有善良的一家，他们住在一个古老的房子里，周围是些古旧的东西，他们安稳地生活着。萧红用"我家的院子是很荒凉的"来表现沉淀在那里的空气。为了扫除这一气氛，作者首先写了年幼的团圆媳妇。她虽然没有挑战成功，却并非徒劳。她死后，人们心中泛起了之前想都未想过的层层微波。但是作者没有紧接着记述冯歪嘴子的故事，而是通过插入没落的知识分子有二伯的故事，向读者展示了泯灭者的姿态。这样，《家族以外的人》中的有二伯转变成了具有旧知识分子风范的人。他试图上吊和跳井，来宣告自己作为"人"的存在，但是他的行为没有带来任何成果。正因为写到了泯灭者的感伤，冯歪嘴子的挑战成果才显得越发明朗、有力，让读者更加印象深刻。与此同时，三位出场人物的行为结果顺次好转，也使得冯歪嘴子的希望显得更加明亮。团圆媳妇死了，有二伯活了下来，冯歪嘴子虽然死了妻子，却带着两个儿子共同活了下来。儿子活了下来，也就给未来带来了希望。"别人也都是这样做的，他觉得他也应该这样做"这一深深扎根在他心中的信念，表明了不被认可为"人"的冯歪嘴子想要作为"人"活下去的勇气。

由此可见，这部作品看上去似乎没有明晰的情节，实际上却是在明确的创作意图之下巧妙构思而成的。这部作品的主题在于作为"人"活下去，这不但说明它贯彻了萧红自《生死场》之后的问题意识，而且也表现出作者在《生死场》之后通过六年半的创作活动更加明确了问题之所在。从出现在这部作品中的有二伯的形象可以看出，萧红的绝笔之作《马伯乐》绝非与其他作品毫无关联。

三

《马伯乐》的世界

长篇小说《马伯乐》是萧红的绝笔之作。1940年春，萧红在香港提笔写这部小说，1941年1月由大时代出版社出版单行本，单行本的封面由萧红亲自设计。长期以来，人们认为这部作品还有续篇，萧红去世近四十年时续篇终于被发现。1981年，出版社将已经发表的内容作为"第一部"，续篇部分作为"第二部"，将两部合在一起发行了单行本。1981年版的《马伯乐》前言中详细叙述了这一经过。里面提到，第二部在香港《时代批评》的第六十四期（1941年2月1日）至第八十二期（1941年11月1日）上连载，长期以来没有被人发现。尽管之后因为萧红病重中断[①]，然而现存的全九章合计约八万字，分量直逼大约十万字的第一部。即使仅以现存部分来看，《马伯乐》也是萧红作品中篇幅最长的一部。

---

① 当时二十岁的袁大顿是端木蕻良的助手。他来到医院看望萧红，告诉萧红连载的《马伯乐》已经没有积稿了，问萧红怎么办。萧红怔住了，说："大顿，这我可不能写了，你就在刊物上说我有病，算完了吧。我很可惜，还没有把那忧伤的马伯乐，提出一个光明的交代。"（袁大顿《怀萧红》）

萧红写《马伯乐》的时候身体情况并不好，但是她依然坚持在写。与其他作品相比，这部小说有以下三个特征：

① 是一篇以一个人物为轴展开故事的长篇。

② 没有表现出作者对出场人物的同情和共鸣。

③ 有意识地创作具有讽刺效果的社会小说。

1946年1月22日在重庆召开的萧红逝世四周年纪念会（东北文化协会主办）上，在《〈生死场〉后记》中对《生死场》给予高度评价的胡风进行了演讲，他说"萧红后来走向了脱离人民脱离生活的道路，这是毁灭自己创作的道路，我们应该把这当作沉重的教训"。[1]此外，石怀池在《论萧红》中指出，马伯乐这一人物在批判这一点上是成功的，但又引用萧红的朋友柳无垢评价《马伯乐》的话，即"萧红的描写有一点近得琐碎，失去她旧有的新鲜和反抗的朝气"，对其表示赞同，认为萧红在"走下坡路"。可见，当时大部分人认为，在抗日战争高潮之下，描写马伯乐这样的人物，有百害无一利。但是，第二部出版后，人们一改往日对它的评价，认为这部作品通过描写抗日战争中的消极面，尖锐地讽刺和批判了当时的社会现实。[2]究其原因，第一部描述

---

[1]　根据《胡风回忆录》（《新文学史料》1984年第一期至1990年第三期）。此外，本书中还提到了1941年6月6日胡风来到香港后探访萧红的印象。"无论她的生活情况还是精神状态，都给了我一种了无生气的苍白印象。（中略）我不得不在心里叹息，某种陈腐势力的代表者把写出过'北方人民的对于生的坚强，对于死的挣扎'，'会给你以坚强和挣扎的力气'的这个作者毁坏到了这个地步，使她精神气质的'健全'——'明丽和新鲜'都暗淡了和发霉了。"萧红死后，胡风在《悼萧红》中这样写道："她忽然没有告诉任何人，随T（端木蕻良——引者注）乘飞机去香港了。她为什么要离开当时抗日的大后方？她为什么要离开这儿许多熟悉的朋友和人民群众，而要到一个她不熟悉的、陌生的、言语不通的地方去？我不知道，我想也没有人能知道他们的目的和打算吧？这样她就和内地远离了，她的情况我们也无法知道了。"曹革成提到，得知两人去了香港之后，胡风在给许广平的信中说，"（萧红和端木——引者注）秘密飞港，行止诡秘"，两人知道后十分愤怒（曹，2005）。

[2]　就笔者所知，现代研究者中只有铁峰《萧红文学之路》继承了抗战时期的评价。

了主人公在青岛时代的放荡生活，第二部描述了抗日战火之中主人公一家"逃难"的情景，除了内容上的差异，恐怕还应考虑到第二部的发现是在第一部出版四十年之后这一时间要素。但是上述两种看法都是将重点放在"抗日战争"背景下作家应该写什么、应该怎样写这一题材论和方法论上进行评价的，从这一点来看，并无太大变化。由于《马伯乐》在萧红作品中的特异性，许多研究者都将其与萧红的其他作品分开看待。艾晓明在《女性的洞察——论萧红〈马伯乐〉》中，注意到了《马伯乐》与其他作品之间的关联，试图将这部作品中的特异性当作一个作家的内在问题来考虑，这是值得我们首肯的。①的确，如果试图将《马伯乐》视为以"生、老、病、死，都没有什么表示。生了就任其自然地长去；长大就长大，长不大也就算了"的自然观为基调写作的作家的作品来评价，恐怕会感到疑惑。但是，这部作品是萧红在身体抱恙的情况下依然竭尽全力写作而成的，篇幅极长，其中一定会表露出萧红原本的想法和风格。《马伯乐》到底在萧红的整个创作活动中占据怎样的位置，我们该如何解读和评价这部作品呢？

（二）

《马伯乐》的第一部和第二部在时间上是连续的，但是主题不同。第一部写的是马伯乐与父亲之间的争执，第二部写的是抗日战争开始后的社会百态和马伯乐面对战争表露出来的利己、愚蠢的小人物形象。

主人公马伯乐是青岛一个资本家的长男，中学毕业后无所事事。

---

① 艾晓明从女性主义的立场，将目光转向马伯乐的妻子，而不是马伯乐，认为文中提到了在混乱中马伯乐的妻子如何保全一家。从这一点来看，这部作品与萧红以往的作品一样，都在试图从弱者的角度描写社会，其背景是"萧红对中国知识分子所具有的现代性十分怀疑"。"中国知识分子所具有的现代性"姑且不谈，我认为对妻子的这一评价有些勉强。

父亲好不容易积累起如今的家产，不允许他挥金如土，不过跟朋友玩耍的闲钱马伯乐还是有的。

马伯乐的父亲在几年前改信基督教，给自己年近三十的浪子取了一个外国名字"保罗"（儿子讨厌这个名字，改成"伯乐"），这个名字在《圣经》中也出现过。他是个盲目的外国崇拜者，曾经肆无忌惮地说："虽然也有过八国联军破北京，打过咱们，那打是为了咱们好。外国人是咱们中国人的模范。"他认为中国无论在哪方面都比不上外国，所以自己学习外语，也让孩子们学习外语，让他们穿洋装长大。改信基督教后，在每个房间都挂上圣像，每天向家人读那本涂着金粉、价格昂贵的《圣经》。

马伯乐的父亲将马家的传统定为"圣经和外语"，从外表来看，他是"纯粹的中国老头"。留着长长的指甲，穿着中国的传统服装。原本想戴上一副外国眼镜，但是由于鼻子太低总是往下掉，只好戴上乾隆时代的旧眼镜。这副眼镜和贴在佣人房间中像年画般每年一换的圣像都是对"中体西用"的尖锐讽刺。

儿子马伯乐十分厌恶这样的父亲和在父亲操纵下的家。他恶毒地认为这个家"平庸、沉寂、无生气……青年人久住在这样的家里是要弄坏了的，是要腐烂了的，会要满身生起青苔来的"。马伯乐批判这个动不动就跪在圣像前祈祷的家是"没有道德的，没有信仰的"，对此十分憎恶。"这还可以吗？（中略）从小就教他们的子弟见了外国人就眼睛发亮，就像见了大洋钱那个样子。外国人不是给你送大洋的呀！他妈的，民脂民膏都让他们吸尽了，还他妈的加以尊敬。"可是另一方面，他一踏进外国商铺，就有一种"庄严"的感觉，而且认为外国的翻译小说比中国小说有趣得多。他"并不是看得起外国人，而是他没有办法"。在街上走路时，如果有个中国人把他撞了一下，他会骂"真他妈的中国人"，可如果对方是外国人，他就连忙说"Sorry"。这"并不是他怕外国人，因为外国人太厉害"。不喜欢外国名字而将自己的名字改成"伯乐",实际上这个名字和"保罗"大同小异。而且,他的三个孩子都起的是与"保罗"一样《圣经》中常见的外国名字,分别叫"大卫""约瑟"和"雅格"。一有什么事情他的口头禅就是骂"真他妈的中国人",到头来还是"中国人非外国人治不可,外国人无缘无故地踢他几脚,他也不敢出声"。

现存史料中没有关于萧红信仰基督教的记录,她本人也没有留下关于基督教的文章。要说起她与基督教的关联,恐怕首先会让人想起高耸在故乡呼兰的天主教堂和哈尔滨的标志中央寺院。1889年,法国人将天主教传入呼兰。[①]端木蕻良母亲的病由一位法国牧师医好,由此她从佛教改信基督教。此外,1941年初,史沫特莱来香港时拜访了萧红[②],对她的身体状况感到吃惊,向她介绍了香港最好的英国医院玛丽医院,并让萧红在一个英国主教家疗养了一段时间。另外根据袁大顿的回忆,萧红后来在玛丽医院住院时曾经通读过《圣经》(《怀萧红——纪念她的六年祭》)。但是,在香港的这些与基督教的关联,都发生在《马伯乐》第一部完成之后。

没有证据证明出现在《马伯乐》中的人名取自《圣经》,但是马伯乐的父亲给儿子起的"保罗"这个名字很容易让人联想到《新约圣经》中的使徒保罗。保罗在罗马帝国传播福音,使罗马的基督教势力坚如磐石,为基督教的传播建立了丰功伟绩。马伯乐的长子名叫"大卫",在《旧约圣经》中,他是勇猛果敢的以色列大卫王。长子每天在

---

① "天主教于明治二十二年(1889年)由法国人传入,现在的司铎是两个中国名为何林、丁树的法国人,信徒有大约一千人。虽然耸立在县城东北角的三层楼房的天主教堂在这一带十分少见,但是据说繁荣时期已经过去,正在走向衰落。基督教在东西两个方向均设有礼拜堂,信徒大约一百七十人左右,教义较新。"(《伪满洲国各县视察报告》)"1866年,韦廉臣开始在满洲进行基督教传教。(中略)在满洲的基督教主要通过天主教在全国铺开教会网。"参见《伪满洲国概览》(『满州国概览』)。

② 1936年,萧红在鲁迅家中认识史沫特莱。

学校被罚站，脸上一点血色也没有，有些神经质，做事小心翼翼，十分任性。次子"约瑟"长着一头褐色的头发，看上去就像外国人，格外受祖父疼爱。他行为十分粗鲁，这是因为家人从小就教育他见人就打。第三个孩子"雅格"是一个一天到晚都不哭，可爱又懂事的女孩子。不用说，雅格本是个男孩名。不过，这些以《圣经》中名字为名的人物的故事，并不能作为整个故事的复线起到增强讽刺效果的作用，反而是通过借用彰显欧美精神的《圣经》中的人名，强烈讽刺了仿效欧美之形的清末中国知识分子的浅薄，以及隐藏在这种仿效之后卑微的劣等意识和民族自尊心的匮乏。

马伯乐反对父亲，可这实际上不过在表露他对自己没有主导权的不满。他与父亲一样，被牢牢地编入了旧体制之中，虽然嘴上说着不满，实际上没有父亲的接济自己便无法生活下去。因此，不能将他对父亲的反抗视为他自我意识的觉醒。对外国和外国人卑屈的态度，是基于对包括自己在内的中国人抱有的劣等意识，从这一点来看两人在本质上是相同的。父亲和儿子都认为，按照"优胜劣汰"法则，中国人相对于外国属于"劣"的一方。但是马伯乐一直有一种危机感，"到那时候可怎么办哪"，他认为，按照"优胜劣汰"，这种危机感可以保证自己在中国人这一劣等人群中成为强者。而且，不知什么时候，这个想法变成了可以确保自己在世界上成为绝对的强者。"那时候"具体是什么时候，实际上他自己也不知道。但是可以确定的是，那个时候本是不该来的，是应该远离的。然而，既然只有那个不该来、不想让它来的"那时候"来了才能确定自己属于"优胜劣汰"中的强者地位，"那时候"就必须来。因为只有"那时候"来了，他才可以凌驾在包括父亲在内的所有"他妈的"中国人之上，成为强者受到祝福。现代的许多研究者将这一思考方式与鲁迅笔下阿Q的"精神胜利法"联系在一起，认为这部小说的主人公继承了鲁迅创造的阿Q形象。

研究者们将马伯乐与阿Q联系起来恐怕还跟下面这件事情有关。聂绀弩在为《萧红选集》（1981年12月）作序时介绍说，在西安和临汾时，有人说萧红是个优秀的散文作家，但是写不出小说来，萧红对此十分愤慨，说"写《阿Q正传》、《孔乙己》之类！而且至少在长度上超过他"。

为追求"那时候"，只身前往上海"逃难"的马伯乐借了一间房间，那个房间没有窗户，也听不到周围的声音。这一设定象征了马伯乐与其置身的现实社会之间的关系。

他的屋子是暗无天日的。（中略）不但是马伯乐的房子没有窗子，所有楼下的房子也都没有窗子。（中略）

一天到晚是非开电灯不可的，那屋子可说是暗无天日的了。一天到晚，天错地黑，刮风下雨也都不能够晓得，哪怕外边打了雷，坐在屋子里的马伯乐也受不到轰震。街上的汽车和一切杂音，坐在这屋子里什么也听不见，好像世界是不会发声音的了，世界是个哑巴了。有时候，弄堂里淘气的孩子，拿了皮球向着墙上丢打着。这时候马伯乐在屋里听到墙壁啪啪地响，那好像从几百里之外传来的，好像儿童时代丢了一块石子到井去，而后把耳朵贴在井口上所听到的那样，实在是深远得不得了。有时弄堂里的孩子们拿了一根棍子从马伯乐的墙外边划过去，那时他听到的不是啪啪的而是刷刷的，咯拉咯拉的……这是从哪儿来的声音？这是什么声音？马伯乐用力辨别也辨别不出来，只感到这声音是发在无限之远。总之马伯乐这屋子静得似乎全世界都哑了，又好像住在深渊里边一样，又黑又静。

马伯乐的生活完全与现实隔离，这一情景也是他内心世界的隐喻。

在此之前，出现在萧红作品中的人物都是既没钱也没受过教育的人。可以说，萧红通过描写没来由地降临在这些拼命活着，不知何时就会被时代和社会压垮的没钱没素质的弱者们身上的悲哀，确立了自己的作家地位。而且，萧红经常选择女性作为这些弱者的代表来描写。

这也是理所当然的，因为在那个时代，萧红自己作为女性也不得不承受各种负担。她将自己体会到的悲哀反映在那些女性身上，因此萧红的作品在今天也能抓住许多读者的心。然而，在这部作品中，作者笔下的主人公是一个城市小资产阶级家中的少爷。虽称不上有学识，但也算中学毕业，或许是为了向父亲炫耀自己的优秀，还去上海大学当旁听生。文中的女性形象都不突出，仅有与马伯乐在武汉恋爱的王桂英有几分存在感。文中的梗妈十岁丧母，十五岁嫁人，三年里生下三个孩子，第三个孩子还没有出生丈夫就去了关东（东北），之后下落不明；小丫环在两岁时被贫困的母亲在街上像卖羊一样卖了出去；马车夫由于伤寒被弄得家破人亡，后来被马伯乐的父亲救下到马家拉车。上述马家的佣人身上虽然还有前期作品中人物的影子，但是从全局来看，不过是一些与主要情节无关的、短小的插入部分而已。

萧红留下的作品中，《呼兰河传》（约十三万六千字）和《马伯乐》（约十八万字）这两部后期作品篇幅尤其长，次长的是《生死场》（约六万八千字）。其中《呼兰河传》和《生死场》中都没有特定的主人公，描述的是居住在那片土地上的众生相。与此相对，《马伯乐》执着地描述了一个没有扎根土地的知识分子像浮萍般漂泊的生活。主人公马伯乐并没有意识到自己生活在"中国"这片土地上，对于自己生长的家庭和土地没有认同感。《生死场》中的"愚夫愚妇"（胡风《〈生死场〉后记》）与那片土地命中注定联系在一起，在那里挣扎、痛苦，最终意识到"我不当亡国奴，生是中国人，死是中国鬼"。马伯乐与他们是性质上完全不同的人。在萧红看来，《生死场》和《呼兰河传》中的人注定与土地联系在一起，而马伯乐在哪里都可以生存，这也意味着，哪里都没有可供他生存的场所。比如"八一三"之后，萧红在上海写过这样一篇文章。当时秋风传递着秋的气息，她深切地感到，故乡最美是秋天。

昨天我到朋友们的地方走了一遭，听来了好多的心愿——那许多心愿综合起来，又都是一个心愿——这回若真的打回满洲去，有的说，煮一锅高粱米粥喝；有的说，咱家那地豆多么大！说着就用手比量着，这么碗大；珍珠米，老的一煮就开了花的，一尺来长的；还有的说，高粱米粥、咸盐豆。还有的说，若真的打回满洲去，三天二夜不吃饭，打着大旗往家跑。跑到家去自然也免不了先吃高粱米粥或咸盐豆。

比方高粱米那东西，平常我就不愿吃，很硬，有点发涩（也许因为我有胃病的关系），可是经他们这一说，也觉得非吃不可了。（中略）

但我想我们那门前的蒿草，我想我们那后园里开着的茄子的紫色的小花，黄瓜爬上了架。而那清早，朝阳带着露珠一齐来了！（中略）

家乡这个观念，在我本不甚切的，但当别人说起来的时候，我也就心慌了！虽然那块土地在没有成为日本的之前，"家"在我就等于没有了。

这失眠一直继续到黎明之前，在高射炮的声中，我也听到了一声声和家乡一样的震抖在原野上的鸡鸣。

（《失眠之夜》1937年8月22日）

这种感受马伯乐是没有的。

（三）

萧红之前的作品中充满了对文中人物的痛苦、悲伤的共鸣和同情。但是《马伯乐》中没有。作者采取了对其无情批判、嘲讽的态度，很多研究者据此认为这表现了萧红出色的"讽刺"才能。但是考虑到萧红自身也是地方城市小资产阶级出身，当时多数女性无法受到教育，而萧红却可以读到中学，而且文中马伯乐的逃难路线与自己的逃难路线相同，对他的卑贱和愚蠢的彻底讽刺，恐怕也是一种自虐的表现吧！

在故事中马伯乐离沪的同时期，萧红与萧军离开上海，来到武汉。当时作家们最关心的是如何将抗日战争与自己的文学活动结合起来。

然而，拿了枪就不能拿笔，拿了笔就不能拿枪。也就是说，身为中国人的行为和身为作家的行为无法共存。但是，与这些人的焦虑相比，萧红显得比较淡然。离开上海前，集结在上海的东北出身的作家们经常聚会^①，其中的一人张琳这样回忆道：

我初认识萧红是"八一三"以后两月，在上海法租界一间东北作家集群居住的屋子里。那时大家都在打算如何投身到抗战的烽火中去，而萧红却不忙，她的脸色很黄，样子也很憔悴，我私信她有鸦片的恶好，后来才知她并不吸鸦片，但对烟卷却有大癖^②。

不错的，那天晚上，我便见她烟不离手，坐在她旁边的萧军倒吸得并不热心。正当她在凝神吸烟的时候，二楼晾台上一个六七岁的小姑娘喊说："看呵，好漂亮呵！"萧红听见这喊声，忙叫正在收拾行李的白朗说"你听"，并且抬头向那小姑娘打照呼，欢喜得什么似的。

（《忆女作家萧红二三事》1942年5月6日）

前面讲到，在武汉时，萧红与萧军一道参与了胡风倡导下的《七月》的创刊。1938年初，《七月》同人举行了一次座谈会。^③年轻作家

① 根据东北出身的作家李辉英在《萧红逝世三十周年》（1972年1月17日）中的回忆，当时他们正聚会在金人家商量集体创作《保卫大上海》。参加的人除李之外，还有罗烽、白朗、舒群、萧军、萧红、杨朔、陈白尘，商量决定每人写四千字，罗烽任总编。这个计划最终没能实现。这是李与萧军、萧红夫妇第一次见面。他在文中提到，萧红身材苗条，气质就像哈尔滨的女学生。
② 萧军说过萧红不抽烟（《人与人间》），或许这个时候开始抽烟了。
③ 参加的有艾青、邱东平、聂绀弩、田间、胡风、冯乃超、端木蕻良、萧红、楼适夷、王淑明共十人。附记中提到萧红因病没能参加。会议记录发表在《七月》第七期（1938年1月16日）。根据《胡风回忆录》中的记述，会上不设具体讨论题目，希望通过自由发言增进对问题的关心，但是由于准备不足，没能进行深入分析。包括之后举行的两次讨论会在内，都远不能满足读者的期望。座谈会的日期参考了《端木与萧红》。

们一起商讨了在抗日战争时期，文艺能够发挥怎样的作用、应该发挥怎样的作用这一当前人们最为关心的事情。应该将什么作为题材？怎样写？必须紧密联系的生活是什么？男性作家们在烦恼是否应该跟随部队上前线，对此，萧红认为，即使去了前线，只要没能把握战争的全部，再怎么写自己的体验也都不过是空虚的文字。而且她引用雷马克的《西线无战事》，说只有"打了仗，回到了家乡以后，朋友没有了，职业没有了，寂寞孤独了起来，于是回忆到从前的生活"，才能写出真正的战时生活。现实中的萧红由于日本入侵，被迫离开故乡东北，此时又离开上海四处流浪。对照萧红的经历，这些话显得更加沉重和殷切。此外，有趣的是，雷马克的这部作品批判了打着爱国口号美化战争的行为。萧红接着说，自己周围到处都是战时生活，一想到这些她就按捺不住自己高涨的情绪，平静不下来。

《马伯乐》中有好几处描写都是萧红自己的经历。首先来看看第二次上海事变开始不久，伤员陆续被送往上海的场景。

"八一三"的第三天，上海落了雨了，而且刮着很大的风，所以满街落着树叶。法租界的医院通通住满了伤兵。这些受了伤的战士用大汽车载着，汽车上边满覆了树枝，一看就知道是从战场上来的。女救护员的胳膊上戴着红十字，战士的身上染着红色的血渍。战士们为什么流了血？为了抵抗帝国主义的屠杀。伤兵的车子一到来，远近的人们都用了致敬的眼光站在那里庄严地看着。（中略）

他看前边的街口上站着一群人。一群人围着一辆大卡车，似乎从车上往下抬着什么。马伯乐一看那街口上红十字的招牌，才知道是一个医院，临时收伤兵的。

（《马伯乐》）

上述场景与"八一三"四天后萧红写的散文《火线外二章·窗边》

（1937年11月1日）的以下部分重合。

他们在搬运货物的汽车上，汽车的四周插着绿草，车在跑着的时候，那红十字旗在车厢上火苗似的跳动着。那车沿着金神父路向南去了。远处有一个白色的救急车厢上画着一个很大的红十字，就在那地方，那飘蓬着的伤兵车停下，行路的人是跟着拥了去。那车子只停了一下，又倒退着回来了。退到最接近的路口，向着一个与金神父路交叉着的街开去，这条街就是莫利哀路。这时候我也正来到了莫利哀路，在行人道上走着。那插着草的载重车，就停在我的前面，那是一个医院，门前挂着红十字的牌匾。①

散文中写出了萧红对于在战争中受伤的人们的悲悯和对给人们带来伤害的战争难以忍受的情绪，但是故事中的马伯乐对此毫不关心。他低下头踩着落叶继续往前走，心里盘算着应该逃往哪里。伤员很多意味着战况对中方不利，那就必须尽早逃走。

此外，《马伯乐》中还写到了从上海到南京途中淞江桥上的情景。

淞江桥是从上海到南京的火车必经之路。那桥在"八一三"后不久就被日本飞机给炸了。而且不是一次地炸，而是几次三番地炸。听说那炸得惨，不能再惨了，好像比那广大的前线上，每天成千成万的死亡更惨。报纸上天天作文章，并且还附着照片是被日本炸弹炸伤了的或者是炸死了的人。旁边用文字写着说明：惨哉惨哉！（中略）

那淞江桥是黑沉沉的，自从被炸了以后，火车是不能够通过江桥去的了，因为江桥已被炸毁了。

从上海开到的火车，到了淞江桥就停下不往前开的。火车上逃难

---

① 现在的卢湾区医院就在这一带。

的人们，就要在半夜三更的黑天里抢过桥去，日本飞机有时夜里也来炸，夜里来炸，那情形就更惨了，成千成百的人被炸得哭天号地。

从上海开往淞江桥的火车，怕飞机来炸，都是夜里开，到了淞江桥正是半夜，没有月亮还好，有月亮日本飞机非来炸不可。

那些成百成千的人过桥的时候，都是你喊我叫的，惊天震地。

"妈，我在这里呀！"

"爹，我在这里呀！"

"阿哥，往这边走呀！"

"阿姐，拉住我的衣裳啊！"

那淞江桥有一二里长，黑沉沉的桥下，桥下有白亮亮的大水。天上没有月亮，只闪着星光。那些扶老携幼的过桥的人，都是你喊我叫着，牵着衣襟携着手，怕掉下江去，或者走散了。但是那淞江桥上铺着的板片，窄得只有一条条，一个人单行在上面，若偶一不加小心就会摔下江去。于是一家老小都得分开走，有的走快，有的走慢，于是走散了，在黑黑的夜里是看不见的，所以只得彼此招呼着，怕是断了联系。

（中略）

"淞江桥到了，到了！"人们都一齐喊着："快呀！要快呀！"

不知为什么，除了那些老的弱的和小孩子们，其余的都是生龙活虎，各显神威，能够走多快，就走多快，能够跑的就往前跑，若能够把别人踏倒，而自己因此会跑到前边去，那也就不顾良心，把别人踏倒了，自己跑到前边去。

这些逃难的人，有些健康得如疯牛疯马，有些老弱得好似蜗牛，那些健康的，不管天地，张牙舞爪，横冲直撞。年老的人，因为手脚太笨，被挤到桥下去，淹死。孩子也有的时候被挤到桥下去了，淹死了。

所以这淞江桥传说得如此可怕，有如生死关头。

所以淞江桥上的过客，每夜喊声震天，在喊声中间还夹杂着连哭带啼。那种哭声，不是极容易就哭出来的，而是像被压板压着的那样，那声音好像是从小箱子里挤出来的，像是受了无限的压迫之后才发出来的。那声音是沉重的。力量是非常之大的，好像千百人在奏着一件乐器。

（《马伯乐》）

实际上，这是马伯乐在上海西站等火车时预想的淞江桥的艰难情况，并非他的实际经历。文中没有写马伯乐一家过桥的情景。虽然他们在淞江桥前碰到了一些问题，但是随后很轻松就到了南京。在此之后文中还大段描述了淞江桥的场面，作者之所以如此具体和执着地对其进行描写，正是因为其中反映了作者自身的经历。不过，以目前手头的地图无法确认淞江桥的具体位置。

王德芬在《萧军简历年表》中提到，萧军和萧红离开上海是在9月上旬，10月10日到达武昌。蒋锡金在《乱离杂记》（1986年11月）中写了两人到达武昌时的情景。当时武汉（汉口）有一个名叫《战斗》（旬刊）的杂志，蒋锡金名义上在财政厅任职，实际上与冯乃超、孔罗荪一并任该杂志编辑，负责印刷相关工作。蒋住在对岸武昌，过了十二点就没有船载他回家了。于是蒋恳求在海关当医务官的朋友宇飞[1]，允许他常常在检疫船"华佗"上面过夜。蒋与萧军和萧红的初次见面，就在某个船上过夜后的第二天早上。

那天，我醒来时觉得船身有些摇晃，已经离岸起航了。我着急着登岸去送稿，宇飞却说有船进港要去检疫，放那些新来的难民登岸。船已开到江心，我也只好跟着他去检疫了。我们靠上了一艘不足千吨的黑色的不大的船，从船舷攀绳梯登上了甲板，宇飞检疫去了，我就在甲板上观望那一幅乱糟糟的流民图。在我面前，有一位年轻妇女坐

---

[1] 宇飞原名宇浣非。吉林省出身的作家、诗人、画家。1896年左右出生。孔罗荪、陈纪莹等人组织的哈尔滨"蓓蕾社"同人。

在她的行李上，双手支膝，捧着头，在她的双足之间是一摊呕吐出来的秽物；在她的身旁，站着一位双手叉腰的个子不高的精壮的汉子。

（《乱离杂记》）

看到两人后，宇飞惊喜地与他们打招呼。蒋招待他们来到检疫船上。再次到船上借宿时，蒋才知道那两个人是萧军和萧红。他没有读过《八月的乡村》和《生死场》，但是看过他们在上海的杂志上发表的作品。当时，人们为躲避战乱，乘飞机、轮船、火车来到武汉，十分混乱。码头上四处粘贴着寻人启事、找房子的广告，很难找到住处。蒋当时与同乡的四名同事租住在武昌水陆前街小金龙巷二十一号的一栋新建的独门独户的房子里。宇飞问蒋能不能安置他们住在蒋家，蒋便将自己的两间房中的一间给他们住。蒋经常不在家，三人一起生活得很和睦。萧红看到蒋每天饭吃得不好，便让他与他们一起吃。洗衣服时，也会把蒋的衣服一起洗。蒋外出时，两人就进行创作。这时萧军开始写《第三代》[1]，萧红开始写《呼兰河传》。

从《马伯乐》中可以看出两人从南京到武汉的航行多么残酷。马伯乐一家到达南京后，乘船前往武汉，他们乘坐的那艘船又小又脏，本来可以载一百多人，由于是战时，里面塞了四百多人。连厨房和厕所里也装着人，霍乱和疟疾在船上蔓延。每次航行都会丢几个螺丝钉，塌一处栏杆或是断一处船板。可每回都只是临时处理一下，轮船马不停蹄地在南京和武汉之间往返。

马伯乐一家到达汉口在旅馆住了两晚后，搬到武昌。萧红在小说中提到，从汉口到武昌坐船要三十分钟。父亲青岛时代的朋友王氏为

---

[1] 第一部连载在《作家》一卷三期至六期（1936年6月—9月），第二部从《作家》二卷一期（1936年10月）开始连载，两部分别由上海文化生活出版社于1937年2月和3月出版。根据王德芬的萧军年谱，萧军在1940年去了延安之后继续写《第三代》第三部。

他们安排了住处。他们的新居只有两间房，很破而且到处都是老鼠，但是马伯乐觉得这与"逃难"很是相符，十分满足。家附近有一家名为"未必居"的包子铺，老板娘待人冷淡，不过马伯乐很喜欢吃那里的包子，每天都会去买。

"未必居"包子铺，转了两个小弯就可以到了，门口挂着一牌匾，白匾黑字，那块匾已经是古香古色的了，好像一张古雅的字画，误挂到大街上来了。（中略）

因为这包子铺是不设座位的，愿意吃不吃，愿意买不买，做的是古板正传的生意，全凭悠久历史的自然昭彰。所以要想吃热的就得站着吃。绝没有假仁假义招待了一番后讨小账的事情。

这生意做得实在古板，来了顾客不但不加以招呼，反而非常冷淡，好像你买不买也不缺你这个买主。

你走进去说：

"买包子。"

那在面案上正弄着两手面粉的老板娘只把眼睛微微地抬了抬：

"等一下。"

她说完了，手就从面案上拾起一张擀好的包子皮来，而后用手打着那馅子盆上的姣绿姣绿的苍蝇，因为苍蝇把馅子盆占满了，若不打走几个，恐怕就要杀生的，就要混到馅子里，包成了包子把那苍蝇闷死了。

买包子的站在一边等着，等到老板娘包了三五个包子之后，而后才慢吞吞地站了起来，一路赶着落在她鼻子上的苍蝇，一路走过来。百般地打，苍蝇百般地不走。等老板娘站稳的时候，苍蝇到底又落在她的鼻子尖上了。

老板娘说：

"要几个？"

这时候，那锅上的蒸笼还是盖着的。

买包子的人说，要三个，或是要五个。说完了老板娘就把手伸出去，把那包子钱先拿过来，而后才打开蒸笼。（中略）

打开蒸笼一看，包子只剩了孤单单的一个了。

于是又退钱，又打着落在她鼻子上的那一个苍蝇。实在费工夫，这一个包子才算出了蒸笼。

（《马伯乐》）

根据蒋锡金的回忆，的确有这样一家包子店。在附近一带很有名，生意兴旺，跟故事中一样由一个上了年纪的寡妇带着两个女儿料理。不过据蒋的回忆，这家店并不临着大路，名字也不叫"未必居"（《乱离杂记》）。

前面讲到，1938年初，萧红受民族革命大学之邀离开武汉，途中遇到丁玲率领的西北战地服务团，与他们一同前往西安。在西安，萧红与萧军分手，4月下旬重返武汉与端木蕻良结婚。关于与端木的生活，萧红的许多朋友都认为，他们的婚姻是失败和不幸的。比如有这样的文章：

后来萧红就离开我们和端木去过新生活了。不幸，正如我所担心的，这并没有成为她新生活的第一步。人们就不明白端木为什么在朋友面前始终否认他和她的结婚，尽管如此，她对他的从属性却是一天一天加强了。看见她那巨大的圆眼睛和听见她那响亮的声音的机会也就日渐减少，于是不久之后，他们就在北碚自囚在只有他们两人的小世界中。专心于创作么？——谁也无从知悉。就有他们的谜样的香港飞行。

（绿川英子《忆萧红》）

有一个时节她（萧红——引者注）和那个叫做D（端木——引者注）的人同住在一间小房子里，窗口都用纸糊住了，那个叫做D的人，全是艺术家的风度，拖着长头发，入晚便睡，早晨十二点钟起床，吃过饭，还要睡一大觉。在炎阳下跑东跑西的是她，在那不平的山城中走上走下拜访朋友的也是她。（中略）还有一次，他把一个四川泼剌的女佣人打了一拳，惹出是非来，去调解接洽的也是她。①

（中略）我极少到他们的房里去，去的时候总看到他蜷缩在床上睡着。（中略）我低低地问她：

"你在写什么文章？"

她一面脸微红地把原稿纸掩上，一面也低低地回答我：

"我在写回忆鲁迅先生的文章。"

这轻微的声音却引起那个睡着的人的好奇，一面揉着眼睛一骨碌爬起来，一面略带一点轻蔑的语气说：

"你又写这样的文章，我看看，我看看……"

他果真看了一点，便又鄙夷地笑起来：

"这也值得写，这有什么好写？……"

他不顾别人难堪，便发出那奸狡的笑来，萧红的脸就更红了，带了一点气愤地说：

"你管我做什么，你写得好你去写你的，我也害不着你的事，你何必这样笑呢？"

他并没有再说什么，可是他的笑没有停止。

（靳以《悼萧红和满红》1944年4月15日②）

---

① 人们经常用端木殴打四川女佣、萧红为此四处奔走这件事来证明萧红和端木结婚是错误的决定。但是，曹革成有不同说法。根据曹的记述，当时复旦大学体育教授陈丙德经常监视左翼教授的动向。由于陈的身份，他家保姆也十分嚣张，欺负别家保姆，与左翼教授作对。她经常把酱油瓶、鞋袜等放在萧红家的窗台上，让人无法开窗透气。端木为此交涉了很多次也不见改变。有一次，端木把她晒的鞋子丢到过道上，保姆借此大闹，受陈唆使告到镇公所，之后在文协的疏通下，才将此事平复（曹，2005）。

② 靳以曾经在复旦大学与端木做过同事，曾经住在端木、萧红的隔壁。

自离家出走之后，萧红短暂的一生都是与"保护者"一同度过的，这是她自己的选择。表兄陆振舜、未婚夫王恩甲、萧军、端木蕻良都曾经是她的"保护者"。萧军和端木也都理解萧红想在精神上追求独立。但是萧红过于性急，想要走在时代前端。她知道在那个时代，女性想要一个人走下去几乎是不可能的，所以才主动选择合适的"保护者"。但是萧红所希求的"保护者"和他们想象中（或者是他们认为萧红要向自己寻求）的"保护"并不相同。或许这种说法对萧红而言有些残酷，她实际上想让他们为自己走上独立的道路遮风挡雨，或者说作掩护。然而现实中他们都将萧红视为弱者，对她像对待孩子一般，萧红必须忍受自己的这一地位。萧红应该更早意识到男性"保护者"们带给她的历史的和社会的枷锁，然后再决定是否与他们一道走下去。许广平这样写道：

> 也许，她喜欢像鱼一样自由自在的吧，新的思潮浸透了一个寻求解放旧礼教的女孩子的脑海，开始向人生突击，把旧有的束缚解脱了，一切显现出一个人性的自由，因此惹起后母的歧视，原不足怪的。
>
> （《追忆萧红》）

而且，萧军在《萧红注释录》中这样写道，"由于我像对一个孩子似的对她'保护'惯了，而我也很习惯以一个'保护者'自居，这使我感到光荣和骄傲"（第九封信注释）。还写道，"她最反感的，就是当我无意或有意说及或玩笑地攻击到女人的弱点、缺点"（第十九封信注释）的时候。

她为他们做饭、缝衣服、处理各种日常杂事，有时候还要帮忙誊写稿子。不过这些行为对萧红而言似乎并没有那么不情愿。

> 萧红先生因为是东北人，做饺子有特别的技巧，又快又好，从不

会煮起来漏穿肉馅。其他像吃烧鸭时配用的两层薄薄的饽饽（饼），她做得也很好。如果有一个安定的、相当合适的家庭，使萧红先生主持家政，我相信她会弄得很体贴的。听说在她旅居四川及香港的时候，就想过这样的一种日子，而且对于衣饰，后来听说也颇讲究了。

（许广平《追忆萧红》）

"旅居四川及香港的时候"指的是与端木结婚生活期间。

但是，每当对方心中生出那是对"保护"理应做出的"回报"的心理时，萧红都会感到一种难以言说的厌恶和屈辱。与萧军分开后，萧红在西安与聂绀弩有过这样一段对话：

"飞吧，萧红！你要像一只大鹏金翅鸟，飞得高，飞得远，在天空翱翔，自在，谁也捉不住你。你不是人间笼子里的食客，而且，你已经飞过了。"（中略）

"你知道吗？我是个女性。女性的天空是低的，羽翼是稀薄的，而身边的累赘又是笨重的！而且多么讨厌呵，女性有着过多的自我牺牲精神。这不是勇敢，倒是怯懦，是在长期的无助的牺牲状态中养成的自甘牺牲的惰性。我知道，可是我还是免不了想：我算什么呢？屈辱算什么呢？灾难算什么呢？甚至死算什么呢？我不明白，我究竟是一个人还是两个，是这样想的是我呢，还是那样想的。不错，我要飞，但同时觉得……我会掉下来。"

（聂绀弩《在西安》）

她一生想要切断的就是"保护"者和被"保护"者之间产生的绝对权力关系，或者说，男女之间默默滋生的权力结构（而且，在"保护"的美名下，或者说理所当然，男性一方很少被问责）。然而，社会还远没有进步到这一步，连解决问题的契机都未出现，她就去世了。

为了生下意料之外怀上的萧军的孩子①，萧红在精神上和经济上都需要有人来支持。不过，这并不是她选择端木作伴侣的唯一原因。正如许广平所说，萧红想在四川和香港过上稳定的家庭生活，或许她将这份希望寄托在与萧军个性迥异的端木身上。端木作品中有细致优美的风景描写，这种情致与萧红的个性非常接近。第一任丈夫萧军尽管是武人出身，却常常夸耀自己的文人气质和强壮的身体，并想借此占上风。与萧军相比，或许萧红对患有风湿病的端木持有一种亲近感。或许她对端木抱有一种期望，期望端木身体上的瘦弱，或者两人平等的生存方式，能够保证她在精神上的自由。然而，遗憾的是，新开始的二人生活并非如萧红所愿。

前面讲到，鲁迅死后，端木通过茅盾认识胡风，受邀加入《七月》。之后《七月》同人先后离开上海在武汉会合。《七月》在武汉创刊是在1937年10月16日。那时，端木前来拜访寄居在蒋锡金家中的萧军和萧红。他当时身穿一件垫肩西装②，脚穿长筒靴，留着长长的鬓角，脑后的长发几乎盖着脖子，面容憔悴，举止羞涩。这是蒋对端木的第一印象。蒋从他的名字（Duanmu Hongliang）中取了四个音叫他Domohoro，平时图方便叫他Domo（《乱离杂记》）③。从当时留下的照片来看，端木个子很高，身材清瘦，带着些许苦笑，看上去是个心地善良的年轻人。这与高高瘦瘦，眼神中充满哀愁的胆小鬼马伯乐一致。

此外，《马伯乐》中还出现了颇似萧军的人物。马伯乐一家费尽周折来到南京，在旅馆住下后，听到住在隔壁房间的人在接受宪兵盘问。

---

① 与端木结婚时，萧红坦白了事实并准备打胎，但是月份太大只好作罢。前面讲过，这个孩子生下不久就死了（《端木与萧红》）。

② 据说两肩几乎都平了，所以他们开玩笑，叫他"一字平肩王"（《乱离杂记》）。

③ 蒋说端木蕻良是在《七月》创刊号发行之后来到武汉的，这或许是与在上海创刊的《七月》混淆了。根据李兴武《端木蕻良年谱》中的记述，端木到达武汉的时间是在10月初。

那个男的是辽宁人，三十岁，在做编辑工作，以前在辽宁讲武堂读过书，"九一八"之后来到上海，现在打算去汉口。①听了他的话后，宪兵说：

"你既是个军人，为什么不投军入伍去呢？现在我国抗战起来了，前方正需要人才。你既是个军人，你为什么不投军去呢？"

那被盘问的人说：

"早就改行了，从武人做文人了。"

那宪兵说：

"你既是个军人，你就该投军，就应该上前方去，而不应该到后方来。现在我们中华民族已经到了最危险的关头。"

马伯乐再一听，就没有什么结果了，大概问完了。当马伯乐从门口又一探头的时候，那宪兵已经走出来了。三个宪兵一排，其中有一个嘴里还说着：

"他是辽宁人，辽宁人当汉奸可多。"

在此之前，马伯乐受盘问时，宪兵说："山东人当汉奸的可最多。"听了宪兵盘问辽宁人之后，马伯乐想：

怎么各省的人都当了汉奸呢？马伯乐听了些话，虽然不敢立刻过去打那宪兵一个耳光，但他心中骂他一句：

"真是他妈的中国人。"

当时的朋友们看了这一段后恐怕无不想起萧军，蒋锡金也断定那个人就是萧军（《乱离杂记》）。萧军曾经对萧红说过，比起作为作家

---

① 出生于辽宁省的萧军在当作家之前，曾经在东北讲武堂学习过。此外出生于1907年的萧军与书中人物的年龄也基本相同。

生活，他更愿意拿起枪来战斗。①结合这些话来看，文中那句"你既是个军人，你就该投军，就应该上前方去"是萧红在借宪兵之口回复萧军的话。而且，萧红知道口口声声说要加入游击队的萧军后来又建立了家庭。根据胡风《悼萧红——代序》②中的记述，胡风于1938年9月离开武汉，到重庆的复旦大学执教，萧红经常到他家去。有一次，他碰巧不在，夫人梅志把萧军寄来的新婚照片给萧红看了，萧红一时什么都没说，没有等胡风回来就回了，以后再也没去过他家。

在武汉安顿下来之后，与马伯乐发展成为恋爱关系的王桂英身上也有萧红身边人物的影子。端木三哥的未婚妻刘国英，曾经与端木在同一时期寄居在上海的亲戚家。第二次上海事变之后，父亲叫她先来武汉。端木在她之后半个多月离开上海（李兴武《端木蕻良年谱》）。刘国英在武汉大学学习，经常带着朋友窦桂英造访端木。根据《端木与萧红》中的记述，端木与萧红结婚之后仍然保持着与她们二人的交流。没有关于窦桂英的具体资料，不过，很难想象文中与马伯乐相爱、从武汉大学毕业没多久的王桂英，在人物设定上与曾经在武汉大学学习过的窦桂英之间毫无关系。有一点要提前声明，现实中窦与端木之间没有恋爱关系。此外，王桂英与马伯乐从小一起长大，随父亲来到武汉，从她的经历来看，与刘国英好像也有关联。桂英（Guiying）与国英（Guoying）发音也相似。

《呼兰河传》也是萧红以自己身边的人们为原型，加入自己的经历

---

① "我们是一九三八年永远诀别于西安，也可说是早在山西临汾我们分别的时期——我留在临汾，而她去了西安。问题还是老问题，我要随着学生们去打抗日战争的游击战；而她却希望我仍然继续做一个'作家'（她也不能算错），但是那时我已失却了作为一个'作家'的心情了！对于'笔'已经失却了兴趣，渴望是拿起枪！"（《萧红注释录》第二十七封信注释）

② 《萧红》（人民文学出版社，1984年2月）所收。季红真《萧萧落红》（2001年1月）所收。

写作而成的。不过,《呼兰河传》中的人物原型是无论在空间还是时间上都与写作时间距离很远的人们,如果笔者的猜测正确的话,《马伯乐》应该是以当时与萧红十分亲密的人物为原型写作而成的。而且,将与端木相似的主人公描写成为彻头彻尾卑贱的人物,并对此进行嘲讽,这一行为十分具有挑战性。萧红发表《呼兰河传》似乎是为了抗议杨刚的言论,如果问起驱使她挑战的动力来自何处,恐怕要归于这时萧红想对自己周围的人际关系做个了结,强烈地想将自己引向一个新的方向。

(四)

综上所述,故事的主人公马伯乐身上没有萧红一贯坚持描写的对土地的认同感。他生长在鸦片战争之后的半殖民地半封建中国社会和中国历史之中。萧红试图通过描写马伯乐的父亲等主人公周遭的人们和抗战时期的现实等,来表现那个社会和历史。作者写了抗战爆发时盛装打扮、沉迷彩票的上海人,逃离北四川路的难民群,淞江桥上凄惨的叫喊,从南京到武汉的船上人们各自心中的小盘算。

不过,这部作品也有前作。萧红在重庆发表过一部题为《逃难》的短篇。① 抗日战争爆发前在南京任小学教师的何南生,逃难时在陕西偶遇一个熟人,成为中学教师。这次又准备逃往西安,他带着妻子和两个孩子以及庞大的行李来到车站。他的行李中有旧报纸、空箱子、穿旧的裤子等,全都是些破烂儿。他的口头禅是"到那时候可怎么办哪"。可以说何南生就是马伯乐的缩影,不过何南生身上没有马伯乐带有的那种哀愁。两人在自私这一点上是一致的,但是,马伯乐

---

① 在重庆发表的短篇《逃难》(《文摘》战时旬刊四十一号、四十二号,1939年1月21日)与《马伯乐》中的部分内容相同,但是在出场人物的名字等方面不同。

由于自私，尤其在事关自身利益时就会对周围的动静十分敏感。"一到了紧要的关头，他就自己找一个最安全的地方去待着"，无法进退就会得"一会悲观，一会绝望的病"。一旦患上这个病，就对周围的事情不听不闻。为了救出被塞进车厢的女儿，马伯乐追着火车跑了五十多尺。本来全家人是为了坐火车才来车站的，可他由于救出了女儿，满心幸福地再次回到旅馆。对比何南生，行李丢了一部分，总算乘上第三辆火车来到西安，朋友问"火车没有挤着？"时，何南生逞强说"没有，没有，就是丢点东西"。可见，在小人物这一点上，何南生是远不及马伯乐的。

《马伯乐》并没有完成，我无意轻易界定这部作品的成败。但是，《马伯乐》是否就像同时代的批评家批评的那样在"走下坡路"呢？如今，我们在想象那个时代的时候，马伯乐这一人物显得十分真实。同时代的人们越是对它加以批评，越是证明文中所描述的是人们没有看到的，或者说不愿意看到的现实。

马伯乐是萧红在《呼兰河传》中描写的走向灭亡道路的人，即旧知识分子，即有二伯的下一代。或许在为躲避抗日战火而逃难的过程中，萧红目睹了各种各样的人的生活，深深地意识到，四处逃窜的自己就是马伯乐。因此，萧红才想给马伯乐一个"光明的交代"。这一定是她对抗战时期知识分子应该采取的态度所做的回应，同时给在困惑应该拿笔还是拿枪的浮萍般的知识分子指明了新的希望。或许她已经有了自己的想法。

萧红的作品世界

——注视『远离抵抗的现实』的目光

终 章

一

在萧红的作品中，大多数人是将生活给予他们的一切通通接受，诚实甚至有些憨直、拼命地活着。某一天，他们的生活突然发生了变化。对于变化的原因即中国所面临的民族危机，知道的人并不多。即使知道，也只会被卷入这种变化，不得不承受由它带来的家人的离散和死亡。面对这一意料之外的危机，他们首先接受现实，再来努力寻找活下来的道路。为何选择默默接受，为何不去反抗呢？迄今为止，他们根本没有任何反抗的手段，甚至忘记了还有那样的手段，或者对此毫无所知。人们从祖祖辈辈的生活中学到的是，反抗不但无法保证自己的生存，甚至还有可能幽闭自己的未来。无论如何，他们首先要做的是活下去。

春夏秋冬，一年四季来回循环地走，那是自古也就这样的了。风霜雨地，受得住的就过去了，受不住的，就寻求着自然的结果。那自然的结果不大好，把一个人默默地一声不响地就拉着离开了这人间的世界了。

（《呼兰河传》1940年12月20日）

萧红首先将目光转向了上述人们的生活方式，这一态度可以从她的早期作品中看到。

比如收录在《跋涉》（1933年10月）中的《看风筝》（1933年6月9

日）中提到，老人为了见到分别三年的儿子，不停地在路上奔跑。

"刘成不是你的儿吗？他今夜住在我家。"老人听了这话，他的胡须在躁躞。三年前离家的儿子，在眼前飞转。他心里生了无数的蝴蝶，白色的，翻着金色闪着光的翅膀在空中飘飞着。此刻，凡是在他耳边的空气，都变成大的小的音波，他能看见这音波，又能听见这音波，平日不会动的村庄和草堆，现在都在活动。沿着旁边的大树，他在梦中走着，向着王大婶的家里，向着他儿子的方向走。老人像一个要会见妈妈的小孩子一样，被一种感情追逐在大路上跑，但他不是孩子。他躁躞着胡须，他的腿笨重，他有满脸的皱纹。

然而，决意投身革命运动的儿子为了帮助无数的父亲，抛弃了自己的父亲。尽管觉察到父亲在找他，儿子仍然没有与父亲见面就离开了。文中通过这一设定，一方面表明了儿子坚定的决心，另一方面也讴歌了革命运动的崇高。割断骨肉亲情固然困难，但是革命者却毅然将其割断。然而，留给老人的唯有失望和深深的悲伤。不管儿子的目的如何崇高，他甚至都不给老人一个理解的机会。儿子为了宣传革命来到村子里，又担心自己留恋父母，不愿去拜访父亲的村子。这样，为着儿子的革命，父亲自己被关在了革命之外。无法参与革命的老人，与他一直以来的做法一样，接受现实，淡然地寻找自己的活路。这正是这部作品结尾处象征的内容。

那是一个初春正月的早晨，乡村里的土场上，小孩子们群集着，天空里飘起颜色鲜明的风筝来，三个，五个，近处飘着大的风筝，远处飘着小的风筝，孩子们在拍手，在笑。老人——刘成的父亲也在土场上依着拐杖同孩子们看风筝。就是这个时候消息传来了。

刘成被捕的消息传到老人的耳边了……

这一安静而美好的结局暗示了老人在收到消息后虽然悲伤，却又会像往常一样淡淡地活着，直到迎来人生的最后时刻。

《清晨的马路上》（1933年11月5日—11月12日）描写了一个名叫小林的少年和他的家庭的离散。小林的父亲靠卖报纸为生，但是这一个月以来，由于咳嗽严重，没有去工作。小林就卖烟代替父亲养家。小林有一个哥哥大林，大林一个月只回来一两次，不在家里睡觉。他靠什么维持生计不得而知，但是每次回家都会给母亲一笔钱。一天晚上，大林做了一个不吉利的梦，感到心惊肉跳，连忙赶回家。

大街上骚闹的一片，卖浆的王老头，他的头从白布篷里探出来，把大林唤进去，说：

"小林现在住在我家的，前夜你的父母是被一些什么人带走的，理由是因为你，北钟已是几天不敢回家了。"

北钟是王老头的儿子，在中学里和大林同学，现在是邻居。他同大林一样，常常不归家，使父母们，渺茫中担着忧。

小林为着失掉了妈妈，卖烟童们也失掉了他，街上再寻不到他的小声音了。

大林所受的打击和悲伤，一定不及小林。无须老人解释，大林也知道招致这种事的原因在于自己。或许这件事情会更加坚定他对革命的决心。但是小林一直以来拼命挣钱以维持家计，现在他的努力全都打了水漂。大林能够挽救小林的这份绝望吗？文中没有提到小林的未来，这反而预示了他前途的黑暗。萧红所关注的，不是那些知道抵抗的人们的未来，更多的是那些对抵抗毫无所知的人们的未来。那些知道抵抗的人们该如何向不知道抵抗的人们传达关于未来的信息，会向他们展示一个怎样美丽的未来呢？

《哑老人》（1933年8月27日—9月3日）中的主人公是一个聋哑老

人。他在乞讨的地方受到另外两位老人的帮助，总算找到一个能够遮风挡雨的地方。由于右半身残疾，老人无法自己养活自己，每天都等着在工厂工作的孙女回来照顾自己。然而孙女由于要照顾老人经常回家，被女工头殴打而死。老人不知道孙女为什么不再回来了，为了生活，决定再去行乞。但是僵硬的身体已经无法行动自如了，听从两位伙伴的建议，老人留在小屋里。他唯一的乐趣就是抽烟，有一次，烟火掉下来，把自己烧死了。

萧红试图看清造成社会底层人悲伤的根源和剥夺他们生存权利的罪魁祸首，以此弄清他们抵抗的对象和手段。当然，伪满洲国和伪满洲国的操纵者会进入萧红的视野。但是，这距离那些生活在市井中的人们的现实生活过于遥远。将老人的孙女殴打致死的是女工头。他们首先必须清楚，即使在自己所属的被压迫阶级内部，也存在着压迫与被压迫的权力结构。

不过，实际上萧红所生活的环境跟他们的一样。

泥泞的街道，沿路的屋顶和蜂巢样密挤着，平房屋顶，又生出一层平屋来。那是用板钉成的，看起像是楼房，也闭着窗子，歇着门。可是生在楼房里的不像人，是些猪猡，是污浊的群。（中略）

这破落之街我们一年没有到过了，我们的生活技术比他们高，和他们不同，我们是从水泥中向外爬。可是他们永远留在那里，那里淹没着他们的一生，也淹没着他们的子子孙孙，但是这要淹没到什么时代呢？

我们也是一条狗，和别的狗一样没有心肝。我们从水泥中自己向外爬，忘记别人，忘记别人。

（《破落之街》1933年12月27日）

这些表述中既有自负也有自虐。自负是因为萧红他们是凭借自己的力量从水泥中出来的，自虐是指虽然从中爬出来了，也不过由"猪猡"变成了"狗"。而且，为了不当"猪猡"，也顾不上考虑其他"猪猡"的事情了。刘成（《看风筝》）和大林（《清晨的马路上》）也是如此。

不过，萧红在《生死场》（1934年9月9日）中描写了农民们走上反抗道路的情形。《看风筝》中的刘成和《清晨的马路上》的大林都回到了自己的家乡，或者潜伏在自己家中，启蒙包括家人在内的人们，最后变成了翻身起来的李青山和王婆的儿子。王婆的儿子死了，她继续鼓励自己的女儿去战斗。这些描述确实令人感动，但是却缺乏现实感。这恐怕是因为萧红感到自己是被迫离开东北的，在这种紧迫的情况下，她认为自己必须这样写，这种使命感迫使她写下去，即便自己对走向抵抗的过程和手段都还没有具体的认识。这些已经在第三章第二节中讨论过了。

二

　　收录在《破落之街》中的短篇集《桥》集中描述了生活在城市中的人们的不幸。十三篇作品中有十一篇的主人公是女性。

　　一切都和昨日一样，一切没有变动，太阳，天空，墙外的树，树下的两只红毛鸡仍在啄食。小六家房盖穿着洞了，有泥块打进水桶，阳光从窗子、门，从打开的房盖一起走进来，阳光逼走了小六家一切盆子、桶子和人。

（《小六》1935年3月）

　　由于房子改建，小六家不得不搬到前院的厨房中住。不久又从厨房被赶了出来，贫困的一家无处可搬。由于搬家，夫妻之间的争吵也日益激烈，小六夹在父母之间号啕大哭。最后母亲变得精神失常。

　　"小六跳海了……小六跳海了……"
　　院中人都出来看小六。那女人抱着孩子去跳湾（湾即路旁之臭泥沼），而不是去跳海。她向石墙疯狂地跌撞，湿得全身打颤的小六又是哭，女人号啕到半夜。同院人家的孩子更害怕起来，说是小六也疯了。娘停止号啕时，才听到蟋蟀在墙根鸣。娘就穿着湿裤子睡。

　　那些不知道抵抗，被逼到绝境的人们最后的救赎就是"疯狂"

吗？这让笔者想到了萧红后期作品《呼兰河传》中的这一部分。

　　还有人们常常喜欢把一些不幸者归划在一起，比如疯子傻子之类，都一律去看待。

　　《呼兰河传》中写的住在东边马路边上卖豆芽的寡妇就是其中一个代表。她的独生子在河里淹死之后，她就疯了。"但她到底还晓得卖豆芽菜，她仍还静静地活着"。

　　《桥》（1936年）中也描写了失去最爱的家人的悲伤。

　　黄良子生下孩子之后被住在河对岸的人家雇来当奶妈。由于河上没有桥，自己的孩子在河对岸哭闹她也不能立即赶到身边。等孩子稍微大一些后，她就带着孩子一道来照顾与儿子同龄的主人家的少爷。大人生活中的等级观念也渗入了儿童世界中，可是孩子对此并不了解，她只好通过打儿子来让他懂得。后来，她期待已久的桥终于建好了。孩子可以在桥上自由来往，这也意味着，如果不想卷入阶级造成的纠纷中，只要待在自己家那边就好了。没想到孩子为了这份自由竟然失去了生命。

　　那天，黄良子听到她的孩子掉下水沟去，她赶忙奔到了水沟边去。看到那被捞在沟沿上的孩子，连呼吸也没有的时候，她站起来，她从那些围观的人们的头上面望到桥的方向去。

　　那颤抖的桥栏，那红色的桥栏，在模糊中她似乎看到了两道桥栏。

　　于是肺叶在她胸的内面颤动和放大。这次，她真的哭了。

　　文中虽然没有写黄良子在这之后的情形，但是已不难想象。

　　不幸并非只造访中国人，不幸中失去的也不只是家人。在国际都市哈尔滨，生活着来自俄罗斯等许多国家的人。有一天，"我"去拜访朋友，朋友不在家，被一个俄罗斯女房东挽留，"我"一边等着朋友回来，一边喝茶。房东好不容易找到了一个谈话对象，一直说个不停。

"……前几年我就教人做花边，可是慢慢少了下来……到现在简直没有人注意我……我来到中国十八年……不，十九年了，那年，我是二十二岁。刚结过婚……可是现在教花边了……是的……教花边了……。"

窗子的上角，一颗星从帘子的缝际透了进来，她去把帘子舒展了一次。她说："这不是俄罗斯的星光，请不要照我……"她摇着头，她的大耳环在她很细的颈部荡了几下，于是她伸出去那青白的手把那颗星光遮掩了起来。

（《访问》1936年1月7日）

这篇之后不久萧红完成了作品《亚丽》（1936年11月16日）。亚丽曾经住在"我"的隔壁，经常挨母亲骂。有一次，她突然来与"我"告别。据她所说，她本是朝鲜人，由于父亲曾经是朝鲜最过激的"×××"，与妻子分开，被迫与别的女人结婚。后来，与女儿一起被流放到中国。由于继母的告发，父亲再次入狱，现在生死不明。亚丽为了继承父亲的意志，为了与亲生母亲团聚，决定回"祖国"去。当时，朝鲜和满洲同在日本的统治之下，但是这篇小说中，并没有表现出要团结朝鲜，同仇敌忾的决心。看着亚丽信中所写的对抵抗的坚定的决心，"我"只是黯然落泪。尽管亚丽决心走向新的战场，可"美丽的亚丽瘦得几乎使我都不认识了，她的面色苍白得如一张白纸，眼睛红红地肿了起来，黑色的头发在秋风里非常零乱，态度颓唐，而悲哀正如一只在战场受了伤的骏马"，我不禁流下了眼泪。从她咳嗽的身影中可知她可能有肺病，文中写道"她的声音悲痛地颤栗着，然而她的灵魂表现得很安定，精神犹如战场的勇士，热血在她细微的血管中将膨胀得破裂而流出",由此可见亚丽做出了高尚的决定,并为追求光明决心奔赴新的战场。可作者为何要将亚丽写得如此憔悴呢?这一形象显然无法适应残酷的战场。既然与她分别的"我"几乎将她的痛苦和悲伤全部当作自己的痛苦和悲伤来理解和接受,又为何仅以感动结束全文呢?

萧红从自己周围人身上,也从自己的切身经历中体会到,人们走向抵抗的过程如此残酷,绝非易事。因此,很难将《生死场》中描写的喊着"我们是中国人"勇敢站起来的农民形象继承下去。

三

　　抗日战争开始后，萧红在武汉避难时将自己在哈尔滨参加示威活动的经历写成散文《一九二九年底愚昧》（1937年12月13日）。文中，女学生萧红的任务是完成募捐，为达成这一任务，她尽了最大努力。但是，慢慢地，她心中的疑惑越来越大，觉得自己为求捐款在街头展开的行动与街上的乞丐毫无二致，一起参与募捐活动的学生们全都态度消极。而且，上次活动中"打倒日本帝国主义"的口号，这回不知为何变成了"打倒苏联"。她很惊讶，"苏联为什么就应该打呢？又不是帝国主义"。

　　募捐前一年，萧红参加了在哈尔滨举行的反对日本建设吉敦路的示威活动。那次行动，由于军警开枪，一百五十多名学生受伤，被称为"一一·九惨案"。一年后，举行了纪念此事一周年的示威活动，或许萧红参加的就是这个。这期间，张作霖被炸，其子张学良宣布东北易帜（1928年12月29日）。由此，东北与苏联关系恶化，国民政府东三省当局没收东省铁路的电报、电话。苏联的贸易公司一律被封锁，苏联的职工联合会等民间组织也被解散，两百余名苏联人被捕（1929年7月10日，中东路事件）。苏联对此抗议，向国民政府发出断交通告。

　　萧红想起小时候，俄国革命前夜，自己周围的人抢购"羌贴"（旧俄纸币）的情景。她的生母买得最多。母亲的行为很奇怪，她和厨师悄悄地说着"行市"啊，"'涨'啦！'落'啦！"，还给厨师塞烟、倒酒，全都是些之前无法想象的行为。后来，突然有一天，由于"穷党"掌权,"羌贴"成了废纸。祖父说"穷党"就是马贼。掌权者发生变化,"敌人"也变来变去,然而生活在市井中的人们根本不去关心谁是"敌人"。他们很愚蠢,稍有本钱就想在狭缝中中饱私囊。作为募捐的回报,他们给捐款人衣襟上别上花,有些中国人动手把花拔下来捏扁。募捐箱里也有俄国人的钱。萧红听到了这样的话,"外国人,外国人多么好哇,他们损了钱去打他们本国为着'正义'"。因此,对于这次示威游行,她感到"无论做得怎样吃力,也觉得我是没有中心思想"。

一起募捐的男同学后来竟然给她写了一封情书,这使得萧红更加疑惑。文中以"现在想:他和我原来是一样混蛋"一句结束,不但表达了作者对自己当时的幼稚行为的羞愧之情,也表达了对这种没有赌上自己的性命,没有坚定的思想与信念支撑的徒有形式的抵抗行为的质疑。

1938年初,杂志《七月》在武汉主持召开了题为"抗战以后的文艺活动动态和展望"的座谈会。会上,有人认为,为了描写现实,保证创作时间是次要的,作家首先应该与军队共同行动。对于如何把握"生活"并在此基础上进行文学创作,作家们各自倾诉了自己的苦恼。抗战以来,涌现出许多报告和通讯类作品,是否应将这些作品视为文学作品呢?邱东平认为,如果不予承认,未来文学恐怕会消亡。楼适夷则认为,现在需要的是能够结合现状的新的文学形式,这是通往未来的伟大作品的阶梯。对于这一点,主持人胡风这样发言:

关于新的形式,一般人往往取的是拒绝态度。譬如说,萧红的散文,开始的时候,有些人看不懂,田间的诗,到现在还受着非难。但我以为,对于一种新的形式,只要它是为了表现生活,而且有发展的要素,即令它包含许多弱点,我们也应该用肯定的态度去看它。

艾青说,自己的散文形式古旧,由于作家离开了(战时)生活,作品也离开了（战时）生活，作家的想象力无法触及现实生活的深处。对此，萧红做了如下发言：

我看，我们并没有和生活隔离。譬如躲警报，这也就是战时生活，不过我们抓不到罢了。

之后说道：

譬如我们房东的姨娘，听见警报响，就骇得打抖，担心她的儿子，这不就是战时生活的现象吗？

她的发言，有人赞同，也有人反对。对于当时人们所重视和期待的抵抗方式，萧红或许是抱有疑问的。这也可以从她与萧军分手返回武汉的行动中看出。萧军拒绝参加丁玲率领的西北战地服务团，决意弃笔从戎前往延安。而且，在这之后，萧红在作品中开始描述抗战进入人们的日常生活后，人们的人际关系和生活被迫产生的变化。

其中一例就是《汾河的圆月》（1938年8月20日）。萧红在1938年1月，与萧军一道前往民族革命大学，在汾河畔的小镇临汾生活过一个月。这部作品或许就是以这段时期的生活为题材创作而成的。文中淡淡地描述了由于战争一家人的生活发生的巨大变化。勉强设定一个主人公的话，那应是一个名叫"小玉"的孩子的"祖母"。"小玉"的父亲，也就是"祖母"的儿子参加抗日战争后还不到一个月就病死了。从那时起"祖母"就有些不正常了。"小玉"的母亲再婚离家之后，"祖母"就完全精神失常了。家里留下的只有"小玉"和她的祖父母。"祖母"相信儿子还活着。

"你爹，你爹，还不回来吗？"她沿着小巷子向左边走。邻家没有不说她是疯子的，所以她一走到谁家的门前，就听到纸窗里边咯咯的笑声，或是问她："你儿子去练兵去了吗？"

她说："是去了啦，不是吗！就为着那卢沟桥……后来人家又都说不是，说是为着'三一八'什么还是'八一三'……"

"你儿子练兵打谁呢？"

假若再接着问她，她就这样说：

"打谁……打小日本了吧……"

"你看过小日本子吗？"

"小日本子，可没见过……反正还不是黄眼珠，卷头发……说话滴拉都鲁地……像人不像人，像兽不像兽。"

母亲出走后，"小玉"经常出现在附近人们打水必去的水井旁。尤其是到了傍晚，如果有人问："怎么还不回去睡觉呢？"那孩子——

就用黑黑的小手搔一搔遮在额前的那片头发，而后反过来手掌向外，把手背压在脸上，或者压在眼睛上：

"妈没有啦！"他说。

被留在家中的人不清楚自己为何被留下。文中的大人"祖母"隐约感到"小日本子"可能是原因之一，但是无法将其与具体的人物形象联系在一起。而且，这对周围人来说也是一样的。只是这一次，灾难尚未降临到他们自己头上而已。降临之前他们不清楚那是什么，降临之后也想不出什么对策。

直到黄叶满地飞着的秋天，小玉仍是常常站在井边；祖母仍是常常嘴里叨叨着，摸索着走向汾河。

汾河永久是那么寂寞，潺潺地流着，中间隔着一片沙滩，横在高

338

高城墙下。在圆月的夜里，城墙背后衬着深蓝色的天空。经过河上用柴草架起的浮桥，在沙滩上印着日里经行过的战士们的脚印。天空是辽远的，高的，不可及的深远在圆月的背后，在城墙的上方悬着。

小玉的祖母坐在河边上，曲着她的两膝，好像又要说到她的儿子。这时她听到一些狗叫，一些掌声。她不知道什么是掌声，她想是一片震耳的蛙鸣。

一个救亡的小团体的话剧在村中开演了。

然而，汾河的边上仍坐着小玉的祖母，圆月把她画着深黑色的影子落在地上。

这象征性地表达了尽管改变"小玉"与"祖母"生活的是抗战，但是抗战距离他们的现实生活还很遥远。

还有一些远离抗战的民众的现实。1940年发表的作品《山下》，描写的是生活在重庆近郊嘉陵江的一个名叫东阳的小镇上的人们。萧红从1938年9月到1940年1月去香港为止，生活在重庆市区沿嘉陵江北上不远处的北碚。

抗日战争开始之后，"下江人"（四川以东的，他们皆谓之下江）从重庆逃至这座山中小城避难。在这个偏远地区，这可不是一件小事。林姑娘欣喜地看着陆续停靠在码头的各色汽船，她的生活也因此发生了巨大变化。刚满十一岁的林姑娘和她腿脚不便的母亲过着虽然贫穷但却"安闲、平静、简单"的日子，父亲和哥哥常年在外地的砖厂工作。当上"下江人"家里的佣人之后，林姑娘的生活发生了巨大变化。她变得忙起来了，在家里做家务的腿脚不便的母亲开始无事可做。林姑娘总是从"下江人"家里带剩菜剩饭回家，所以她们连饭也不用做。她带回来的饭菜都是她们之前见都没见过的。以往总是把带麸皮的面粉做成面食煮来吃，现在可以吃上白米饭、炒肉丝和鸡汤了。附近的人也为着这难得的美味来她家吃饭，即便如此食物还有富余。母亲能做的只剩下帮女儿烧洗脚水了。

这生活一直过了半个月，林姑娘的母亲才算熟习下来。

可是在林姑娘，这时候，已经开始有点骄傲了。她在一群小同伴之中，只有她一个月可以拿到四块钱。连母亲也是吃她的饭。而那一群孩子，飞三、小李、二牛、刘二妹，……还不仍旧去到山上打柴去。就连那王丫头，已经十五岁了，也不过只给下江人洗一洗衣裳，一个月还不到一块钱，还没有饭吃。

因此林姑娘受了大家的嫉妒了。

与此同时，对于原本只是怜爱女儿的母亲来说，从另一种意义上看，女儿具有无可取代的价值。为了挽救患上疟疾的女儿，她不顾自己的腿疼四处求药。追根究底，这其实是为了让女儿不被"下江人"辞退。病好之后，林姑娘再次到"下江人"那里做工，头上戴着主人家买来的草帽，脚上还穿着凉鞋。她儿时的玩伴对她的感情由嫉妒变成了羡慕。孩子们跟在她身后，有时也给她帮忙。渐渐地，林姑娘连说话都变得跟"下江人"一样了，她开始变得像一个"小主人"了。

不久，"下江人"家里雇了专门的厨师，没有必要再让林姑娘到外面取餐。工作变少后，工资也减少一半。母亲十分苦恼，跑去与雇主交涉，结果不但没有成功，反而让林姑娘被辞退了。林姑娘只好和以前一样，背着篮子去割草。看着女儿的背影，母亲准备像以前一样为女儿做晚饭。

她看一看锅儿，上面满都是锈；她翻了翻那柴堆上，还剩几棵草刺。偏偏那柴堆底下也生了毛虫，还把她吓了一下。她想平生没有这么胆小过，于是她又理智地翻了两下，下面竟有一条蚯蚓，锯锯练练地在动。她平常本来不怕这个，可以用手拿，还可以用手把它撕成几段。她小的时候帮着她父亲在河上钓鱼尽是这样做，但今天她也并不是害怕它，她是讨厌它。这什么东西，无头无尾的，难看得很，她抬起脚来踏它，踏了好几下没有踏到，原来她用的是那只残废的左脚，那脚游游动动的不听她使用。等她一回身打开了那盛麦子的泥罐子，那可真的把她吓着了，罐子盖从手上掉下去了。她瞪了眼睛，她张了嘴，这是什么呢？满罐长出来青青的长草。（中略）

罐子的东西一倒出来，满地爬着小虫，围绕着她四下窜起。她用手指抿着，她用那只还可以用的脚踩着。平时，她并不伤害这类的小虫，她对小虫也像对于一个小生命似的，让它们各自地活着。可是今天她用着不可压抑的憎恶，敌视了它们。

她把那个并排摆在灶边的从前有一个时期曾经盛过米的空罐子，也用怀疑的眼光打开来看，那里边积了一罐子的水。她扬起头来看一看房顶，就在头上有一块亮洞洞的白缝。这她才想起是下雨房子漏了。

（中略）

她去刷锅，锅边上的红锈有马莲叶子那么厚。

由于抗战，母亲和林姑娘的心态都发生了变化。之前母亲可以用手拿蚯蚓或者把它撕成小段，现在蚯蚓变得丑陋可恨，原本不愿伤害的小虫如今也变得面目可憎。这正象征了母亲心态的变化。蚯蚓和小虫子象征着她们以前的生活，过去的生活并未被新生活抹去，只是被赶到角落里，被遗忘了而已。如今，梦幻般的新生活从眼前消失，她们必须回忆并再现丑陋的过去。萧红执着地描写了母亲的心烦意乱和她无处发泄的愤怒。这里或许存在抵抗的萌芽，但她们看不到抵抗的对象，因此只能选择接受现实，继续生活。"下江人"由于抗日战争才来到这座山中之城，但故事并没有直接描述与抗战相关的内容，仅有形容小汽船发出的轰鸣"很像发了响报之后日本飞机在头上飞似的"这一句话让人联想到抗战。林姑娘生病卧床一个多月以后，变得"完全像个大姑娘了"。再也不像以前那样，看到河上那些重庆来的外国船和衣物上沾满的黄沙，看到那些沙落在河面上荡起一圈圈波纹，就心存向往；也不再搭理伙伴们的呼喊了。在故事的最后，萧红写道，"林姑娘变成小大人了，邻居们和她的奶妈都说她"。代替林姑娘去"下江人"家里的是她的伙伴王丫头。恐怕王丫头的生活也要发生改变，然后是某个其他村民家会发生改变，这一串的连锁反应最后必定会给整个村子的生活带来变化。但是对于村民而言，他们只能接受这样的改变。他们就是这样挺过各种变化活到今天的，也将继续这样活下去。

四

抗日战争开始后的这些作品中,《旷野的呼喊》(1939年1月30日)写了抵抗的儿子和他的父母,父母是否理解儿子的抵抗姑且不谈,但他们至少在某种程度上意识到了这一抵抗。这是萧红为数不多的能在其中看到抵抗痕迹的作品。

儿子默默离开家已经三天了,父亲陈公公担心儿子跟义勇军跑了。有一天,儿子突然拿着一只野鸡回来了。他说那是自己打到的,实际上是用这三天为日本人修铁路赚来的钱买来的。第二天,儿子又默默地出去了,之后每隔几天都会回来一次。父母放心了,可实际上他们的儿子正在参与弄翻日本人火车的行动。计划暴露后,三百名铁路工人被捕,其中就有他们的儿子。陈公公把儿子修铁路赚来的钱全部拿出来,或许是想用来做儿子的保释金。他不顾夜黑,独自在寒风中走向儿子所在的方向,对妻子拼命挽留的声音不听不闻。他跌倒了好几次,又站了起来。

他的膝盖流着血,有几处都擦破了肉,四耳帽子跑丢了。眼睛的周遭全是在翻花。全身都在痉挛,抖擞,血液停止了。鼻子流着清冷的鼻涕,眼睛流着眼泪,两腿转着筋。他的小袄被树枝撕破,裤子扯了半尺长一条大口子,尘土和风就都从这里向里灌,全身马上僵冷了。他狠命地一喘气,心窝一热,便倒下去了。

等他再重新爬起来,他仍旧向旷野里跑去。他凶狂地呼喊着,连他自己都不知道叫的是什么。风在四周捆绑着他，风在大道上毫无倦意地吹啸，树在摇摆，连根拔起来，摔在路旁。地平线在混沌里完全消融，风便作了一切的主宰。

陈公公知道，是日本人硬闯入自己的生活中，把自己的生活搅乱了，他对此十分生气。当时有日本兵驻屯在村子里，大量征用柴火。他朝着日军在驻扎地立着的旗帜骂道："小鬼子……"他怀疑自己的儿子每次默默出走也跟驻屯在这里的日本人有关。日本人来了之后，有些东西发生了变化。儿子也变了。儿子说："要干，拍拍屁股就去干，弄得利利索索的。"他问道："你要干什么呢？"但是儿子却这样回答："爹！你想想要干什么去？"然而按照父亲的想法，哪里都不去，哪里都去不了。对于改变了儿子的日本人，他骂是骂了，但是日本人为何来到这里，准备做什么事情，他一无所知，只是骂他们打乱了自己的平静生活而已。妻子陈姑妈深知丈夫因此产生的焦虑。她虽然对儿子的出走感到不安，但是更担心因此焦虑的丈夫会出什么问题，内心惶恐不安。"陈姑妈抵抗着大风的威胁，抵抗着儿子跑了的恐怖，又抵抗着陈公公为着儿子跑走的焦烦。"

与之前的作品相比，这部作品中，陈公公为了被捕的儿子采取了行动。但这是否会变成他自己的抵抗呢？在黑夜里，迎着大风撕心裂肺地喊叫着的陈公公，似乎象征了人们四处寻找抵抗方法的苦恼。而陈姑妈，她担心丈夫会由于儿子的事情失去理智给他们的生活带来不便，象征了不管怎样都要，而且不得不优先考虑维持现状生存下去的中国大众。在《生死场》中，无知的农民们受李青山演说的鼓动，意识到"我们是中国人"，起来反抗。萧红深知在现实中这是不可能的。这既是她的成长，也是她的挫折。

萧红以加入西北战地服务团的九岁少年王根为主人公写成短篇小说《孩子的讲演》（1940年3月）。在一个聚集了五六百人的欢迎会上，人们一边大口吃着花生和水果，一边笑着低声谈话，没有人注意听一个个走向讲坛的演讲者的发言。"因为那些所讲的悲惨的事情都没有变样。"突然，轮到目光盯着食物的王根演讲了。他已经充分掌握了自己要讲的内容，也有自信讲好。但是在此之前，他从未见过这么多人聚在一起。

血管里的血液开始不平凡地流动起来。好像全身就连耳朵都侵进了虫子，热，昏花。

他站在椅子上开始讲述自己已经说惯了的故事。

"我离开家的时候，我家还剩三个人，父亲、母亲和妹妹，现在赵城被敌人占了，家里还有几个，我就不知道了。我跑到服务团来，父亲还到服务团来找我回家。他说母亲让我回去，母亲想我。我不回去，我说日本鬼子来把我杀了，还想不想？我就在服务团里当了勤务。我太小，打日本鬼子不分男女老幼。我当勤务，在宣传的时候，我也上台唱莲花落……"

又当勤务，又唱莲花落，不是没有人笑，不知为什么反而平静下去，大厅中人们的呼吸和游丝似的轻微。蜡烛在每张桌上抖擞着，人们之中有的咬着嘴唇，有的咬着指甲，有的把眼睛掠过人头而投视着窗外。站在后边的那一堆灰色的人，就像木刻图上所刻的一样，笨重，粗糙，又是完全一类型。他们的眼光都像反映在海面上的天空那么深沉，那么无底。窗外则站着更冷静的月亮。

（中略）

一九三八年的春天，月亮行走在山西的某一座城上，它和每年的春天一样。但是今夜它在一个孩子的面前做了一个伟大的听众。

但是紧张的王根，并不明白人们拍手的意义。对于他的张皇失措，有人发出笑声，他弄不清楚是怎么回事，后来哭了起来，讲不下去了。

为什么人家笑呢？他自己还不大知道，大概是自己什么地方说错了，可是又想不起来。好比家住在赵城，这没有错。来到服务团，也没有错。当了勤务也没有错，打倒日本帝国主义也没说错……这他自己也不敢确信了。因为那时候在笑声中，把自己实在闹昏了。

接下来的一周内，"做了服务团的勤务，他就把自己也变作大人"的"才九岁"的王根，"永远梦到他讲演，并且每次讲到他当勤务的地方，就讲不下去了"。而且，每次脑海中都会浮现出自己挨着母亲将身体蜷成一团的情景。

1938年春天，正是萧红跟随丁玲率领的西北战地服务团行动的时期。通过这个年幼的少年的经历，她到底想要表达什么呢？无论是参加服务团的人们还是对他们的来访表示欢迎的人们，周围都有很多悲惨的事情，但是那都是一些已经听惯了的事情。悲惨的现实已经成为人们的日常，人们试图将这些当作被给予的东西来接受。

王根参加服务团，或许是为了活下去而做出的选择。他不过是将服务团选作了做"勤务"的地方而已，但是，之后的那些"没有变样"的语言印证了他的选择的正确性。他由此找到了适合自己的居所。但是他的这种正确性是后来得到证实的，他并非一开始就相信自己行为的正确性而下定决心行动。这也可以从描写王根演讲时寂静的大厅的句子"大厅里像排着什么宗教的仪式"中看出。或许他们不过是像相信某种宗教一样想要去相信"打倒日本帝国主义"。但是，可爱的少年王根的话让他们想起了各自的家人。或许唯有这样才能将真实存在的悲惨现实、民族危机与他们每个人的现实联系在一起。萧红在《寄东北流亡者》（1938年9月18日）中呼吁人们："为了失去的土地上的高粱、谷子，努力吧；为了失去的土地，年老的母亲，努力吧；为了失去的地面上的痛心的一切的记忆，努力吧！"听众的反应让年幼的王根忆起了已经忘却的母亲的温暖。王根还太小，无法做到超越对母亲的思念，以更强烈的意志和明确的目标继续抵抗活动。在这之后，王根会以怎样的心情继续"勤务"工作呢？

　　另外，萧红在题为《北中国》（1941年3月26日）的短篇中，描写了一对担心儿子的老夫妇。儿子留下一句要去关内与日本战斗后，音讯全无。居住在伪满洲国的耿大先生是个知识人，在外国留过学，初级小学堂开办之后他就把孩子们送进去学习。他的夫人也曾经在私塾学习过，儿子下落不明后，她担心得不得了。耿夫人十分后悔没有看出儿子离家出走的征兆，"假如看出来了，就看住他，使他走不了。假如看出来了，他怎么也是走不了的"。耿大先生认为儿子是年轻气盛，因此儿子写信回来要钱时，他觉得儿子总会回来的，写道"要回来，就回来，必是自有主张，此后也就不要给家来信了"，也没有寄钱。但是当儿子真的音信全无之后，他对此十分后悔。夫妻两人听到过很多传言，不知道该相信哪个。三年后的农历十二月，传来消息说他们的儿子参军战死了。之后，耿先生就得了"有时昏迷，有时清醒的病"。在他清醒的时候，命令人们把自己院子里的树全都砍掉，以免落到日本人手里。

　　"伐呀，不伐白不伐。"

　　把树木都锯成短段。他说：

　　"烧啊！不烧白不烧，留着也是小日本的。"

　　等他昏迷的时候，他就要笔要墨写信，那样的信不知写了多少了，只写信封，而不写内容的。

　　信封上总是写：

大中华民国抗日英雄

耿振华吾儿　收

　　父　字

这信不知道他要寄到什么地方去，只要客人来了，他就说：
"请等一等，我这儿有一封信给我带去。"

无管什么人上街，若让他看见，他就要带一封信去。

　　家人害怕写着"抗日英雄"的东西被日本人知道，将耿大先生关在最里面的屋子里。即便如此，他还是会从房间溜出来。他们把他转移到更里面的，以前是小妾住的一间小房里，最后把他锁在花坛边上的亭子里。亭子里面有个火盆。"他寂寞的时候，就往炭火盆上加炭。那炭火盆上冒着蓝烟，他就对着那蓝烟呆呆地坐着"。于是，有一天，耿大先生为着那缕蓝烟，在亭子里悄悄地，像睡着了一般丧命了。

　　大家都发现，这些全是"日本人来了之后发生的改变"。由此而带来的家庭破碎和亲朋好友的去世，虽然会让他们悲伤，但并不会成为他们抵抗的动力。悲伤没有变成仇恨，而是变成了放弃。在儿子死后，耿大先生得了时而清醒时而发呆的病，这正是他在仇恨和放弃之间游移不定的表现。从他在发呆的时候写信这一点来看，他对现状多少有一定的认识，但没有内容的信又象征着他难以找到抵抗的道路。结果他在发呆的状态下死去了，这恐怕正符合耿大先生家人的期望。这里所写的家人是知识分子阶层，但他们的生存方式，与《山下》中描写的民众的生活方式并没有太大不同。这是不分阶层，中国人世世代代的生存方式。

五

　　但萧红并非对抵抗失去了希望。《寄东北流亡者》中，她对以往一直对伪满洲国保持沉默的中国政府，终于以上海沦陷为契机开始积极抗战这一点表示赞赏。她写道：

　　你们的希望曾随着秋天的满月，在幻想中赊取了七次，而每次都是月亮如期地圆了，而你们的希望却随着高粱叶子萎落。但是自从八一三后，上海的炮火响了，中国政府积极抗战揭开，九一八的成了习惯的暗淡与愁惨却在炮火的交响里换成了激动、兴奋和感激。这时，你们一定也流泪了。这是感激的泪，兴奋的泪，激动的泪。

　　三年后，她在《九一八致弟弟书》（1941年9月26日）中，对弟弟张秀珂说了这样一段话：

　　可弟，我们都是自幼没有见过海的孩子，可是要沿着海往南下去了，海是生疏的，我们怕，但是也就上了海船，飘飘荡荡的，前边没有什么一定的目的，也就往前走了。

　　那时到海上来的，还没有你们，而我是最初的。我想起来一个笑话，我们小的时候，祖父常讲给我们听，我们本是山东人，我们的曾祖，担着担子逃荒到关东的。而我们又将是那个未来的曾祖了，我们的后代也许会在那里说着，从前他们也有一个曾祖，坐着渔船，逃荒到南方的。

　　抗战爆发后，她想到投身抗日的弟弟，并联想到在山西见到的年轻战士们的英姿，断言"中国有你们，中国是不会亡的"。

　　但是这种希望并没有具体表现在她的作品中，这或许是由于她认为应当首先虚心认识那些远离抵抗的人们的生活现实吧。可以说，萧红在1941年5月发表的《骨架与灵魂》这篇短文表明了她的决心。

　　"五四"时代又来了。

　　（中略）

　　我们离开了"五四"，已经二十多年了。凡是到了这日子，做文章的做文章、行仪式的行仪式，就好像一个拜他那英勇的祖先那样。

　　可是到了今天，已经拜了二十多年，可没有想到，自己还要拿起刀枪来，照样地来演一遍。

　　（中略）

　　谁是那旧的骨架？是"五四"。谁是那骨架的灵魂？是我们，是新"五四"！

　　为了给五四注入新的灵魂，知识分子必须站起来。因此不仅要认清群众的现实，还要认清知识分子的现实，并弄清他们的问题。描写了"我的家"和有二伯的《呼兰河传》《北中国》，以知识阶层年轻男女苦恋为主题的《小城三月》（1941年）、《马伯乐》（第一部1941年1月，第二部1981年9月）等一系列作品中，都能看到她的这种意图。由于生病不得不中断《马伯乐》的连载时，据说萧红对袁大顿说："我很可惜，还没有把那忧伤的马伯乐，提出一个光明的交代。"（袁大顿《怀萧红》）若这真是事实，或许可以印证笔者的上述猜测吧。

六

在抗日的战火中颠沛流离，在香港结束自己短暂的一生，这些都绝非萧红本意。但是，萧红在香港完成了两部前所未有的长篇，正如前面论证过的，《呼兰河传》和《马伯乐》在萧红的整个作品世界中居于要位，它们将萧红的作品发展到了一个新高度。由此可见，香港为萧红提供了一个优越的创作环境。以这个观点重新审视萧红的创作生涯，我们会看到一个与之前不同的、新的萧红形象。

将萧红作为生活在中国抗日战争时代的一个女性形象进行总体把握和理解时，女权主义的确为我们提供了一种有用的观点。应该说，有了女权主义的见解，我们才得以将萧红的文学创作活动在历史上明确定位和理解为一个女性自立的过程，这是她对社会和历史的勇敢挑战，是女性的前卫行为。女权主义试图将女性历史的、社会的、文化的各种行为从传统的男权的支配及为他们所构建的言说中解放出来，重新正面评价女性气质，这种尝试的确充满魅力、振奋人心。但是仅就萧红而言，笔者感受到一种危险性。萧红一直以来被许多善意的读者构建成一个经历了女性特有的苦难与不幸的形象（如萧红纪念馆前的坐像），并对其寄予同情和共鸣。由于女权主义本质上对女性气质的同情与肯定，它与这一形象的融合有可能会制造出新的偶像。

比如，这明显地表现在，对萧红作品中的什么和哪一部分应该给予正面评价。对于这一问题，女权主义出场前后基本上没有发生变化。例如，在《生死场》中，对女人们经受的各种苦难的相关描写的确十分突出，但是从未有人关注过穿插在其中的男性形象。人们将散文集《商市街》视为萧红得到萧军这一伴侣，刚刚步入抗日作家这一新的人生道路时美丽又甜蜜的回忆，而未像本书所指出的从中可以看到她强烈希求独立的决心。因此，《商市街》经常被人们从研究对象中去除。一直以来，人们将《呼兰河传》幽闭在"寂寞"这一词语中，认为该作品中没有抗日意愿，与萧红的其他作品风格迥异，对其评价较为消极。由于女权主义的解释，《呼兰河传》得以摆脱以往的消极评价，在萧红的一系列作品中得到一席之地。但是，这部魅力四射的作品中讲了许多故事，女权主义仅看到了团圆媳妇的悲剧，几乎从未提及有二伯和冯歪嘴子的故事，尽管萧红在此之前还写过关于这两个人的其他作品。这一点与之前毫无二致。

而且，关于萧红的苦难和不幸，人们认为，她身边的男性，尤其是萧军负有很大责任。因此，尽管萧军对促使萧红走上作家道路贡献很大，但是在影响关系方面人们一味强调他的负面影响。这与萧军强烈的个性有很大关系，通过将粗暴的萧军与病弱的萧红进行对比，善意的读者们更加同情萧红的悲剧。女权主义者也将此作为前提，进一步充实了自己的理论。然而，这依然没有超出传统女性观的范围，传统女性观认为，女性作为男性的附属物，唯有脆弱和可怜才是美的。即便这不是人们故意为之，而是由于对萧红善意的态度所致，但它对相关的男性作家们，尤其是萧军的评价是不公平的，而且这反而会影响到对作为一个独立作家的萧红的评价，从结果上降低对萧红的评价。此外，关于端木蕻良，在人们眼中，萧军代表了男性的"阳性"部分，他代表的是"阴性"部分。人们认为，他的每一次行动都是任性的，"不像男人"，因此无法保护萧红。这对端木难道不是很不公平吗？

唯其如此，尽管笔者在本书中高度评价女权主义的观点，却慎重使用该观点，笔者试图依据众多资料和作品，尽可能客观地评价萧红作为一个作家的行为。但是，笔者想在此重申，这绝非轻视萧红和迄今为止女性们所经历的苦难的历史和残酷的斗争，反而正因为重视才如此，笔者自己也希望能够将先辈们开辟的道路开拓得更宽更远。女权主义的确在文学研究领域打开了一个新视野。但是，由于它担负着肯定女性气质和恢复女性权利这一历史和社会的巨大使命，因此往往采取一种偏袒女性、对女性宽容，对男性稍显苛刻的观点。然而，如今，女权主义的观点已经在社会上得到了一定的认可，我们应当让它在既有成果的基础上迈向一个更高的台阶。这时，问题恐怕就会转向"个体"的状态。而且，这就是萧红最终追求的主题。

比如，迄今为止，人们都将《呼兰河传》视为一部充满思乡之情的回忆录。但是，正如前文指出的，文中有许多作者有意识进行虚构的成分。萧红在《呼兰河传》中描述的"我"的家庭，是为了描写一个名为呼兰河的小镇上凝固的空气而创造的背景，未必就是现实中萧红的家庭。而且，关于生活在"我"周围的贫困的人们，如前所述，他们的故事也不乏作者人为修饰的痕迹。不可否认，文中充满了作者浓浓的思乡之情，但是这并非该作品的主题。前面讲到，这部作品的主题是居住在"荒凉的院子"中的人们各自的抵抗和成果。但是，这种抵抗并非当时人们所期待的针对侵略者进行的民族抵抗。团圆媳妇自始至终没有舍弃作为"一个人"的自己，死去了。有二伯试图通过从自己没有被认可为"一个人"的现实中逃出来，维护自己作为"一个人"的尊严。冯歪嘴子成功地实现了他所期待的作为"一个人"的幸福，想要将它一直守护下去。或许对于那些贫困弱小的人而言，当危及自己的生存问题时，原本只是努力活下去的行为本身就成了抵抗。如何将这一个个作为"一个人"的抵抗升华成为全体的抵抗，即民族的抵抗呢？

萧红早已将"一个人"的问题作为自己的追求，在战乱中被迫辗转各地，耳闻目睹了人们远离抵抗的现实之后，或许让她萌发了把个人追求推广到普罗大众之中的想法。如果这些弱小、贫困、没有知识和文化，对一切都采取认命的态度，淡然地活着的人们，没有作为"一个人"的意识，就不可能发展成抗战。只有发觉自己是"一个人"，拥有作为"一个人"的意识，追求作为"一个人"的幸福和权利，一直被视为宿命的东西才会现出原形。通过他们的抵抗，所谓的宿命便会被粉碎。而且，这必将会走向民族的抵抗。这恐怕正是身为女性，不得不时常面对作为"一个人"的问题的萧红才会有的观点，这恐怕也是与《七月》座谈会的成员或者准备弃笔从戎的萧军截然不同的观点，即使她的最终目标与他们相同。

对于萧红而言，最大，从结果看也是最后的课题就是，事已至此依然远离抵抗的知识分子的问题。他们为躲避战火，像无根之草一般四处辗转，他们身上原本就没有那种将自己束缚在土地和家人身上的宿命意识。为了让他们拥有和恢复作为"一个人"的自觉和荣耀，萧红在文中设定了马伯乐这一彻头彻尾自私利己的小人物形象。马伯乐从未真正感受到自己的生存危机。但是从他骂自己的同胞"真他妈的中国人"这一行为中可以看出，他在内心已经有了将"中国人"同外国人相对比的意识。既然如此，可以说，他的任务就是弄清自己将"中国人"视为劣等民族的根据何在，而且觉悟到自己也是劣等"中国人"中不折不扣的一员这一事实。对于马伯乐而言，这或许也称得上"一个人"的发现。按照这一思路我们可以看出，萧红作为作家的一生由一条主线贯彻始终，她的所有作品都是在一条连续的线上进行的一种连续的精神行为。不过，遗憾的是，《马伯乐》尚未完成而斯人已逝，我们永远失去了弄清萧红这一宏伟计划的去向的机会。

附章

萧红之死及其后

最后谈谈萧红去世时的情况和之后的迁葬问题。

一

　　1940年1月来到香港后不久，萧红身体抱恙。萧红弟弟的朋友，东北出身的新晋作家骆宾基于第二年11月来到萧红九龙的家中拜访她时，她已经衰弱得站都站不起来了。根据曹革成的记述，萧红和端木本打算回内地，但是不巧皖南事变（1941年1月）爆发，许多作家和文化人士从内地南下香港，于是放弃了计划（曹，2005）。从此时直到萧红去世为止，萧红夫妇与骆宾基保持着比与其他任何人都密切的交往。骆宾基在《萧红小传》（1946年）中记录了当时的情况。他与端木的记述有或大或小的差异。这些差异主要源于只有当事人才知道的彼此之间个人的、情感上的纠纷，难以查证。在此，笔者将尽量避开一个个具体差异来叙述当时的情况。

　　1940年7月，萧红被诊断为肺结核，做了手术，身体越来越差，决定中断在《时代文学》上连载的《马伯乐》第二部。11月下旬暂时出院，但是病情没有好转。之后，太平洋战争爆发。12月8日早上，香港启德机场遭日军空袭。上午，九龙到香港的海上交通完全被封锁。端木和朋友们感到形势危急，等到夜里三点，人们都熟睡了，将萧红用当时东北救亡协会香港分会负责人于毅夫准备的小船送往香港岛。他们用时代书局准备的担架，先将萧红送到东北大学前校长周鲸文在半山的别墅，之后辗转香港岛各处，黄昏前才在市中心的思豪酒店安顿下来。① 9日，香港和九龙之间的海运中断，当时的情势可谓间不容发。12月18日，思豪酒店也惨遭轰炸，萧红再次四处辗转，最后在时代书局的职工宿舍住了下来。

第二年1月12日，萧红搬到跑马地的养和医院。由于是知名作家，院长亲自问诊，诊断萧红是气管结瘤，需要立即手术。实际上事后才弄清这是误诊。端木不同意手术，萧红自作主张，自己签署了手术同意书。

手术后，萧红失声，18日，遵循萧红的意愿，端木将她送往玛丽医院。期间骆宾基一直在萧红身边照顾她。1月21日，时隔四十四天骆宾基为取身边衣物再次回到自己九龙的家中时，房间里已经空空如也。第二天早上，骆宾基返回香港，玛丽医院已被日本陆军接管，萧红被转到圣士提反女校的红十字会临时医院。早上六点，萧红陷入昏迷，上午十一点去世。

据说在手术之前，萧红向端木交代了后事。第一，希望端木保护她的作品不被人随意修改，版权全部交给端木。第二，希望死后能葬在鲁迅的墓旁。不过以当时状况来看难以实现，那就把她葬在一个风景区，要面向大海，用白色的布包裹自己。第三，如果端木将来去哈尔滨，把她和王恩甲的孩子找回来。第四，由于骆宾基一直在她身边照顾，萧红想要酬谢他，提出把将来再版《生死场》的版权送给骆宾基。端木说，《生死场》已经再版多次，相比之下，《呼兰河传》的版权利润更高。后来，萧红接受了端木的建议（曹，2005）。

---

① 周鲸文与张学良关系密切，是中共地下党负责人于毅夫指导的香港东北同乡会负责人之一。当时周自己在办杂志《时代批评》，任杂志主编，同时也是发行方时代书店的社长。他自费发行《时代文学》，让端木当主编。而且，计划兴办《时代妇女》杂志，让萧红当主编。

思豪酒店的老板夫妇都是东北人，张学良的弟弟张学铭也经常住在这里（曹，2005）。

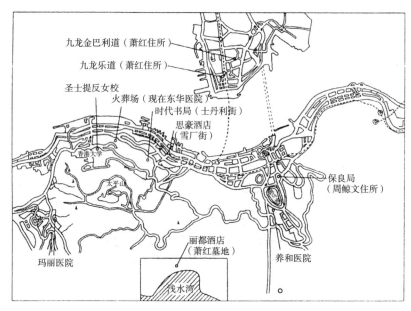

○ 萧红在香港的足迹。

资料来源：曹，2005。

　　根据骆宾基的回忆，失声的萧红最后提笔留给他的话是"半生尽遭白眼冷遇，……身先死，不甘，不甘"（《萧红小传》）。曹革成提到，萧红向端木写下了"鲁迅""大海"等字样（曹，2005）。

　　萧红死后，端木请来一位摄影师为萧红拍摄遗容，并剪下萧红的一束头发。当时墓地有限，原则上要求合葬。碰巧港英政府处理埋葬事务的负责人马超棟是萧红的读者，安葬萧红一事得到破格处理。马先将一位名叫小椋的日本记者介绍给端木[1]，端木通过小椋，到日军政府部门开办死亡证明，办理火化手续。当时，尸体都不穿衣服，不分男女，一律被搬上尸车集中运到埋葬地。马用从医院借来的白毯子把

---

[1]　根据曹革成的记述，端木在考虑如何将萧红从养和医院送往玛丽医院时，碰到一位用英语交谈的日本记者，端木抱着一线希望向他打招呼，那个日本人就是小椋（曹，2005）。

萧红裹起来，放在尸车的特别车厢里，以和其他尸体区别。之后在日本人的火葬场进行了火化（1月24日）。端木在古董店买来两个古董罐装骨灰，遵照萧红的遗嘱把其中一个埋在浅水湾，另一个本打算带在身边，可最终还是在第二天，埋在了萧红去世的地方，圣士提反女校的树下。

之后，骆宾基于1月25日离开香港，途经澳门，3月抵达桂林。端木于2月乘坐日本的"白银号"奔赴广州，但是当时广州湾已被日军控制，只好迂回从澳门登陆，与骆宾基同样在3月抵达桂林。端木说，乘坐"白银号"的除他之外，还有骆宾基和另一个朋友。但是骆宾基没有提过这件事情。

二

1957年7月22日，中国作家叶灵凤与香港市政局的职员一道在香港岛南部的海水浴场浅水湾挖掘十五年前埋在这里的萧红的骨灰。但是由于时间久远，三尺高的墓碑（木质）和种在那里的树都已不见踪影。唯一的凭证是叶灵凤曾经拍的一张照片，那时同行的诗人戴望舒也已经去世。①

○ 浅水湾萧红墓（1942年11月，戴望舒摄影）。墓碑（木质）文字为端木蕻良所题。

当天从上午十点开始挖，到了下午还一无所获。本打算如果挖不出来就将周围的土保存起来。下午三点，挖出来一个圆形的黑釉瓦罐（端木回忆是白色罐子），里面装着没有化成灰的牙床骨样的东西和一些布的灰烬。

---

① 1942年11月，留在香港的戴望舒和叶灵凤在日本人的陪同下进入军事禁区浅水湾，拜谒萧红墓。两年后的1944年11月1日，端木给香港的戴写信，表示由于自己不能去香港，拜托他替自己为萧红扫墓，并说明想把萧红的墓迁到西湖。12月20日，戴来到萧红墓前献上了一束红色山茶花。文中萧红墓的照片就是那时照的。1948年11月，端木来到香港，他想，等到祖国解放了，一定会有迁葬的机会。当时端木拍了两处墓地的照片。然而，新中国成立后，由于一系列政治风暴，根本无暇顾及迁葬一事（曹，2005）。

　　大约十天后，8月3日十点，香港文艺界人士举行了一个简单的送别会。会场上挂着萧红的遗像，下面放着港英政府赠送的亮赭色木箱，箱里装着萧红的骨灰，周围摆着鲜花。受时间和场所所限，这次送别会没有通知太多人，但是仍有六十余人参加，之后有几十人随同代表（叶灵凤、曹聚仁等六人）将骨灰护送到深圳。

○ 广州银河公墓内的萧红墓（摄于1977年）。

　　中国作家协会广州分会组织"萧红同志迁葬委员会"成员（黄谷柳、陈芦荻等）在深圳迎接骨灰，当时端木蕻良也在场。萧红死后，端木离开了香港。当时他本在北京，正值批判胡风之际，这也累及了与胡风深交的端木。这种情况下，端木收到中国作家协会广州分会的来信，信上说想迁葬萧红骨灰。原因是浅水湾的酒店决意在萧红的墓地一带建海水浴场。这里原本就不是墓地，是端木得到特别许可后才将骨灰的一部分埋在此地的。萧红墓地将会消失这一消息立即在香港的文化人之间传开，迁葬的呼声越来越高。8月15日下午，迁葬仪式之后，萧红骨灰被埋在广州郊外的银河公墓。

　　"文化大革命"之后，1987年11月4日，端木到广州的萧红墓地扫墓。两年后，端木计划寻找香港圣士提反女校的另一个萧红墓地，但是由于病重，没能实现。圣士提反女校的后山与当时比已面目全非，萧红的另一处骨灰到现在都没有被发现。

三

"半生尽遭白眼冷遇，……身先死，不甘，不甘。"1942年1月18日被转到玛丽医院的萧红，于第二天夜里12点让C君（骆宾基）拿笔写下的（《萧红小传》）这句话果真是萧红的话吗？《萧红小传》和它依据的《呼兰河传》到底多大程度上忠于"史实"？萧红在最后的几天向C君倾诉的事情作为"史实"有多少可信度？这些都已无从证实。尽管如此，如上所述，以那些记述为依据，萧红这一女性形象在其死后依然活在人们心中。这恐怕有两个原因。

首先，萧红一生的历程，象征了在当时社会历史背景之下女性觉醒和探索的历程。萧红为反抗父亲离家出走，原因是父亲给她定了一门旧式的封建婚姻，而且她的娘家在当地是地主，故萧红的行动在五四以来的主题"反封建"的名义下得以正当化。易卜生的《玩偶之家》因启发了新时代新女性的生活方式曾在中国掀起一阵热议。对此，鲁迅指出，主人公娜拉不具备支持她进行反抗和独立的现实基础，受理想鼓动是危险的。后来，不知原委如何，萧红与父亲指定的未婚夫同居，怀孕后被遗弃。无路可走的萧红正如鲁迅所担心的那个离家出走后悲惨的"娜拉"。将萧红从这一窘境中救出来的是萧军。人们对此高度评价，认为这是一个开明的行为，帮助娜拉走向了独立。并称赞两人的相遇是高洁的灵魂的革命的结合，随后这一结合又升华为文学创作这一优秀的战斗方法。然而，必须看到的是，这一称赞背后隐藏着强壮的男性救出并保护了柔弱的女性这一被定型了的旧社会美学。

这一点不但表现在现实生活中，而且表现在为达到精神独立不可或缺的创作生活中，这正是萧红不幸的开始。这也是当时颇具时代性的问题，不，甚至可以说，这一问题在当下也很有现实意义。

由于与萧军合作的《跋涉》被禁止发行，两人趁机逃出被侵略的故乡。之后，萧红的才华被鲁迅认可，通过鲁迅的帮助在上海出版《生死场》。《生死场》中表现出来的强有力的写作能力和新鲜的题材让人一度忽略了其结构上的不足。这样，萧红与萧军一道，作为抗日作家一举确立了稳固的地位。之后萧红在婚姻生活上的痛苦，佐证了男尊女卑的封建旧习依然根深蒂固，两人革命的相遇最终没能逃脱封建制度的束缚。与萧军相比，许多友人都不看好她与端木的相遇，其中一个重要原因恐怕是与端木结合后，萧红作品中所谓革命的斗争精神消失了。而且，人们认为，与萧军分手和与端木结合，证明了萧红作为女性的脆弱，这是值得同情的。萧军视英雄人物为理想形象，与此相反，端木是一副文人形象，在抗日风潮中未必会受欢迎。因此，人们认为萧红在与端木的新生活中依然没能从苦闷中解脱出来，尽管如此，萧红直到最后都与端木共同行动，这依然是由于她身为女性的脆弱。

其次，由于萧红很快被誉为抗日作家，获得很高的地位，那么如何评价她的后期作品，如何解释从《生死场》到《呼兰河传》之间的落差就成为一个新课题。《生死场》是主张战斗的作品，作为抗日文学获得高度评价。与此相对，《呼兰河传》中回顾了自己的幼年时代，其中完全排除了抗日的元素，甚至表现出一种对抵抗的超然态度。同一个作家相隔七八年的时间竟然创作出如此迥异的两部作品，对此该如何解释呢？萧红通过《生死场》奠定了抗日作家的地位并被人期待，这一身份与写作《呼兰河传》的萧红很不相符。但是，由于人们为萧红稀有的才华感到惋惜，而且了解到她在充满波折的一生中从不妥协，一心想要真挚地生活下去，所以开始思考她必须书写《呼兰河传》的理由。当人们意识到，她在许多艰苦的抗争中感到了疲惫和受伤，开始回顾那个她想回却又回不了的故乡时，萧红的死在人们心中烙下了更为戏剧性的烙印。而《马伯乐》，由于与她之前的作品风格迥异，人们将之与其他作品区分开来，认为这是萧红在竭尽全力打破现状，寻求新的创作方向的证据。

人们在为作家萧红的才华感到惋惜的同时，不由得将她被时代捉弄的命运与生活在同时代的自己进行比较，每个人都或多或少地在自己身上找到了萧红的影子。为了让自己的人生继续下去，必须为萧红的死找一个合适的理由。于是，人们将萧红塑造成为一位故事中的女主角，故事的内容美丽又悲哀。这与其说是在给萧红安魂，不如说是被留下的人在给自己安魂。

1992年10月31日，萧红的故乡呼兰举行了萧红纪念碑与萧红墓落成仪式。墓里装的是端木保管了五十年的萧红的头发。如今，萧红长眠于香港、广州、呼兰三地，似乎象征了她颠沛流离的一生。

附录　萧红年谱①

1911年　出生

农历五月初五（6月1日），萧红出生于黑龙江省呼兰县。

乾隆年间，萧红五世祖张岱之由山东移居东北吉林省；嘉庆年间，张岱之儿子张明福、张明贵移居黑龙江省阿城。1875年，萧红祖父张维祯分家后在呼兰县自立。1899年，12岁的张庭举成为张维祯的养子。1909年，张庭举与姜玉兰结婚。萧红是张氏夫妇生育的第一个孩子。

1916年　五岁

萧红弟弟张秀珂出生。

1917年　六岁

萧红祖母范氏（1845—　）去世。

1919年　八岁

萧红生母姜玉兰（1885—　）去世。
萧红父亲张庭举续弦，娶梁亚兰。
五四运动爆发。

---

① 《萧红年谱》在日语原书中位于前言之后。考虑到中国读者的阅读习惯，将《萧红年谱》以附录的形式放于附章之后。——编注

1920年　九岁

萧红入学，就读于呼兰县立第二小学女子部。

1921年　十岁

7月，中国共产党成立。

1924年　十三岁

萧红升入高级小学。

萧红与王恩甲订婚。

1925年　十四岁

五卅运动在全国范围内展开，萧红参加支持五卅运动的活动。

5月，中共哈尔滨特别支部成立。

1926年　十五岁

萧红从高级小学毕业。

4月，中共北满地方委员会成立。

6月，中共北满地方委员会《哈尔滨日报》创刊。

11月，东省特别区警察总管理处制定《检查宣传赤化书籍暂行办法》，组建东省特别区警察总管理处便衣侦探队。

1927年　十六岁

萧红进入东省特别区第一女子中学读书。

1928年　十七岁

7月，张庭举任呼兰县教育局长。

11月，萧红参加反对建设"满蒙新五路"的运动。

是年，国民党当局制定《著作权法》，限制违反党义的出版物。

1929年　十八岁

萧红祖父张维祯（1849—　）逝世。

是年，罗烽入党，任呼海铁路特别支部宣传委员。与白朗结婚。

1930年　十九岁

春季，金剑啸在上海新华艺术大学学习。

萧红到北京，大约在9月进入师范大学女子附属中学读书。

是年，国民党当局公布《出版法》。

1931年　二十岁

1月，萧红回到呼兰，被软禁在阿城。

2月，萧红再赴北京。

三四月间，萧红与王恩甲同去哈尔滨。

夏季，中共中央将罗登贤（1905—　）派往东北。

9月18日，"九一八"事变爆发。

9月20日，中共中央发表《中国共产党为日本帝国主义强暴占领东三省事件宣言》。

10月，东北民众自卫军成立。

冬季，萧军在哈尔滨开始创作活动。

1932年　二十一岁

1月28日，上海发生"一·二八"事变。

3月，舒群成为第三国际情报员。

三四月间，萧军与舒群相识。

萧红给《国际协报》编辑部寄去诗和信。

7月12日，萧军到东兴顺旅馆看望萧红。

7月30日，萧红完成诗作《幻觉》。

七八月间，松花江大洪水肆虐。

8月10日，中共满洲省委发布《告满洲灾民书》。

八九月间，萧红生产。

9月，舒群入党。

秋季，萧军与金剑啸相识。

冬季，萧红开始与萧军生活在商市街二十五号。明月饭店开张。

11月，国民党当局制定《宣传品审查标准》。

是年，罗登贤任中共满洲省委书记兼组织部长，杨靖宇任中共哈尔滨市委书记，金剑啸是中共哈尔滨市西区（道里）宣传委员，罗烽是东区（道外）宣传委员。端木蕻良在北京参加北方左联。

1933年　二十二岁

7月，金剑啸组织星星剧团，萧红成为其中一员。萧红提议将《大同报》副刊命名为"夜哨"，被采纳。

8月25日，《哈尔滨画报》创刊。

10月，萧红、萧军的合集《跋涉》出版。

12月24日，《夜哨》停刊。

是年，萧红参加了在发隆百货店举行的维纳斯赈灾画展，并在金剑啸创办的天马广告社工作过一段时间。国民党当局公布《查禁普罗文艺密令》。罗登贤去世。

同年，萧红创作了《弃儿》（4月18日）、《王阿嫂的死》（5月21日）、《看风筝》（6月9日）、《小黑狗》（8月1日）、《两个青蛙》（8月6日）、《夜风》（8月27日）、《叶子》（9月20日）等作品。

1934年 二十三岁

3月，舒群逃亡至青岛。

6月，中共满洲省委遭到巨大破坏，罗烽被捕。国民党当局公布《图书杂志审查办法》。

6月10日，萧红、萧军从商市街搬到天马广告社。

6月11日，二萧离开哈尔滨，6月12日到达大连，6月14日乘坐"大连号"赴青岛，6月15日抵达。

7月，萧红与萧军、舒群同去上海，又返回青岛。

夏季，萧红作品《进城》（尚未发现原作）发表在《青岛晨报》上。萧军在《青岛晨报》任副刊编辑。

9月，青岛党组织被破坏，舒群被捕。

10月9日，萧红、萧军寄信给鲁迅，鲁迅当天即写了回信。

10月22日，萧军《八月的乡村》完稿。

10月，萧红、萧军将《生死场》原稿、《跋涉》和二人照片寄给鲁迅。

11月1日，萧红、萧军离开青岛前往上海。

11月30日，萧红、萧军与鲁迅见面，将《八月的乡村》原稿呈给鲁迅。

12月19日，鲁迅在梁园豫菜馆举办宴会，邀请二萧参加，萧红在宴会上结识茅盾、聂绀弩、叶紫等人。

本年末或来年初，萧红、萧军搬至福显坊二十二号居住。

是年，萧红完成《蹲在洋车上》（3月16日）、《生死场》（9月9日）等作品。

1935年 二十四岁

春季，萧红、萧军为纪念参加鲁迅的宴会和新"礼服"去照相馆拍照。舒群获释。

3月5日，萧红在鲁迅组织的宴会上见到黄源与曹聚仁。

3月末，二萧搬至拉都路三五一号。

3月，叶紫《丰收》出版。

5月2日，鲁迅、许广平、海婴到访。

5月6日，二萧搬至新租界萨坡塞路一九〇号。

5月15日，《商市街》完稿。

6月5日，罗烽获释，即刻与白朗逃离东北，前往上海。

六七月间，舒群前往上海。

7月，萧军《八月的乡村》出版。

8月，张庭举、张庭惠编纂《东昌张氏家谱》。

12月，《生死场》出版。

是年，端木蕻良在北京参加"一二·九"运动后前往上海。天马广告社关闭。

1936年　二十五岁

年初，萧红、萧军搬至北四川路永乐里，之后几乎每天去鲁迅家。

1月，萧军《羊》出版。

7月15日，在鲁迅家为萧红设宴饯别。

7月16日，黄源为萧红开饯别会。萧红弟弟张秀珂从日本回国。

7月17日，萧红出发去日本。7月18日过长崎，7月20日到东京，7月21日定下住所。

8月，萧红《商市街》出版。

8月15日，金剑啸（1910—　）逝世。

9月14日，萧红进入东亚学校学习。

9月末至10月13日，萧军在北京、天津等地旅行。

10月14日，萧军与黄源一道看望鲁迅，送去《江上》和《商市街》。

10月19日，鲁迅（1881—　　）逝世。

10月22日，萧红在中国报纸上确认了鲁迅去世的消息。

11月，萧红《桥》出版。

是年，萧红完成了《孤独的生活》（8月9日）、《异国》（诗）（8月14日）、《家族以外的人》（9月4日）、《红的果园》（9月）、《海外的悲悼》（10月24日）、《永久的憧憬和追求》（12月12日）等作品。

1937年　二十六岁

1月9日，萧红离开东京，回国。

5月，萧红《在牛车上》出版。

7月7日，卢沟桥事变爆发。

8月13日，"八一三"事变爆发。

大约9月，在东北作家的聚会上，萧红见到张琳。

9月初，萧红与萧军一道离开上海。

10月10日，萧红、萧军前往武昌。

10月16日，《七月》在汉口创刊。

12月10日，萧红与萧军同被国民党特务逮捕，董必武将其救出。

年末，丁玲的西北战地服务团从大宁到临汾。

是年，萧红创作《沙粒》（诗）（1月3日）、《失眠之夜》（8月22日）等作品。

1938年　二十七岁

年初，萧红参加《七月》座谈会。

1月27日，萧红与萧军、端木蕻良等离开汉口，前往位于临汾的民族革命大学，2月6日抵达。

2月27日，萧军为参加五台山的抗日游击队，离开临汾。

3月初，萧红与端木蕻良等加入西北战地服务团，前往西安。

3月18日，萧军到达延安。

4月初，萧军遇到丁玲的西北战地服务团，与之共赴西安。

4月，萧红与萧军分手。萧红同端木蕻良前往武汉，二人结婚。

8月，武汉大轰炸。

9月，萧红与冯乃超夫人李声韵从汉口去宜昌，又只身前往重庆。

10月，靳以搬到重庆，任复旦大学国文系教授。

10月26日，日军占领汉口。

11月，萧红诞下一男婴，其不久即夭折。

年末，萧红与绿川英子在重庆再会，加深交流。池田幸子去重庆。

是年，傅天飞（1911—　　）去世。

1939年　二十八岁

夏季，端木蕻良在重庆复旦大学任教，萧红随之住进大学宿舍。

是年，叶紫（1910—　　）去世。

同年，萧红完成《牙粉医病法》（1月9日）、《旷野的呼喊》（1月30日）、《滑竿》（春）、《林小二》（春）、《长安寺》（4月）、《回忆鲁迅先生》（10月）等作品。

1940年　二十九岁

1月19日，萧红与端木蕻良赴香港。

春季，萧红开始写作《马伯乐》。

7月，萧红创作哑剧剧本《民族魂鲁迅》。

8月3日，香港举行鲁迅诞辰六十周年纪念会。

12月20日，萧红《呼兰河传》完稿。

是年，萧军去延安。杨靖宇（1905—　　）被害牺牲。

1941年　三十岁

1月，萧红《马伯乐》（第一部）出版。皖南事变爆发。

6月6日，胡风来到香港，拜访了萧红。

7月，萧红《小城三月》发表。

1942年　三十一岁

1月22日，萧红逝世。

3月7日，胡风由香港至桂林。

3月9日，茅盾由香港至桂林。

5月1日，在延安文抗作家俱乐部举行萧红追悼会。

6月15日，《文艺月报》第15期为"纪念萧红逝世特辑"。

主要参考资料

主要参考资料分为中文文献和日语文献，按照著者 / 编者顺序排列，著者 / 编者不明的情况按照书名顺序排列。中文文献按照拼音顺序、日语文献按照五十音图顺序排列。萧红的作品及与萧红相关的著作、论文，总结《在萧红作品及相关材料目录》中，在此不予列出。

◆ 中文文献

蔡荣芳《香港人之香港史（1841—1945）》 2001年　牛津大学出版社

蔡丰明《上海都市民俗》 2001年3月　学林出版社

曹革成主编《端木蕻良和萧红在香港》 2000年12月　白山出版社

曹革成《我的婶婶萧红》 2005年1月　时代文艺出版社

陈伯海主编《上海文化通史》 2001年11月　上海文艺出版社

陈丽凤、毛黎娟等《上海抗日救亡运动》 2000年12月　上海人民出版社

陈青生《抗战时期的上海文学》 1995年2月　上海人民出版社

丁淦林主编《中国新闻事业史》 2002年8月　高等教育出版社

董鸿扬《东北人：关东文化》 1994年12月　黑龙江教育出版社

方厚枢《中国出版史话》 1996年　东方出版社

　　日译：『中国出版史話』（前野昭吉訳） 2002年12月　新曜社

关礼雄《日占时期的香港》 1993年8月　香港三联书店

韩文敏《现代作家骆宾基》 1989年4月　北京燕山出版社

贺圣遂、陈麦青编选《抗战实录之二：沦陷痛史》 1999年7月　复旦大学出版社

黑龙江省社会科学院地方党史研究所、东北烈士纪念馆编《东北抗日烈士传》第一辑 1980年7月 黑龙江人民出版社

黑龙江省文史研究馆编《黑土金沙录》 1993年7月　上海书店出版社

黄晓娟《雪中芭蕉：萧红创作论》 2003年11月　中央编译出版社

姜世忠主编《呼兰县志》 1994年12月　中华书局

解学诗《伪满洲国史新编》 1995年2月　人民出版社

孔海立《忧郁的东北人：端木蕻良》 1999年12月　上海书店出版社

来新夏等《中国近代图书事业史》 2000年12月 上海人民出版社

蓝海《中国抗战文艺史》 1984年3月 山东文艺出版社

雷良波等《中国女子教育史》 1993年5月 武汉出版社

李成、王长元主编《老满洲》 1998年11月 中国民族摄影艺术出版社

李春燕主编《东北文学综论》 1997年10月 吉林文史出版社

李春燕主编《东北文学史论》 1998年9月 吉林文史出版社

李桂林《中国教育史》 1989年7月 上海教育出版社

李剑白主编《东北抗日救亡人物传》 1991年12月 中国大百科全书出版社

李述笑编著《哈尔滨历史编年》 2000年3月 哈尔滨出版社

李颂鸾、温野主编《东北解放战争烈士传（一）》 1986年11月 黑龙江人民
　　出版社

刘登翰主编《香港文学史》 1999年4月 人民文学出版社

刘宁元主编《中国女性史类编》 1999年11月 北京师范大学出版社

陆安《青岛近现代史》 2001年9月 青岛出版社

马清福《东北文学史》 1992年5月 春风文艺出版社

马仲廉编著《"九·一八"到"七·七"》 1985年9月 中国青年出版社

梅志《花椒红了》 1995年9月 中国华侨出版社

孟悦、戴锦华《浮出历史地表——现代妇女文学研究》 1989年7月 河南人民
　　出版社

潘亚暾、汪义生《香港文学史》 1997年10月 鹭江出版社

逄增玉《黑土地文化与东北作家群》 1995年8月 湖南教育出版社

彭放主编《黑龙江文学通史》第一卷—第四卷 2002年12月 北方文艺出版社

齐卫平、朱敏彦、何继良《抗战时期的上海文化》 2001年5月 上海人民出
　　版社

饶良伦、段光达、郑率《烽火文心：抗战时期文化人心路历程》 2000年5月
　　北方文艺出版社

《上海百年文化史》编纂委员会编《上海百年文化史》 2002年5月 上海科学
　　技术文献出版社

上海社会科学院文学研究所编《三十年代在上海的"左联"作家》 1988年4月
　　上海社会科学院出版社

沈卫威《东北流亡文学史论》 1992年8月 河南人民出版社

盛英主编《二十世纪中国女性文学史》 1995年6月 天津人民出版社

石白《中国才女》 2003年1月 中国妇女出版社

石方《黑龙江区域社会史研究（1644—1911）》 2002年4月 黑龙江人民出版社

张福山《哈尔滨史话（1898—1948）》 1998年10月 哈尔滨出版社

谭译主编《东北抗日义勇军人物志》 1987年1月 辽宁人民出版社

王秉忠、孙继英主编《东北沦陷十四年大事编年》 1990年12月 辽宁人民出版社

王承礼主编《中国东北沦陷十四年史纲要》 1991年12月 中国大百科全书出版社

王文英主编《上海现代文学史》 1999年6月 上海人民出版社

萧军《人与人间——萧军回忆录》 2006年6月 中国文联出版社

熊明安主编《中国近现代教学改革史》 1999年7月 重庆出版社

薛理勇《上海闲话》 2000年1月 上海社会科学院出版社

杨荣秋、谢中天《天街异彩：哈尔滨中央大街》 2000年1月 解放军文艺出版社

叶成林编著《战斗在沦陷区：沦陷区人民的抗日斗争》 2000年1月 黑龙江教育出版社

于学斌编《东北老招幌》 2002年5月 上海书店出版社

张毓茂主编《东北现代文学大系》全十四卷 1996年12月 沈阳出版社

曾一智《城与人——哈尔滨故事》 2003年1月 黑龙江人民出版社

郑士德《中国图书发行史》 2000年10月 高等教育出版社

中共东北军党史组编《东北军与民众抗日救亡运动》 1995年3月 中共党史出版社

中共东北军党史组编著《中共东北军党史概述》 1995年3月 中共党史出版社

中共东北军党史组编《中共东北军党史已故人物传》 1995年3月 中共党史出版社

中共东北军党史组编《中共东北军地下党工作回忆》 1995年8月 中共党史出版社

中共辽宁省委党校党史教研室编《辽宁抗日烈士传》 1982年11月 辽宁人民出版社

中共辽宁省委党校党史教研室编《满洲省委烈士传》 1981年5月 辽宁人民出版社

中共上海市委党史研究室编《上海抗日救亡史》 1995年7月 上海社会科学院出版社

中国人民政治协商会议辽宁省委员会文史资料委员会编《"九·一八"大事记》
　　1991年8月　辽宁人民出版社

中国人民政治协商会议辽宁省委员会文史资料委员会编《"九·一八"烽火》
　　1991年8月　辽宁人民出版社

中国人民政治协商会议辽宁省委员会文史资料委员会编《"九·一八"纪实》
　　1991年8月　辽宁人民出版社

中华全国妇女联合会编著《中国妇女运动史：新民主主义时期》　1989年10月
　　春秋出版社

　　日译：『中国女性運動史 一九一九—四九』（中国女性史研究会編訳）
　　1994年3月　論創社

钟耀群编《端木蕻良》　1988年11月　香港三联书店

《白朗文集》第一卷—第五卷　1983年11月—1986年4月　春风文艺出版社

《不朽英名：东北烈士纪念馆》　1998年12月　中国大百科全书出版社

《东北烈士事迹选》　1984年　共青团黑龙江省委

《东北沦陷时期文学国际学术研讨会论文集》　1992年6月　沈阳出版社

《东北现代文学史料》第一辑—第九辑　1980年3月—1984年6月　黑龙江社会
　　科学院文学研究所，辽宁社会科学院文学研究所

《东北文学研究丛刊》第一辑—第二辑　1984年8月—1985年12月　哈尔滨业余
　　文学院

《东北文学研究史料》第三辑—第六辑　1986年9月—1987年12月　哈尔滨文
　　学院

《端木蕻良文集》第一卷—第四卷　1998年6月—1999年5月　北京出版社

《胡风回忆录》　1984年第一期—1990年第三期《新文学史料》

《黄源回忆录》　2001年9月　浙江人民出版社

《鲁迅先生纪念集》　1979年12月　上海书店（据1937年初版复印）

《鲁迅全集》　1981年　人民文学出版社

《中国当代作家选集：骆宾基》　1994年12月　三联书店

《罗烽文集》第一卷—第四卷　1983年8月—1990年10月　春风文艺出版社

《舒群文集》第一卷—第四卷　1982年2月—1984年12月　春风文艺出版社

《萧军纪念集》　1990年10月　春风文艺出版社

《中国话剧运动五十年史料集》第二辑　1985年11月　中国戏剧出版社

《中国抗日战争时期大后方出版史》　1999年10月　重庆出版社

《中国沦陷区文学大系：史料卷》　2000年4月　广西教育出版社

《中华全国文艺界抗敌协会史料选编》 1983年12月　四川省社会科学院出版社

《作家战地访问团史料选编》 1984年1月　四川省社会科学院出版社

◆日语文献①

秋山洋子・江上幸子・田畑佐和子・前山加奈子編訳『中国の女性学』

　　　　　　1998 年 3 月　勁草書房

内山完造『花甲録』 1960 年 9 月　岩波書店

岡田英樹『文学にみる「満洲国」の位相』 2000 年 3 月　研文出版

夏暁光『纏足をほどいた女たち』(藤井省三監修、清水賢一郎・星野幸代訳)

　　　　　　1998 年 6 月、朝日新聞社

鹿地亘『「抗日戦争」のなかで』 1982 年 11 月　新日本出版社

鹿地亘『火の如く風の如く』 1958 年 12 月　講談社

川村湊『文学から見る「満洲」』 1998 年 12 月　吉川弘文館

関西中国女性史研究会編『ジェンダーからみた中国の家と女』

　　　　　　2004 年 2 月　東方書店

岸辺成雄編『革命の中の女性たち』 1976 年 7 月　評論社

越沢明『哈爾濱の都市計画』 1989 年 2 月　総和社

越沢明『満洲国の都市計画』 1988 年 12 月　日本経済評論社

滬友会監修『上海東亜同文書院大旅行記録』 1991 年 12 月　新人物往来社

阪口直樹『十五年戦争期の中国文学』 1996 年 10 月　研文出版

実藤恵秀『中国人　日本留学史(増補版)』 1970 年 10 月　くろしお出版

澤地久枝『もうひとつの満洲』 1982 年 6 月　文藝春秋

白水紀子『中国女性の 20 世紀——近現代家父長制研究』 2001 年 4 月　明石書店

瀬戸宏『中国演劇の二十世紀』 1999 年 4 月　東方書店

大同学院編『満州国各県視察報告』 1933 年　大同学院

武田昌雄『満漢礼俗』 1936 年　金鳳堂書店(1989 年 11 月　上海文芸出版社影印)

田中恒次郎『「満州」における反満抗日の研究』 1997 年 11 月　緑蔭書房

陳青之『近代支那教育史』(柳澤三郎訳) 1939 年 7 月　生活社

寺岡健次郎編『濱江省呼蘭県事情』 1936 年 4 月　満洲帝国地方事情体系刊行会

東亜同文書院『中国を歩く』(中国調査旅行記録　第二巻)

① 以下参考资料照排《萧红传》日语原书，不作翻译。一些历史文献带有"满洲""支
　那"等词语，为保留历史原貌，不作改动，但提请读者注意其历史局限性。——编注

1995 年 8 月　愛知大学（影印）

東京文理科大学・東京高等師範学校『現代支那満洲教育資料』

1940 年 11 月、培風館

西澤泰彦『「満洲」都市物語』 1996 年 8 月　河出書房新社

日本社会文学会編『近代日本と「偽満洲国」』 1997 年 6 月　不二出版

日本社会文学会編『植民地と文学』 1993 年 5 月　オリジン出版センター

日本上海史研究会編『上海人物誌』 1997 年 5 月　東方書店

平野日出雄『松本亀次郎伝』 1982 年 4 月　静岡教育出版社

満洲国通信社『満洲国現勢』 2000 年　クレス出版（復刻）

満洲事情案内所編『満州国各県事情』 1939 年　満洲事情案内所

満洲事情案内所編『満州国の習俗』 1939 年 2 月　満洲事情案内所

水田宗子『フェミニズムの彼方』 1991 年 3 月　講談社

水野清一他『北満風土雑記』 1938 年　座右寶刊行会

山田敬三・呂元明編『十五年戦争と文学』 1991 年 2 月　東方書店

呂元明著『中国語で残された日本文学』（西田勝訳）2001 年 12 月 法政大学出版局

〈アジア遊学〉四十四　特集：日中から見る「旧満州」 2002 年 10 月　勉誠出版

〈植民地文化研究〉特集：《満洲国》文化の性格　2002 年 6 月　植民地文化研究会

『満洲帝国概覧』 1936 年 8 月　国務院情報処

◆其他文献

Judith Stacey "Patriarchy and Socialist Revolution in China"

1983. Univercity of California Press

邦訳：『フェミニズムは中国をどう見るか』（秋山洋子訳）

1990 年 7 月　勁草書房

Burton Pike "The Image of the City in Modern Literature"

1981. Univercity of Princeton press

邦訳：『近代文学と都市』（松村昌家訳） 1987 年 11 月　研究社出版

Rey Chow "PRIMITIVE PASSIONS—Visuality, Sexuality, Ethnography, and Contemporary Chinese Cinema"

1995. Columbia University Press

邦訳：『プリミティヴへの情熱——中国・女性・映画』

（本橋哲也・吉原ゆかり訳）1999 年 7 月　青土社

后　记

我最初接触到萧红是在大学本科时，至今已经有三十多年了。自己也没有想到会坚持这么长时间。萧红为何吸引我这么久呢？

当然，一方面是由于自己的松懈，研究进展迟缓，这点姑且抛开不论。另一方面，一开始，我关注的是女性的生活方式。上小学之前，大人们问我："长大以后想干什么？"我的回答很普通："妻子。"（好像也回答过"奶奶"）但是似乎没过多久，这个答案便不见了。我并非要否定结婚生子这种极为常见的生活方式，然而不知何时，我下定决心，将来要工作、要独立。这或许是由于看到了当小学教师的母亲辛苦工作的身影。长大以后，开始听到母亲对父亲的牢骚，自己也亲身经历了社会对待男女的不同态度，我越来越好奇，女性到底是什么。这或许也多少受到了大洋彼岸爆发的"女权运动"的影响。

我开始关注女性前辈们的生活方式，准备选择一位女性作家写作本科毕业论文。受到骆宾基《萧红小传》的影响，我从谢冰心、丁玲和萧红三位作家中选择了萧红。女性虽然有能力，却难以被社会认可，在各种压力之下似乎要被碾碎了，尽管如此依旧继续前行。那时的我，完全沉溺于这一坚强又柔弱的女性图式之中，倘若当时看到萧红纪念馆前的汉白玉雕像，恐怕不但毫无抵触，反而会大加称赞吧。

大学毕业，升入研究生院之后，基本上过着一帆风顺的生活，但是有高潮也有低谷。出乎意料地结婚、生子。一边养育孩子，一边继续研究，在体力上不算一件很辛苦的事情。但是，看到研究室和学会上认识的同代人甚至比自己小一辈的人一个个参加工作、发表成果，很难受。我觉得自己越来越落后，感到很焦躁。曾经有过一次，下定决心要放弃研究。我来到已故恩师丸山升先生在大森的家中，想告诉他自己不适合做研究，准备放弃。为何那时自己会那样做，至今我也不清楚。可以确定的是，我并非想要被挽留才那样做。或许心中期待着老师能够点头说"这样啊"，以此对自己的心思做一个了结。但是出人意料，老师带着些许困惑的表情说："不是适合不合适，是喜欢不喜欢。"然后他思考了片刻，忽然提高了声音问我："你现在想干什么？"我不知为何，条件反射似的回答说："想拿到学位。"但是，心情突然变轻松了。因为我发现取得学位后再放弃才会更加坦然一些。现在想起来，这真是丸山老师的高明之处。

之后又过了几年，我幸运地得到了在大正大学任职的机会，但条件是必须在五年以内拿到学位。我向已故恩师伊藤虎丸先生报告这件事情时，他立即打来电话让我把萧红研究史作为绪论整理成五十页左右的内容给他看。伊藤老师正是当年严厉批评我的毕业论文"只是会写文章而已"的那一位。但是，他没能看到我的文章。论文的基础《萧红作品及相关材料目录》完成后不久，伊藤老师便去世了。

结果，五年的约定一再延期，最后在工作七年后，才提交学位论文。决定开始写学位论文之后，我重读了萧红的作品，对作品的理解和感触发生了微妙的变化。这一定是由于我自身身为女性的经历和成长所带来的。因为意识到这一点，我发现之前从研究方面来看停滞不前的很长一段岁月并非一无所得，从而获得了新的力量。

虽然写作学位论文让我时常感到头痛，但是它也给我带来了丰富的人生体验。其中最重要的是，放弃研究生活这一计划完全落空。在写作论文的过程中，我痛感自己知识的不足和理解的肤浅。忘记是什么时候的事情了，我在批判自己的论文时，丸山老师说："意识到自己的缺点，说明你还在成长。"当时，对自己的批判被老师认同，让我意志十分消沉，但是现在的我，应该能够做到虚心接受老师的话了。学位论文并非终点，不过是一个里程碑。本书也一样，每次校正时，我都会发现一些理解肤浅、不够的地方，尽可能地修改、订正。尽管如此，一定还有修改的余地。我希望可以一面虚心等待世人的指正，一面将剩下的部分作为今后的课题研究下去。

如今回忆起来，丸山老师总能在重要的时候，用简短适当的话语引导我。没能让他看到我的学位论文是我最大的遗憾。我去大森站前的医院看望老师时，他拿着我带去的论文，像疼爱年幼的孩子一般抚摸着。但是他去世后，我从丸山夫人那里得知，那时老师的眼睛已经基本上看不见了。

这次幸运地得到独立行政法人日本学术振兴会平成十九年度（2007年）科学研究费研究成果公开促进费的资助，本书获得了出版的机会。汲古书院是我唯一可以商量的出版社，继出版资料集之后，这次也愉快地答应了本书的出版。我从资料集时起就深受石坂叡志社长、小林诏子编辑的照顾，在此衷心表示感谢。此外，本书的出版也得益于许多人提供的信息和鼓励。尤其是端木蕻良的外甥曹革成先生爽快地答应我从他的书中转载一些重要材料。此外，没能让萧军先生、骆宾基先生等已经去世的人们读到此书，我感到十分遗憾。此外，还要感谢许多帮助过我的人。

正如前面提到的，本书是在2005年12月御茶水女子大学学位论文的基础上写作而成，之后参考后来搜集的资料，进行了大量的修改、订正。将基础论文的发表（首刊）情况列出，附在后面。

発表（首刊）情況一覧

序　章

　　「蕭紅形象的塑像」（中国語）：第二回国際蕭紅学術研討会（2001 年 9 月）発表論文

第一章

　一　（書き下ろし）

　二　「二十世紀初頭の哈爾濱における女子教育に関する初期的考察——民国初期の女子教育に
　　　関するノート」（2002 年 3 月、〈大正大学研究紀要〉第八十七輯）
　　　「蕭紅と哈爾濱」：『満洲国の文化——中国東北のひとつの時代』
　　　　　（2005 年 3 月、せらび書房）

第二章

　一　「ハルビンにおける抗日文芸運動緒論——金剣嘯の活動を中心に」：〈人間文化研究年報〉
　　　第九号（1986 年 3 月、お茶の水女子大学人間文化研究科）

　二　「"フィクション"と"ノンフィクション"の交差——蕭紅《子捨て》を読む」：『宮澤正順
　　　博士古稀記念　東洋——比較文化論集』（2004 年 1 月、青史出版）
　　　「蕭紅の初期作品に関する考察——『跋渉』について」
　　　　：〈お茶の水女子大学中国文学会報〉第四号（1985 年 4 月）

第三章

　一　「上海における蕭軍・蕭紅の文学活動に関する考察——魯迅の両蕭あて書簡について]：〈
　　　大正大学研究紀要〉第八十五輯（2000 年 3 月）

　二　「再論『生死場』」：〈大正大学研究紀要〉第八十八輯（2003 年 3 月）

　三　「蕭紅『商市街』の世界」：〈野草〉三十六号（1985 年 10 月、中国文芸研究会）
　　　「私は"エンジェル"ではない——蕭紅と蕭軍の文学的個性に関わる試論」：『佐藤正順博士
　　　古稀記念論文集　仏教史論集』（2004 年 4 月、山喜房仏書林）

　四　「蕭紅の東京時代」：〈アジア遊学〉第十三号（2000 年 2 月、勉誠出版）
　　　「蕭紅の蕭軍宛書簡を読む——別離の予感」：〈野草〉第六十四号
　　　　　（1999 年 8 月、中国文芸研究会）

第四章

　一　「無言劇『民族魂魯迅』」：〈お茶の水女子大学中国文学会報〉第二十号
　　　　　（2001 年 4 月）及び書き下ろし

　二　「蕭紅『呼蘭河伝』論」：『魯迅と同時代人』（1992 年 9 月、汲古書院）

　三　「『馬伯楽』論——抗日戦争期の蕭紅研究（一）」：
　　　　　〈大正大学研究紀要〉第八十六輯（2001 年 3 月）

終　章

　　（書き下ろし）

附　章

　　「身は先んじて死す」：『ああ哀しいかな——死と向き合う中国文学』
　　　　（2002 年 10 月、汲古書院）

图书在版编目（CIP）数据

萧红传 /（日）平石淑子著；崔莉，梁艳萍译.
—北京：中国人民大学出版社，2017.10
ISBN 978-7-300-25032-8

Ⅰ.①萧⋯ Ⅱ.①平⋯ ②崔⋯ ③梁⋯ Ⅲ.①萧红
（1911–1942）—传记 Ⅳ.①K825.6

中国版本图书馆 CIP 数据核字（2017）第 225725 号

萧红传

〔日〕平石淑子　著
崔　莉　梁艳萍　译

Xiaohong Zhuan

出版发行	中国人民大学出版社		
社　　址	北京中关村大街 31 号	邮政编码	100080
电　　话	010–62511242（总编室）	010–62511770（质管部）	
	010–82501766（邮购部）	010–62514148（门市部）	
	010–62515195（发行公司）	010–62515275（盗版举报）	
网　　址	http://www.crup.com.cn		
经　　销	新华书店		
印　　刷	涿州市星河印刷有限公司		
规　　格	148 mm×210 mm　32 开本	版　次	2017 年 10 月第 1 版
印　　张	12.375 插页 2	印　次	2022 年 9 月第 3 次印刷
字　　数	287 000	定　价	69.00 元